中国电子信息产业发展研究院系列专著

企业生产风险管理理论及应用

王龙康 编著

電子工業出版社
Publishing House of Electronics Industry
北京 • BEIJING

内 容 简 介

本书围绕企业生产风险，从分析事故的根源入手，提出风险精细化管理的概念，按风险管理、风险分析、风险评价、风险预警、应急管理方面展开，贯穿分层、动态、定量、精细管理的理念，致力于提高企业安全生产的能力和水平。

本书适合企业管理人员、安全生产从业人员及相关研究人员阅读。

图书在版编目（CIP）数据

企业生产风险管理理论及应用 / 王龙康编著. —北京：电子工业出版社，2022.12
（中国电子信息产业发展研究院系列专著）
ISBN 978-7-121-44772-3

Ⅰ. ①企… Ⅱ. ①王… Ⅲ. ①企业管理－生产管理－风险管理－中国 Ⅳ. ①F279.23

中国版本图书馆 CIP 数据核字（2022）第 249160 号

责任编辑：秦 聪　　文字编辑：杜 强
印　　刷：北京市大天乐投资管理有限公司
装　　订：北京市大天乐投资管理有限公司
出版发行：电子工业出版社
　　　　　北京市海淀区万寿路 173 信箱　　邮编：100036
开　　本：700×1 000　1/16　　印张：16　　字数：307.2 千字
版　　次：2022 年 12 月第 1 版
印　　次：2022 年 12 月第 1 次印刷
定　　价：79.00 元

凡所购买电子工业出版社图书有缺损问题，请向购买书店调换。若书店售缺，请与本社发行部联系，联系及邮购电话：（010）88254888，88258888。

质量投诉请发邮件至 zlts@phei.com.cn，盗版侵权举报请发邮件至 dbqq@phei.com.cn。

本书咨询联系方式：（010）88254568。

序　言

安全生产事关人民群众生命财产安全，事关改革发展稳定大局，事关党和政府的形象，也事关企业的生存和持续健康发展。习近平总书记始终把人民生命安全放在首位，强调安全生产是民生大事，一丝一毫不能放松，要以对人民极端负责的精神抓好安全生产工作；各级党委和政府特别是领导干部要牢固树立安全生产的观念，正确处理安全和发展的关系，坚持发展决不能以牺牲安全为代价这条红线。习近平总书记关于安全生产的一系列重要论述、重要指示，充分彰显了人民至上、生命至上的理念，为安全生产工作提供了根本遵循。

2022 年 4 月，国务院安委会进一步贯彻落实习近平总书记关于安全生产系列重要论述精神，梳理相关法律法规已有规定、以往管用举措和近年来针对新情况采取的有效措施，制定出台了《关于进一步强化安全生产责任落实坚决防范遏制重特大事故的若干措施》，动员各方面力量全力抓好安全防范工作。当前，我国安全生产状况虽然呈现出总体稳定、持续向好的发展态势。但也要清醒地看到，安全生产形势依然严峻，重特大事故还没有得到根本遏制，各类风险、各种隐患交织叠加，导致部分重点行业安全生产事故多发，造成重大人员伤亡和财产损失。可以说，措施的出台恰逢其时，是防范化解重大安全风险的迫切之需，也是安全生产的治本之策，具有很强的针对性和指导性。

2022 年 10 月，党的二十大胜利召开。报告第十一部分专章为“推进国家安全体系和能力现代化，坚决维护国家安全和社会稳定”，提出“以新安全格局保障新发展格局”，建立大安全大应急框架，“推进安全生产风险专项整治，加强重点行业、重点领域安全监管。提高防灾减灾救灾和重大突发公共事件处置保障能力，加强国家区域应急力量建设”。可以看出，安全生产在新时代被赋予了新内涵、新使命、新任务，是新发展格局的基本要求，是保持经济平稳发展的基础；也是新安全格局的内生需要，是维护社会稳定的政治责任。

本书围绕贯彻落实习近平总书记关于安全生产系列重要论述，特别是党的二十大报告关于安全生产的目标要求和重要部署，综合运用多学科理论和知识，结合生产管理和安全管理的实际，围绕生产风险的全生命周期，从辨识评价、监测预警、应急管理等多维视角展开理论研究和实践应用，在以下三个方面尝试了突破。

第一、坚持守正创新，从风险生命周期管理的视角尝试搭建安全和应急框架。本书充分发挥政策研究、理论研究和实践研究的优势和特点，围绕企业生产过程中风险管理的全生命周期展开研究，把事故发生前的风险管理称为安全管理，包括风险的识别、预测、评价、预警等处于风险生命周期管理的前端环节；把事故发生后的风险管理称为应急管理，包括风险评价、预警、响应、处置、恢复等处于风险生命周期管理的中后端环节。其中，风险评价和风险预警可根据生产风险管理的实际需要，应用在安全管理和应急管理方面。

第二、坚持系统观念，从全员参与的视角尝试创新理论方法体系。本书综合运用管理学、运筹学、安全学、系统工程等理论和知识，结合生产实际特征，明确人（岗位）、机、环、管 4 类风险的等级标准。以此为基础，把分类、分层、分级、动态、闭环的管理理念和方法贯穿风险认识、预测、评价、预警、响应、处置、恢复等全过程，结合实际建立了生产风险的大数据预测、分层评价、动态预警及应急物资布局四大理论模型和应用模型，形成了一套体系化的生产风险定量管理方法。同时，借鉴精细化管理的思想和方法，注重风险生命周期管理各环节、各层级的衔接，注重该方法和现有风险管理方法的衔接。

第三、坚持问题导向，从解决实际风险问题的视角尝试不断优化理论方法体系。本书围绕解决生产过程中风险和事故的实际问题展开研究，一方面，梳理了现有风险分析、辨识、评价等理论方法，并结合实际案例分析了现有方法解决实际问题的过程，提出现有理论方法在生产实际过程中的应用范围和应用情景。另一方面，在构建和应用企业生产风险分层分类、分级动态闭环精细化管理方法的过程中，充分结合生产实际需求，采纳生产一线管理人员和操作人员的意见建议，不断优化和完善理论方法体系，提高可操作性。

需要特别指出的是，这本书基于生产风险的演变规律，从理论层面和实践层面进行了有益的探索，取得了较为丰硕的成果，可以为行业研究人员、管理人员、一线作业人员和在校学生提供参考和学习。相信该书的出版能够对企业生产风险管理产生一定的促进作用。

实践没有止境，理论创新也没有止境。该书在企业生产风险管理的理论探索和应用实践方面取得了部分成果，但是随着生产技术的变革，社会生产关系和企业生产环境将发生变化，仍然需要不断探索和实践。希望该书出版后，作者和各位同仁继续按照党中央、国务院关于安全生产的决策部署，结合安全生产实际进行深入研究，为搭建具有中国特色的大安全大应急框架作出更多的贡献。

国务院参事室原特约研究员

原国家安全生产监督管理总局党组成员、总工程师、新闻发言人

中国应急救援人员关爱和矿山尘肺病防治基金会理事长

2022 年 12 月

前　言

风险和安全既对立又统一，风险是永恒存在、不断变化的客观状态，安全则是相对存在、人们能够普遍接受的一种状态。随着科学技术的发展，人们对生产风险的认知范围不断扩大、辨识类型不断增加，安全技术不断进步、安全管理方法也在不断完善。可以说，人类社会的发展史就是一部风险的认知史，也是一部安全的发展史。

近年来，我国安全生产管理、技术及监管水平不断提高，每年发生的事故起数和死亡人数呈现明显的下降趋势。但是，重特大事故仍然偶有发生，这严重威胁人民群众的生命财产安全、严重影响事发地区周边单位的经营运转，产生了巨大的经济损失和恶劣的社会影响。从一些事故的调查结果来看，事故发生的直接原因是人的不安全行为或物的不安全状态，共性原因是事发单位缺乏系统科学的风险管理，深层次原因是生产过程中的人、机、环、管 4 个子系统的风险及相互之间的耦合关系没有处理好。因此，有必要综合运用管理科学与安全科学的理论知识，在全面分析多种生产安全事故的基础上，围绕生产风险的全生命周期，设计一套精细化管理方法，提高生产单位的风险管理水平和能力。基于此，我组织编写了本书。

本书共 6 章。第一章介绍了风险认识的起源与发展、安全科学的发展历程等，梳理了国内外安全管理、安全隐患、风险评价、风险预警、应急管理的研究现状，提出了本书的主要内容、观点和研究方法。第二章介绍事故致因理论的发展历程，并结合实际案例进行了分析，梳理了国内外关于风险管理的最新政策、理论和方法，提出了生产风险精细化管理的方法（DCFM）。第三章在辨析风险基本概念的基础上，提出了直接隐患和间接隐患的概念；结合实际案例梳理分析了风险分析和风险预测的方法，提出了基于大数据的安全生产预测模型。第四章介绍风险评价基本方法和程序，结合实际案例梳理分析了现有风险评价的方法，构建了风险分层综合评价模型和指标体系，并结合实际案例进行了应用研究。第五章阐述风险预警的基本概念，结合企业生产实际特点，构建了风险分层分级动态的预警模型和指标体系，并结合实际案例进行了应用研究。第六章介绍我国应急管理的发展历程，梳理了企业应急救援、准备、演练和培训等的概念和过程，建立了企业应急物资储备模型，并分析了某石化公司的模型应用。

本书与国内外已出版的同类书籍相比，在深入分析多种安全生产事故的基础上，参考了相关行业领导、专家学者、一线工人的经验做法，围绕生产风险的全生命周期，提出一套分层分类、分级动态闭环的精细化管理方法。本书特色体现在三个方面。一是突出理论模型化。针对企业生产过程中出现的新隐患、新风险、新事故，梳理分析国内外最新理论研究成果，建立“1+4”理论方法模型：“1”是指建立企业生产风险精细化管理模型，“4”是指围绕风险分析预测、评价、预警、响应，建立大数据风险事故预测模型、风险分层综合评价模型、风险分层分级动态预警模型和应急物资布局优化模型，并分别结合实际案例进行了应用研究。二是突出定量标准化。针对企业安全生产风险难以量化的特点，梳理分析生产中危险源、安全隐患、危险有害因素等在事故中对结果的影响，基于此，从人员岗位、机械设备、环境参数、管理体系 4 个方面，建立分层评价指标体系（定量和半定量），实现定量计算区域风险。引入风险触发响应机制的理念方法，科学设置风险等级（Ⅰ、Ⅱ、Ⅲ、Ⅳ）触发器，构建风险分层分级动态预警方法，并提出相应的应急管理方法，形成生产风险分层分类、分级动态闭环精细化管理方法（A Dynamic Closed-up Fine Management Method for Classified and Hierarchical Work-related Risks，DCFM）。三是突出实用精细化。生产风险精细化管理方法不是另起炉灶，而是根据生产实际的特点，充分结合现有的风险辨识、分析、预测、评估、预警、响应、处置、培训等理论方法，形成的一套具有综合性、可操作性的方法。该方法已经在国内部分煤矿、铁矿、制造业等领域进行了探索应用，后续还将根据国家最新的政策和事故经验，吸纳专家学者、一线工人的建议不断优化，结合最新的技术提高管理方法的精准性和时效性，用最低安全成本实现安全效益的最大化。

本书从选题、框架到最后的完稿，得到了中国矿业大学（北京）聂百胜教授、何学秋教授、T Ren 教授、安景文教授、李祥春教授等的大力支持和指导，在我毕业后老师们还提供无私的关心、关怀和帮助，让我深受感动，在此表达最高的敬意和最诚挚的感谢。本书在写作过程中得到了中国矿业大学（北京）

张忱、王永杰、刑明秀、张凯、宗成灏、禚雪飞、白世鹏等硕士研究生的帮助，以及中国地质大学（北京）朱亮的大力帮助，在此深表谢意。本书的部分内容来源于中国矿业大学（北京）401 课题组的研究成果，凝聚了课题组成员的辛勤劳动，谨此一并感谢。

本书在资料收集、问卷调研、现场访谈等环节中，得到了中国船舶集团、中国中化集团、神华集团、中煤集团、中国安全生产科学研究院等单位的大力支持，在此深表谢意。本书的写作参考和借鉴了大量国内外相关研究成果，已尽可能将其列在参考文献中，在此对所有相关的专家学者和从业人员表示最诚挚的感谢。

本书的成稿离不开单位各级领导的亲切关心和指导、同事们的大力支持和帮助，这给了我利用业余时间完成写作的决心和勇气，在此表达最诚挚的谢意。

在本书的写作过程中，我虽然尽了最大努力，但限于学术水平，加之人们对安全科学的认知在不断发展，书中不足之处恳请读者不吝赐教。

作者

2022 年 12 月

目　录

第一章　绪　　论

第一节　风险管理的发展历程

一、风险认识的起源与发展

人类社会的发展史就是一部风险的发展史，风险随着人类社会生产力和生产关系的发展而不断变化。在远古时代，原始人为了抵御野兽的袭击，制造了石器和木器，作为生产和抵御威胁的工具；在农耕时代，我国大禹治水和都江堰是治理水患的伟大创举；在工业时代，矿山开采、石油化工、冶金制造、建筑施工等领域的事故时有发生，生产过程中使用的机械设备、压力容器、易燃易爆品、化学原材料等发生任何故障或失控，都会对人们的生命安全和健康带来严重威胁。同时，随着社会生产的进步，生产风险的防控技术和管理方法，也在不断发展完善。

国内外对“风险”一词的来源有不同的看法。国外大部分专家学者认为，风险（risk）一词最早来源于意大利语“risque”[1]。美国学者海恩斯（Haynes）最早提出风险的概念，风险指某一危险情况发生损失和伤害的可能性，并对风险进行了分析和分类，这为风险管理奠定了理论基础[2]。国内的专家学者认为“风险”来源于古代捕鱼行业，渔民在出海前祈祷大海能够风平浪静、自己可以满载而归，久而久之，“风”就成为捕鱼行业面临的最大危险，“风”就意味着“险”，最后发展成为“风险”一词。

在我国，人们对风险的认识早有记载。《周易》中就有“水火既济”的记载。隋朝巢元方所著的《诸病源候论》中，详细记载了毒气来源、毒气识别、毒气测试以及毒气预防等内容。唐朝王焘所著的《外台密要》中，记录了用小动物测试毒物的方法。明朝宋应星编著的《天工开物》中，详细记载了预防煤矿瓦斯和顶板灾害的技术和方法[3]。

随着科学技术的发展，人们对风险的认识不断深入，尤其在进入工业时代后，风险的范围不断扩大、类型不断增多，对风险防控技术和管理方法的要求更高。现阶段，人们普遍认为风险由风险因素、风险事故和风险损失等要素组成，是指在某一特定危险情况下，事故发生的可能性和后果的组合。

二、安全科学的发展历程

安全科学是关于事故及其发生发展规律的正确认识、预防事故手段的结构化知识体系[4]。安全和发展是人类生活中的两大基本需求，人类一方面向自然索取生产物质资料，改造自然，另一方面又保护自身安全使自己免受自然的伤害。同时，安全和发展也具有相辅相成、相互交织、对立统一的辩证关系。一方面，安全是生产的前提，为生产高质量发展提供保障；另一方面，生产是安全的基础，为安全提供了技术和物质基础[5]。安全科学分为安全技术和安全管理两大部分，安全技术随着生产技术的发展而不断进步，安全管理随着人们对风险认识的深入而不断完善。

国外的安全管理发展大致经历了三个阶段：第一阶段是以海因里希（Heinrich）为代表的科学家研究的以机器为中心的事后控制阶段，该阶段最大的贡献是建立了事故链理论，间接促进了事故致因理论的发展；第二阶段是以佰德（Bird）和亚当斯（Edward Adams）为代表的科学家研究的以人为中心的事后控制阶段，该理论认为事故的直接原因是人的不安全行为和物的不安全状态，根本原因是管理的缺陷[6-8]；第三阶段是以吉布斯（Gibbs）为代表的科学家研究的以预防为主的事前控制阶段，该阶段应用“能量意外释放理论”将事故致因理论推向了一个新的高度[9,10]。目前，国际上先进的安全管理体系包括美国的职业安全健康管理体系（OSHMS）、南非的职业安全管理体系（NOSA）和澳大利亚的触发响应机制（TARPs）等。

我国的安全科学随着生产技术和社会的发展，大致经历了四个阶段[3]。第一阶段（1949—1979 年）是劳动保护阶段，初步建立了工业安全理论；第二阶段（1980—1989 年）是事故预防理论阶段，主要是将安全系统工程引入国内，提高我国安全生产和管理水平；第三阶段（1990—1999 年）是安全科学理论的初级阶段，逐步建立了安全学科体系，职业安全健康体系不断得到应用和发展；第四阶段（2000 年至今）是安全科学理论逐步完善阶段，风险管理更加全面、科学、合理。目前，我国的一些能源企业积极探索本质安全管理的理论与实践

（如中国石油实施的 QHSE 管理体系、国家能源集团实施的风险预控管理体系等）在生产实践中取得了积极的成效。

三、安全生产法律法规的发展历程

随着安全生产技术和安全管理的发展，安全生产相关的法律法规不断完善，尤其是工业革命以来，安全法律法规快速发展，形成了较为完善的法律法规体系。德国在 13 世纪颁布的《矿工保护法》，是人类社会最早与安全相关的法律。

（一）国外安全生产法律法规发展历程

国外安全生产法律法规的发展历程大致可以分为三个阶段，如表 1-1 所示。

表 1-1 国外安全生产法律法规发展历程

发展阶段	标志性法律法规
第一次工业革命（18 世纪 60 年代至 19 世纪中期）	1802 年，英国政府为有效控制职业病、降低工业事故，制定了《保护学徒的身心健康法》和《学徒健康与道德法》。1832 年出台了全球第一个《工厂法》，从工人的劳动安全、卫生和福利等方面进行了明确规定。 1877 年，美国马萨诸塞州为了降低事故发生率，出台了《工厂检查法》，随后其他州纷纷出台职业健康相关的法律法规
第二次工业革命（19 世纪 70 年代至 20 世纪初）	1877 年，日本的大阪州制定了《制造厂管理规程》，随后各县相继制定了类似的规章制度。1914 年，日本政府颁布了《职工法》，后更名为《工厂法》，1923 年进行了修订。 1937 年、1948 年、1959 年和 1961 年，英国对 1832 年颁布的《工厂法》修订了四次。 1981 年，印度颁布了《工厂法》，随后在 1891 年、1911 年、1922 年、1934 年、1948 年进行了五次修改。 部分国家将职业安全和健康相关法律法规纳入《劳动法》
第三次科技革命（20 世纪四五十年代至今）	1970 年，美国政府制定并颁布了统一的《职业安全卫生法》，加强国家对各州职业安全卫生工作的指导。 1970 年，苏联出台《苏维埃社会主义共和国联盟和加盟共和国的劳动法原则》，劳动安全卫生作为专门章节纳入其中。 1972 年，日本政府颁布了《劳动安全卫生法》，把劳动安全卫生相关法规作为专门章节。 1974—1975 年，英国政府分三次颁布了《劳动安全卫生法》的全部条款，是当时最全面、最详细的安全法规。 1974 年，联邦德国颁布了《职业安全法》。 1978 年，加拿大颁布了《职业卫生与安全法》。 1979 年，芬兰颁布新的《职业卫生法》

（二）我国安全生产法律法规发展历程

中华人民共和国成立以来，安全生产相关的法律法规大致经历了五个发展阶段，如表 1-2 所示。

表 1-2　我国安全生产法律法规发展历程

发展阶段	标志性法律法规
第一阶段：初建期（1949—1958 年）	1949 年，中国人民政治协商会议通过的《共同纲领》中明确规定："保护青工女工的特殊利益。""实行工矿检查制度，以改进工矿的安全和卫生设备。" 1954 年，我国第一部宪法明确规定："国家通过国民经济有计划的发展逐步扩大劳动就业改善劳动条件和工资待遇以保证公民享受这种权利。" 1956 年，国务院正式发布《工厂安全卫生规程》《建筑安装工程安全技术规程》《工人职员伤亡事故报告规程》《关于进一步加强安全技术教育的决定》和《工业企业设计暂行卫生标准》等
第二阶段：调整期（1959—1978 年）	1963 年，我国先后发布了《工业企业设计卫生标准》《关于加强企业生产中安全工作的几项规定》《国营企业职工个人防护用品发放标准》等一系列安全生产法律法规
第三阶段：恢复期（1979—1990 年）	1979 年，国家颁布了《中华人民共和国刑法》，明确规定了交通运输、工矿、林场、建筑等企业、事业单位违反规章制度，强迫职工违章作业的量刑标准。 1982 年，国务院颁布了《矿山安全条例》《矿山安全监察条例》《锅炉压力容器安全监察条例》等规范性文件，要求加强矿山锅炉及压力容器的安全生产工作。 1984 年，国务院发布《关于加强防尘防毒工作的决定》，进一步强调了生产性建设项目"三同时"的规定。 1987 年，卫生部、劳动人事部、财政部、全国总工会联合发布了《职业病范围和职业病患者处理办法的规定》，规范了职业病管理，并将 99 种职业病列为法定职业病
第四阶段：完善期（1991—2002 年）	1991 年，国务院发布《企业职工伤亡事故报告和处理规程》，规定了各类事故的报告、调查和处理程序。 2002 年 11 月 1 日，《安全生产法》开始正式实施，标志着我国安全生产走向法治化
第五阶段：加速期（2003 年至今）	国家安全生产监督管理局组建后，陆续颁布了《危险化学品登记管理办法》《特种设备监察条例》《工伤保险条例》《关于安全生产许可证条例》《安全生产事故报告和调查处理条例》《突发事件应对法》等一系列法律法规和规程。 2018 年，应急管理部成立以来，先后发布了《应急管理综合行政执法技术检查员和社会监督员工作规定（试行）》《企业安全生产标准化建设定级办法》《工贸企业粉尘防爆安全规定》《有限空间作业事故安全施救指南》《应急管理部关于加强安全生产执法工作的意见》《安全生产行政执法统计调查制度》《生产安全事故统计调查制度》《安全生产行政执法规范用语指引》《应急管理标准化工作管理办法》等法律法规，安全生产监督管理体系更加完善，安全生产法治建设步伐加快。 2022 年，国务院印发《"十四五"国家应急体系规划》，国务院安全生产委员会印发《"十四五"国家安全生产规划》，为应急和安全生产指明了发展方向

（三）我国安全生产相关标准现状

标准作为经济活动和社会发展的技术基础，对安全生产体系建设和能力提升发挥基础性、引领性作用。党的十八大以来，我国安全生产标准化管理体系逐渐完善，安全生产标准化的法律法规体系逐步健全，各领域的安全生产标准建设步伐逐渐加快。2014 版的《中华人民共和国安全生产法》（以下简称《安全生产法》）提出了“推进安全生产标准化建设”；2018 年 1 月 1 日起施行新版《中华人民共和国标准化法》；2021 年 9 月最新版的《安全生产法》有 4 处涉及安全生产标准化。2019 年 7 月，应急管理部根据《深化标准化工作改革方案》中的各项任务分工要求，组织安全和应急领域专家，结合实际情况，制定了《应急管理标准化工作管理办法》，统筹协调相关领域的标准化工作，为安全生产标准化体系明确了发展目标、强化了管理水平、提升了发展质量。

我国安全生产标准体系初步形成了以国家标准和行业标准为主，以地方标准、团体标准和企业标准为补充的安全生产标准体系。按照“管行业必须管安全、管业务必须管安全、管生产经营必须管安全”的要求，石油化工、煤矿、建筑、交通、冶金等 24 个细分行业从安全生产、设备设施、作业环境、安全操作、管理制度等方面制定了相关标准。我国已有 4000 余项安全生产领域的标准，为各行业规范作业标准、控制风险灾害、减少生产事故、提升安全生产水平提供了标准化支持。我国安全生产与应急管理主要标准如表 1-3 所示。

表 1-3 我国安全生产与应急管理主要标准

名 称	发布单位
《职业病危害评价通则》（AQ/T 8008—2013）	原国家安全生产监督管理总局
《职业病危害监察导则》（AQ/T 4234—2014）	原国家安全生产监督管理总局
《职业卫生监管人员现场检查指南》（AQ/T 4236—2014）	原国家安全生产监督管理总局
《作业场所职业卫生检查程序》（AQ/T 4235—2014）	原国家安全生产监督管理总局
《危险化学品事故应急救援指挥导则》（AQ/T 3052—2015）	原国家安全生产监督管理总局
《工作场所职业病危害因素检测工作规范》（AQ/T 4269—2015）	原国家安全生产监督管理总局
《用人单位职业病危害现状评价技术导则》（AQ/T 4270—2015）	原国家安全生产监督管理总局
《生产安全事故应急演练评估规范》（AQ/T 9009—2015）	原国家安全生产监督管理总局
《安全培训机构基本条件》（AQ/T 8011—2016）	原国家安全生产监督管理总局

续表

名　　称	发布单位
《安全生产检测检验机构能力的通用要求》（AQ/T 8006—2018）	应急管理部
《生产安全事故应急演练基本规范》（AQ/T 9007—2019）	应急管理部
《生产经营单位生产安全事故应急预案评估指南》（AQ/T 9011—2019）	应急管理部
《安全生产检测检验机构诚信建设规范》（AQ/T 8012—2022）	应急管理部

四、安全生产发展态势

根据国际劳工组织的统计，全球平均每分钟发生 603 起事故，每天发生 86 万起事故，每年约 400 万人死于意外伤害事故，造成的经济损失约占全球年均国内生产总值的 4%。全球范围内，美欧等发达国家凭借完善的法律法规体系、先进的生产技术和安全管理经验，生产事故起数和死亡人数远低于发展中国家[11]，如美国煤炭生产领域在 2020 年仅死亡 5 人。

近几十年，我国安全生产管理体制机制不断完善，法律法规体系不断健全，在党中央和国务院坚强领导下，安全生产形势持续好转，生产事故起数和死亡人数持续下降。尤其是近十年，我国安全生产形势明显好转，大部分行业和地区的安全形势不断改善，全国安全生产事故总数继续下降，重大事故同比下降，生产事故死亡人数持续下降，如图 1-1 所示。

图 1-1　我国 2012—2021 年安全生产事故起数和死亡人数情况

数据来源：应急管理部、国家统计局《国民经济和社会发展统计公报》等

第二节 国内外研究现状综述

一、安全管理研究现状

近年来，国内外安全专家和学者从不同角度进行了现代安全管理体系的研究。Di Nardo M 等基于系统动力学方法建立一个新的安全管理模型，对导致事故发生的各主要原因之间的关系进行了梳理，通过数据仿真结果阐明对事件关键因素进行管理的方式方法[12]。Theophilus 等通过识别当前系统中缺失的人为因素，在筛选现有 PSM 框架的基础上，结合人为因素分析和分类系统（HFACS），提出一个综合过程安全管理系统（IPSMS）模型，为安全管理体系的管理、分析与执行提供一个理论和实践框架[13]。Apuma Kumar Ghosh 等通过问卷调查法研究了煤矿事故与工作条件、煤矿工人的个体因素和企业管理水平之间的关系，得出煤矿应该通过提高管理质量、改善工作环境、重视员工安全心理培养等方面预防事故的发生这一结论[14]。Paul 等应用本质安全基本原理研究粉尘爆炸的预防方法[15]。David 等从安全氛围的角度对企业安全管理进行了研究，提出安全氛围在安全生产过程中对各方面因素起到的协调作用[16]。Knegtering 等研究了提高企业安全管理水平的三个方面，即有效的安全测量系统、安全培训系统和安全控制系统[17]。Khan 等通过研究提出了企业生产过程的安全管理，包括安全目标、风险评价、安全标准、设备完好情况、安全培训、安全意识和安全法律法规等要素[18]。

我国安全生产领域的专家学者经过大量研究，主要形成了以下观点。赵小平等认为人、机、环、管等子系统有序运行是企业安全生产的前提，也是安全管理有效运行的根本保障[19]。傅贵教授经过研究提出了行为安全模型，认为安全事故发生的主要原因为企业中员工的不安全行为和企业组织的不安全行为[20]。高卓辉等认为只有在充分理解和掌握传统安全管理和本质安全管理理论的基础上，才能在新形势下保证传统安全管理向本质安全管理的平稳过渡[21]。Liu 等以石油天然气行业为例，运用多元回归分析法和自举法，探讨了职业健康与安全管理体系、工作场所事故与职业伤害的不同维度[22]。Huang 等总结了生产安全管理范式的转变趋势，将数据科学、生产管理和安全科学相结合，形成了由大数据驱动的安全管理新范式，为大数据在安全管理中的应用提供理论依据[23]。Mei 等通过研究提出一个结构方程模型，深入探讨组织安全支持理论（POSS）、个体、组织安全匹配（POSF）、主动行为安全与安全管理之间的关系，为企业安全管理提供了一个新的视角[24]。周琳基于三个危化品行业安全管理体系（安全生产标准化体系、过程安全管理体系、职业健康安全管理体系），选取体系标准，通过对比研究，初步构建出针对危化品事故预防的安全管理体系框架[25]。

二、安全隐患研究现状

1974 年 6 月，英国的弗利克斯堡化工厂发生爆炸事故，死亡 28 人，毁坏成千上万栋房屋。事故发生后，英国政府痛定思痛，成立了有关危险源辨识的机构，专门负责危险源的相关研究，英国成为世界上最早开始全方位研究危险源的国家，欧美等发达国家和印度、泰国等南亚国家基于事故的分析、统计、总结建立了适用于本国的危险源辨识标准[26-28]。澳大利亚政府也出台了国家层面的重大危险源控制标准和相关规定（NOHSC），各州在此基础上制定相应的危险源辨识、控制的法律法规。国外的专家学者对安全隐患也进行了比较深入的研究，Ta 等使用全球化学品统一分类和标签制度（GHS）对具有相同危害的化学品进行分组，通过分配阈值数量（TQ），评估危化行业的化学品潜在风险，防止重大灾害事故的发生[29]。Nicholas Chartres 等通过数据分析的方法，提取了十个国家组织、五个国际组织和四个世界卫生组织的环境隐患识别（HI）和风险评估（RA）的数据，建立统一标准，综合分析比较 HI 与 RA 方法的异同性，识别空白区域，为未知的隐患识别方法研究提供参考[30]。

我国在安全生产领域的隐患辨识、评价领域起步较晚，从 20 世纪 90 年代开始重视危险源的辨识、评价等工作。1995 年，原劳动部和相关高校合作完成了题为《易燃、易爆、有毒重大危险源的安全评价技术》的课题。1998 年，北京市开发了北京市重大危险源和重大事故隐患信息管理系统。2000 年以后，我国逐步重视安全隐患的辨识、评估、监控，制定了相应的应急救援预案。陈宝智教授等研究了危险源的性质，将危险源分为两类，并且系统研究了这两类危险源的关系[31]。Wang Xuetong 等针对建筑施工行业中存在的安全隐患，应用物联网相关技术，提出一种新的危险源技术预防体系，构建包括任务、感知、网络和应用的四级技术体系框架，将安全隐患排查过程智能化、系统化[32]。Ding 等通过对仓储火灾的分析研究，建立了仓储火灾定量风险管理的通用框架并通过实例验证所提出方法的有效性和适用性，对火场安全隐患辨识具有直接的指导意义[33]。赵挺生等基于建筑施工安全生产的本质安全性理论，建立隐患演变为事故类型的关系模型；将建筑施工安全隐患分为结构类、功能类、流程类、防护类、环境类和行为类 6 大类，在多个大型工程安全隐患排查评估中进行应用[34]。张东成等基于文本挖掘技术，提出一套隐患特征提取和分类方法，用于隐患特征的动态分析，以实时掌握工程现场的安全隐患管理状态[35]。辛盼盼基于双重预防体系基础理论和系统建模理论研究，利用霍尔三维结构，构建了基于风险监管的企业风险分级管控和隐患排查治理双重预防模型，规范了企业安全管理模式[36]。

三、风险评价研究现状

风险评价（Risk Assessment）又称安全评价，起源于 20 世纪 30 年代美国的保险行业，衡量风险大小的方法就是风险评价[37]。1961 年，美国军方在研究导弹系统时开发了事故树评价方法。英国政府建立了安全故障数据库，对企业的风险展开全面评价[38]。1964 年，道（DOW）化学公司在大量事故调研的基础上，进行详细的分析计算，提出了“火灾爆炸危险指数评价法”，可以定量评价化工企业生产的危险性[39]。1974 年，英国的帝国化学公司蒙德（Mond）部门经过实践研究，对道化学公司的评价法进行了修正，提出了“蒙德法”。1976 年，荷兰劳动总局根据道化学公司的火灾爆炸指数评价法提出了本国的化工厂风险评价方法；同年，日本劳动省在本国生产实践的基础上，经过研究提出了化工厂“六阶段评价法”。19 世纪 60 年代后期，随着航空航天、核工业等领域的快速发展，相应的风险评价方法也得到了系统的研究，主要成果是概率风险评价法。1975 年，Rusmusen 等利用概率风险评价法对核电站的安全性进行了评价，评价结果符合预期，效果显著，因此该方法在军工等领域迅速得到推广。1984 年，印度一家农药厂发生事故，造成了 2500 人死亡，125000 人中毒的严重后果。1986 年，美国的“挑战者”号航天飞机刚升空就发生爆炸事故[40]，针对严重事故，安全专家研究开发了多因子评分法（LEC）。罗曼尼（Ramani）教授等使用先进的数学方法统计企业事故的类型、不同工种的伤害程度、工人的不安全行为分类等，计算事故发生的周期、生产过程中每天发生风险的概率、危害程度等，提出对不同的安全隐患应该采取的措施[41]。Ali Karasan 等提出安全与临界效应分析方法（SCEA），根据事故严重程度、概率、频率和可检测值计算风险级别，并通过与经典集、FMEA 评价法和 ESP 评价法进行比较，结果表明该方法的一致性与可靠性较好[42]。

我国专家学者的风险评价研究起步较晚，但通过综合运用风险评价理论和数理模型分析各行业的生产系统，取得了一系列理论成果。许满贵等将神经网络和模糊数学两种算法结合建立了模糊神经网络算法，增强了神经网络的自学能力，更好地解决了对不确定性隐患的量化，使评价结果更优[43]。刘海波等运用直接法和间接法确定了指标的权重，提高了模糊综合评价的精度[44]。范英等提出了一种利用三角模糊数几何特征和层次分析法（AHP）相结合的风险评价新方法，有效优化了现有风险评价方法结果偏差较大的问题[45]。谢宏等建立了一个量化、动态、可反馈的系统动力学（SD）安全生产水平预测与评价模型，通过确定状态变量、决策变量和辅助变量并利用 SD 模型进行仿真模拟，实现安全生产水平的定性和定量评价[46]。王纪洋等综合考虑危险化工工艺的多种风险因素，将层次分析法（AHP 法）与逼近理解排序法（TOPSIS）相结合，构建了危险化工工艺风险等级评价的 AHP-TOPSIS 评判模型[47]。黄玥诚基于复杂网络的分析与定量方法，从拓扑模型的视角对生产系统动态风险的全过程进行演化规律分析，并结合动态特性完成生产系统的定量评估[48]。闫放等将集对分析（SPA）与传统的保护层分析（LOPA）相结合并引入相离度（DD）的概念及相应计算公式，实现对风险后果严重程度的定量化处理[49]。阎红巧等根据事故致因理论提出了屏障—损失层次化关键指标体系，结合主成分分析法（PCA）和熵权法（EW）进行数据降维与风险评价，采用指数平滑方法预测企业下一周期的风险水平，进而建立企业安全生产风险评价模型[50]。

四、风险预警研究现状

在人类历史上，预警的有关思想源远流长，最早出现于军事方面，后来被推广到经济、自然、公共安全等领域中。1988 年，法国学者弗里德（Fourille）运用气象学的相关理论研究了经济运行过程中的预警[51]。1909 年，美国设置了第一个经济预警器，即“经济活动指数”。1915 年，美国哈佛大学的经济学家在研究 13 个经济指标的基础上编制了哈佛指数，对美国的经济进行预警。随后，欧洲等发达国家也相继编制了自己的经济预警指标，逐渐发展形成了全球经济的预警系统。安全生产领域专家也进行了大量研究，Khadem 等以阿曼的一家公司的石油天然气项目为例，将项目中的潜在风险进行识别和量化，将软件模拟结果与项目经理讨论的定性分析结果进行对比，验证了预测模型的准确性[52]。Benson等采用数字化的工艺操作风险分析方法，识别和评价工作环境中产生的风险，确定各工艺满足中断操作系统条件的早期预警偏差，为工艺环境中的偏差情况提供预警[53]。

我国对风险预警的研究也是起步于宏观经济领域，然后扩展到各个行业[54]。黄继鸿[55]等对经济预警的研究进行了梳理，在分析经济预警方法的基础上对预警指标、预警级别等进行了研究。顾海兵[56]等对风险预警的理论进行了探索和研究后对粮食生产进行了预警研究。胡华夏[57]等运用风险预警的理论设计了企业安全生产的预警系统。刘康炜[58]通过分析研究建设了危险化学品事故预警与防控平台，提出了平台的“五层三体系”技术架构。开发四级危化品事故预警与防控系统，实现对重点监管危化品企业安全事故预警和实时动态数据远程巡查、抽查，满足各级政府对危化品企业安全生产预警、监管、备查等需要。Jiang Dazhi 等基于石化企业生产状态提取的时间序列数据，采用全集成经验模式自适应分解法（CEEMDAN）对复杂的非线性时间序列进行分解，建立风险预警模型并探索了分类模型的最佳参数[59]。Li Cuiping 等以企业生产类型和事故统计数据为基础，构建包含三个层次、五个综合指标和二十二个专题指标的预警指标体系和基于灰色系统理论 GM（1,1）的风险预警指标模型，于钢铁冶金行业有着较好的应用[60]。肖遥等基于理论及企业安全管理体系研究，确定了安全风险预警评价指标，采用区间层次分析法（IAHP）计算指标权重，确定了预警监测关键点，并运用模糊综合评判法构建作业现场安全风险预警评价模型与评价思路[61]。王新浩等利用垂直数据格式挖掘算法对高维隐患数据进行关联规则挖掘，设计基于关联规则的风险预警评估模型，并对预警信息进行可视化处理，最终构建完整的企业隐患预警方法[62]。

五、应急管理研究现状

近些年，全球各种突发公共事件时有发生，应急管理作用凸显。国外对地震、山体滑坡、台风等自然灾害，危险化学品泄漏、火灾、大规模停电等事故灾难，都有相对成熟的做法。专家学者进行了大量的研究，Prawira 等开发了一款应急管理源应用程序，通过无线网络或 GPS 定位受害者位置，利用谷歌距离矩阵 API 测量救援者与受害者之间的距离，通过 App 内部按钮、电源按钮或语音指令向外发送紧急情况报告[63]。Pohl 等提出了一个基于媒体数据流在线索引和在线聚类的处理框架，从社交媒体数据中生成情景报告或摘要，捕捉子事件随时间的演变，将信息及时反馈给应急响应人员，支持应急小组在紧急情况下监测和了解社会媒体中事件的演变[64]。W. Fordham 等论述了美国应急计划体系以及地方应急管理和公共卫生部门的作用，分析比较应急管理机构从业者在专业能力、组织目标和文化方面的异同，探讨了加强地方应急响应和公共卫生准备的方式方法[65]。Sara Harrison 等通过对来自加拿大的十四个应急管理机构和十五名政府官员的半结构化访谈，发现加拿大的组织因素、政策和联邦立法使各级政府机构采用危机众包（包括通过社交媒体的众包）存在障碍，确定了加拿大应急管理机构在寻求采用危机众包时面临的主要挑战和限制[66]。Doyle 等通过对应急管理团队响应、决策、心理模型、信息管理和沟通方面的分析回顾，提出科学机构和科学咨询小组与应急管理机构同步培训（演习和模拟）的模式，开发以科学为主导的分层运动计划，增强多机构团队的协调能力[67]。

我国在应急管理方面的研究起步较晚，但是在安全生产、疫情防控等方面取得了较好的成绩。钟开斌从管理的角度出发，分析了我国国家应急管理体系的演变与进展，提出 4.0 版国家应急管理体系建设的策略[68]。姚晓晖等提出了基于事件“事前、事发、事中、事后”全过程的辅助决策六维分析框架，并对“预防与准备、监测与预警、处置与救援、恢复与重建”四阶段的辅助决策流程进行了探讨，为高效的应急管理与应急决策提供理论支撑[69]。王飞跃等论述了企业生产安全事故应急救援预案的体系框架及文件要素，提出了企业生产安全事故应急救援预案体系框架的组成方式，并对文件要素的具体结果进行细化[70]。赵永华等提出一种包含应急准备评估和重大事故情景应对能力评估的应急能力评估方法，建立应急定量评估三级指标，帮助企业了解现有应急能力的不足[71]。郭欢等运用系统动力学原理和方法，将 OSH、应急管理相关要素进行整合，构建企业安全生产、职业危害防治、应急处置通用评价模型，通过数据处理软件对模型进行仿真模拟，对企业安全生产状况、职业危害防治状况、应急处置状况进行分级管理，并进行实证分析[72]。杜泽文针对“综合应急能力”，运用结构转换工具——质量功能展开（QFD）模型对其进行量化，在确定 QFD 模型参数和系列改进矩阵基础上，构建了安全生产应急能力供需结构转换模型，为企业提供了安全生产应急能力的量化评价方法，并在管理思想和管理机制改进方面提出了相应的措施[73]。

六、文献评析

综上所述，国内外专家学者对企业安全生产过程中的安全隐患、风险评价、风险预警、应急管理等问题进行了较为全面、深入的探索和研究，总结了安全管理理论、企业安全管理理论及其实践的发展历程。综合分析这些研究成果有助于提升我国企业的风险管理水平，主要包括两个方面，一是国外有关安全管理、安全隐患、风险评价、风险预警、应急管理等方面的研究是在长期生产实践的基础上总结研究而来的，对我国解决企业生产过程中安全隐患的辨识、排查、评价、预警、响应、处置等有重要的借鉴意义；二是国内相关学者对企业风险管理的研究和各大企业集团的有益探索为今后的研究提供了思路，有助于洞察企业风险管理存在的问题，帮助企业尽快实现本质安全化生产。

然而，企业生产系统是一个复杂多变的系统，人、机、环、管四个方面的危险源或安全隐患都可能引发事故。因此，随着科技发展日新月异，企业生产过程中面临更多的不确定性，亟待从两个方面加强风险管理。一是加快建立完善企业风险分层管理体系，目前大多数中小型企业没有建立全生命周期的风险管理体系，部分大型企业没有实现分层联动风险管理体系，大中小型企业应结合自身实际，建立科学合理的风险辨识、排查、分析、评估、预警、响应、处置、恢复等全生命周期管理体系；二是加快建立完善精细化风险管理体系，在前人研究的基础上，完善风险分层综合评价和分层分级动态预警指标体系和模型，引入国内外先进的风险管理体系，建立分层联动、分级闭环、动态预警、及时响应的精细化风险管理体系。此外，还需紧跟新一代信息技术发展趋势，探索其在风险管理中的应用，实现精细化动态风险管理。

第三节 主要内容与研究方法

一、主要内容

本书聚焦企业生产过程中的风险，从理论、方法、应用等维度展开研究分析，提出企业生产风险精细化管理方法。按照企业生产风险管理的全生命周期，本书主要介绍风险管理、风险分析、风险评价、风险预警、应急管理 5 部分内容。

（一）风险管理

本书梳理事故致因理论的发展历程，详细介绍事故频发倾向理论、事故因果连锁理论、北川彻三事故致因理论、能量转移理论、事故致因“2-4”模型等国内外事故致因理论，并结合典型事故案例进行了应用分析。综合分析国内外与风险管理有关的理论和方法，结合生产实际情况，从风险全生命周期管理角度提出具有风险分层联动管理、隐患分级闭环管控、动态预警响应等特征的精细化管理方法。

（二）风险分析

本书对危险源、安全隐患、危险有害因素等风险的基本概念进行辨析，提出直接隐患和间接隐患的概念，并分析二者间的耦合关系。介绍安全检查表、预先危险性分析、事件树分析、事故树分析、故障类型和影响分析、作业危害分析、人员可靠性分析等风险分析方法，并结合典型案例进行应用分析。分类梳理风险预测、事故预测、损失预测的方法，在此基础上应用大数据技术建立生产事故预测模型，并结合某智能制造中心相关数据进行实证研究。

（三）风险评价

本书总结分析风险评价的基本方法和程序，梳理作业条件危险性评价法、MES 评价法、危险性与可操作性分析评价法、道化学分析评价法、精细化工反应安全风险评价法、投影寻踪模型、事故概率分析评价法等风险评价方法，并结合典型案例对常用的方法进行应用分析。通过分析已有的风险综合评价法，按照分层联动的要求，设计企业生产风险分层评价指标体系，包括直接评价指标体系和间接评价指标体系，建立风险分层综合评价模型，采用主观和客观相结合的赋权法，提高风险综合评价的准确性，并结合某智能制造中心相关数据进行应用分析。

（四）风险预警

本书阐述常规风险预警的基本概念，结合企业生产系统的实际情况，按照动态预警、分级响应、闭环管理的理念，提出直接预警和间接预警的概念，设计风险分层分级联动机制。引入触发响应机制的概念，设计风险分层分级动态预警的指标体系和模型，并结合某智能制造中心相关数据进行应用分析。

（五）应急管理

本书梳理我国应急管理的发展历程，界定应急救援的概念，梳理应急救援的过程和内容。建立应急物资储备模型，并以某石化企业厂区进行应用分析。分析企业针对不同风险场景开展的应急演练和应急培训。

二、主要观点

（一）突出理论模型化

针对企业生产过程中出现的新隐患、新风险、新事故，本书梳理分析国内外最新理论研究成果，建立“1+4”理论方法模型。“1”是指建立生产风险精细化管理模型，“4”是指围绕风险分析预测、评价、预警、响应，尝试建立大数据风险事故预测模型、风险分层综合评价模型、风险分层分级动态预警模型和应急物资布局优化模型，并结合实际案例进行应用研究。

（二）突出定量标准化

针对企业安全生产风险难以量化的特点，本书梳理分析生产中的危险源、安全隐患、危险有害因素等在事故中的影响，基于此从人员岗位、机械设备、环境参数、管理体系 4 个方面建立分层评价指标体系（定量和半定量），实现定量计算区域风险。引入风险触发响应机制的概念，设计风险分层分级动态预警模型，科学设置风险等级（Ⅰ级、Ⅱ级、Ⅲ级、Ⅳ级）触发器，构建风险分层分级动态预警方法，并提出相应的应急管理方法，形成生产风险分层分类、分级动态闭环 2 个精细化管理方法（A Dynamic Closed-up Fine Management Method for Classified and Hierarchical Work-related Risk，DCFW）。

（三）突出实用精细化

风险精细化管理方法不是另起炉灶，而是根据实际生产的特点，充分衔接现有的风险辨识、分析、预测、评估、预警、响应、处置、培训等理论方法，形成的一套具有综合性和可操作性的方法。同时，根据国家最新的政策及现有的事故经验，结合专家学者、一线工人的建议不断优化，用最低成本实现安全效益的最大化。此方法已经在煤矿、铁矿、制造业等行业进行了探索应用，后续还将结合最新的技术提高管理方法的精确性和时效性。

三、研究方法

（一）文献研究法

分类阅读有关安全生产风险管理、分析、评估、预警、应急管理的国内外文献资料，梳理分析风险相关的理论方法的创新性和应用性，总结当前国内外的主要研究成果及其应用价值和实际意义。

（二）比较分析法

对比分析国内外风险管理理论、方法，分析风险发展的本质性规律，明确风险管理的方向和方法。对比分析风险辨识、分析、预测、评估、预警等方法的应用场景和优缺点，对以上方法进行有针对性的结合，提高风险管理的精准性。

（三）调查研究法

企业生产系统复杂多变，通过现场调研、访谈、座谈、问卷等方法，能够更加准确地辨识企业生产中的安全隐患，建立更加合理可行的风险评价指标体系、对风险进行定量计算和精准预警。

（四）定性与定量相结合的方法

企业生产过程中危险源和安全隐患的分析以定量分析为主。风险评价和预警中，机械设备和环境参数的指标采用定量计算，人员岗位和管理指标采用定量和半定量相结合的方法进行计算，指标间的权重采用定量方法进行计算。

（五）理论研究与应用研究相结合的方法

综合运用安全学、管理学、运筹学等多种学科建立生产风险精细化管理方法，此方法需要在实际应用中不断完善和发展，形成理论研究和应用研究良性互动、循环上升的一种综合研究方法。

第二章　风 险 管 理

第一节　事故致因理论

一、事故致因理论概述

19 世纪末 20 世纪初，世界工业生产已经初具规模，工业革命后生产事故逐渐增多，人们为了避免不必要的伤害，不断分析事故发生的原因，探索事故发生的规律，相继提出了事故发生原因、事故发生过程、防止事故发生的相关理论模型，在不同时期形成了十几种事故致因理论。

早期的事故致因理论认为事故由一个或几个原因引起，英国的格林伍德等通过对大量伤亡事故进行统计分析，得出某些类型的工人容易引发事故，提出了事故频发倾向理论。后人在此基础上，根据不同时期的科学技术、管理方式、事故发生规律等实际情况，不断改进和完善事故致因理论，形成了多因素复杂结构的事故致因理论模型，在事故原因分析、安全工作方法改进、事故预防等方面提供了科学的解决方案，为保障社会的安全生产做出了贡献。

目前，具有代表性的事故致因理论有：1919 年格林伍德等提出的事故频发倾向理论、1931 年海因里希等提出的事故因果连锁理论（多米诺骨牌理论）、日本学者北川彻三改进的事故致因理论、1961 年吉布森等提出的能量转移理论等。2013 年，我国傅贵教授带领的团队在前人研究的基础上，结合生产实际情况提出了行为安全“2-4”模型（后称事故致因“2-4”模型），将海因里希事故致因链具体化、实用化，为我国现代安全管理理论提供了一定的理论基础。通过总结分析，各个时期的事故致因理论模型具有典型的时代特征，既有理论研究创新性，也有实际应用的局限性，如表 2-1 所示。

表 2-1　事故致因理论模型分析

名称	时间	代表学者	模型简介	特点
事故频发倾向理论	1919 年	格林伍德、伍兹、纽博尔德	工厂内存在一部分容易发生事故的工人	事故频发倾向理论将事故原因完全归结于“人”的因素，后续研究表明事故频发倾向者并不存在
事故因果连锁理论	1936 年	海因里希	伤亡事故是由一系列原因事件相继发生导致的结果	初次提出事故由人的不安全行为和物的不安全状态导致，并提出了相关概念
	1976 年	博德	事故因果连锁理论中，根本原因是管理失误	分析问题过于片面，将事故原因完全归结于管理因素
		爱德华·亚当斯	事故因果连锁理论中，将人的不安全行为和物的不安全状态统称为现场失误	只对造成现场失误的管理原因进行分析
北川彻三事故致因理论		北川彻三	认为一个地区的政治、经济、文化等因素都对企业事故有重要影响	分析事故原因较为笼统，考虑了社会因素，超出企业安全管理的范围
能量转移理论	1961 年 1966 年	吉布森 哈登	认为事故是一种不正常或不希望的能量释放	阐明事故发生的物理本质，为后续研究提供了新的方向
事故综合原因理论			事故的发生是多因素综合作用的结果	综合考虑各种现象和因素，有利于科学分析、预防和处理事故
事故致因“2-4”模型	2013 年	傅贵	把事故的间接原因（人的不安全行为和物的不安全状态）具体化为安全意识不强，安全习惯不佳等；把事故的根源具体化为组织的安全文化欠缺	将事故原因具体化，明确给出“管理缺陷”的具体内容，广泛应用于各行业的安全管理

二、事故频发倾向理论

1919 年，英国的格林伍德等运用泊松分布、偏倚分布、非均等分布等统计方法，对大量生产作业中的伤亡事故进行分析，发现工厂中的某些工人更容易导致事故发生。1939 年，法默和查姆勃在此基础上，进一步完善并明确提出了事故频发倾向的概念。事故频发倾向主要是指个别人容易发生事故、个人的稳定的内在倾向。该理论指出，在同样的工作环境下从事同样的工作，某些人更容易发生事故，这些人被定义为事故频发倾向者，是事故发生的主要原因，根据人的性格特点识别出这部分人而不予雇用，能减少工业生产中事故的发生。

国外有关专家学者对事故频发倾向者的性格特征进行了总结，具体为：感情冲动，容易兴奋；脾气暴躁；慌慌张张，不沉着；动作生硬而工作效率低；

喜怒无常，感情多变；理解能力低，判断和思考能力差；极度喜悦和悲伤；厌倦工作，没有耐心；处理问题轻率、冒失；缺乏自制力；等等。

事故频发倾向理论的缺陷在于过分夸大了人的性格特征在事故中的作用，并未提及工业设备中的各种缺陷，将事故责任全部归咎于人的天性，后续的大量研究结果说明并不存在事故频发倾向者。如伯纳基通过调查分析铁路调车员，证实了调离或者解雇事故发生次数多的工人，并没有减少伤亡事故发生率，该调查证明不存在事故频发倾向者[74]。此外，该理论过于简单、片面，只通过对“人”的单因素分析便得出结果，不够全面准确。尽管事故频发倾向理论难以对事故的成因、发生和发展进行合理的逻辑分析，但是引发了后人继续研究事故致因理论。

三、事故因果连锁理论

（一）海因里希法则

美国安全工程师海因里希统计分析了 55 万件机械事故，其中死亡、重伤事故 1666 件，轻伤事故 48334 件，其余则为无伤害事故。通过分析，海因里希得出一个重要结论，即在机械事故中，“死亡或重伤 : 轻伤 : 无伤害事故”的比例为“1 : 29 : 300”，国际上把这一法则称为海因里希法则，也叫“事故三角形”，如图 2-1 所示。海因里希法则指出，生产过程中的隐患并不都会造成事故，而当隐患积累到一定量就会导致轻微伤害或故障，最终导致重伤、死亡或重大事故的发生。

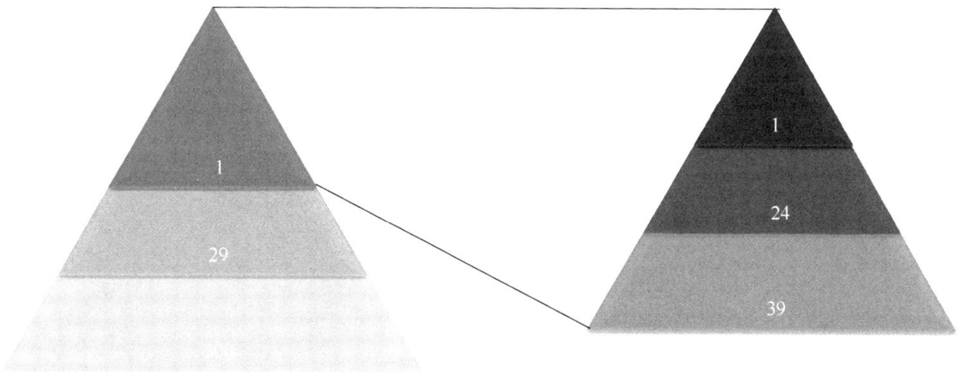

图 2-1 海因里希法则

在我国的安全生产中也有类似的规律，按照《生产安全事故报告和调查处理条例》中关于事故等级的划分标准（如表 2-2 所示），对我国近 20 年的安全生产事故进行分类统计分析，得出“特别重大事故：重大事故+较大事故：一般事故”的比例为“1：24：39”，表明一般事故处理不及时、不深刻，终将导致重特大事故的发生。

表 2-2 我国生产安全事故等级划分

等级	事故级别	死亡人数	重伤人数	直接经济损失
Ⅰ	特别重大事故	30 人以上	100 人以上	1 亿元以上
Ⅱ	重大事故	10～30 人	50～99 人	5 千万元以上～1 亿元以下
Ⅲ	较大事故	3～9 人	40～49 人	1 千万元以上～5 千万元以下
Ⅳ	一般事故	1～2 人	1～9 人	1 千万元以下

国内外安全生产大数据均呈现出海因里希法则，事故看似随机，实则隐含着事故发生过程的哲学观点，即从量变到质变的客观规律。生产实际过程中伴随着安全隐患，若安全隐患排查不及时、整改不全面、安全教育培训不到位，日积月累就会引发安全生产事故。

（二）海因里希事故因果连锁理论

1936 年，海因里希通过深入调研美国工业生产实际情况，并分析安全生产大数据，提出了工业生产事故因果连锁理论，阐明了导致事故发生的各个原因之间以及这些原因与事故之间的关系。该理论指出任何一个事故的发生是由一系列事件共同作用的结果，不是一个孤立事件，事故和各原因之间有因果连锁关系。海因里希认为工业事故的发生有四种因果连锁：一是人的不安全行为和物的不安全状态可以引发事故；二是事故的结果是人员伤亡；三是人的缺点是造成人的不安全行为、物的不安全状态的原因；四是先天的遗传和环境的诱发导致了人的缺点。

海因里希事故因果连锁理论可以用多米诺骨牌来形象地描述，如果第一块骨牌倒下，就会发生连锁反应，后面的骨牌相继被前一张骨牌碰到，最后一块骨牌即为伤亡。因此，海因里希事故因果连锁理论的另一个名称是“多米诺骨牌”理论，如图 2-2 所示。

海因里希事故因果连锁过程包括 5 种因素，即遗传及社会环境、人的缺点、人的不安全行为或物的不安全状态、事故、伤亡[75]。遗传及社会环境是事故的根本原因，遗传因素造成鲁莽、偏执等不良性格，社会环境可能导致教育匮乏、助长有缺陷的性格发展。人的缺点是事故的间接原因，包括固执、鲁莽、偏激等先天性格，还包括后天形成的知识缺乏、意识不足等缺点，是导致人产生不安全行为或物发生不安全状态的间接原因。人的不安全行为或物的不安全状态是事故的直接原因，如女性进入加工车间未将头发盘起、高空作业未佩戴安全带等人的不安全行为；没有防护的转动齿轮、产生微裂缝的天然气管道等物的不安全状态。事故是指由于物质、人或放射线的作用或反作用，使人员受到伤害或可能受到伤害的、出乎意料的、失去控制的事件。伤亡是指事故产生的人员受伤或死亡。

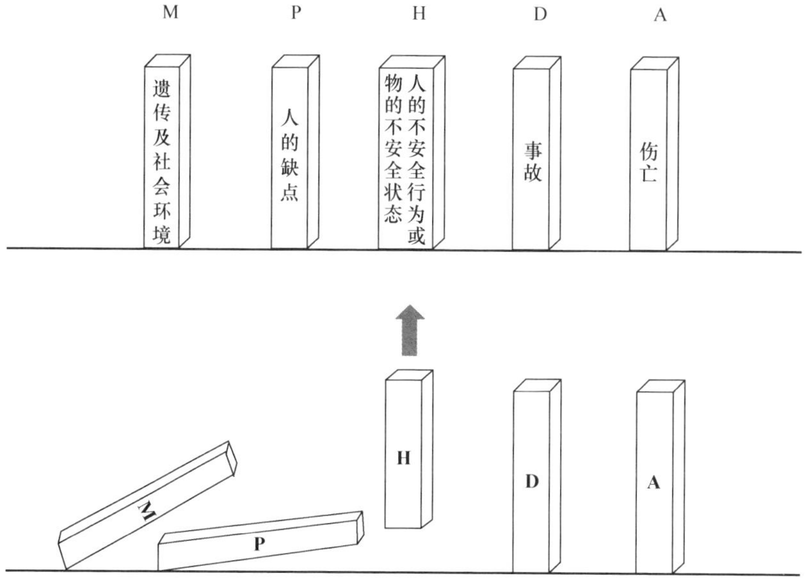

图 2-2　事故因果连锁理论模型

海因里希事故因果连锁理论认为人的不安全行为是事故发生的主要直接原因。海因里希调查了 75000 件工伤事故，发现 88%的工伤事故由人的不安全行为产生，10%的工伤事故由物的不安全状态造成，2%的工伤事故由不可控因素造成。美国联邦采矿安全与保健局对煤矿事故的原因进行统计分析，发现 85%的煤矿事故由煤矿工人的不安全行为导致。同时发现，即使有些事故由物的不安全状态引发，其根源也是人的不安全行为。该理论强调企业安全管理工作的中心是要移去事故连锁中的一块骨牌，杜绝人的不安全行为或消除物的不安全状态，中断事故连锁的进程，避免伤亡事故的发生。

（三）博德事故因果连锁理论

1976年，博德在海因里希事故因果连锁理论的基础上，提出了反映现代安全管理理念的事故因果连锁理论，他认为人的不安全行为与物的不安全状态是导致事故的重要原因，而事故的本质是管理失误，管理是导致事故的第一块骨牌[76]。博德事故因果连锁理论与海因里希理论类似，包括安全管理缺陷、个人原因及工作条件、人的不安全行为或物的不安全状态、事故、损失5个因素。

安全管理缺陷是事故发生的本质原因，大多数企业应不断完善安全管理工作，才能防止事故的发生。个人原因及工作条件是事故发生的基本原因，个人原因包括缺乏安全知识或技能、行为动机不正确、身体上或精神上存在问题；工作条件方面的原因包括安全操作规程不健全，设备、材料不合格，以及粉尘、湿度、气体、温度、噪声、照明、工作场地状况等环境因素不达标。人的不安全行为或物的不安全状态是事故发生的直接原因，实际工作中要追究其背后隐藏的管理缺陷，并采取有效的控制措施，从源头上杜绝事故的发生。博德从能量的观点把事故看作人的身体或构筑物、设备与超过其阈值的能量接触，或人体与妨碍正常生理活动的物质的接触。损失是指人员伤亡和财物损坏。

（四）亚当斯事故因果连锁理论

伦敦大学的爱德华·亚当斯教授通过研究，提出了一种与博德事故因果连锁理论类似的因果连锁理论，如表2-3所示。亚当斯把人的不安全行为或物的不安全状态称为现场失误，并对现场失误背后的管理因素进行了深入分析。管理人员在管理工作中的差错或疏忽、企业领导人错误的决策对企业经营管理及事故预防工作具有决定性的影响[77]。

表2-3　亚当斯事故因果连锁理论

管理体系	管理层面失误		现场操作失误	事故	损失
目标	领导在以下几个方面做出错误的决策	安全技术员在以下几个方面做出错误的决策			
组织 环境	目标 政策 职责 责任 权威 权限 范围	规则 责任 指导 权威 行为 积极性 主动性 业务范围	不安全行为 不安全状态	事故	人的伤害 物的破坏

（五）案例分析

2020年11月17日，位于江西省吉安市的海州医药化工有限公司发生一起爆炸事故，造成3人死亡、5人重伤、直接经济损失1000余万元。事故大致经过：当日凌晨1时30分，反应釜R302完成常压操作处理后，车间班组长夏某富将物料转至反应釜R303继续进行减压操作蒸馏。6时30分前后，减压操作蒸馏完成且反应釜内有200kg左右的偶氮二甲酸二乙酯（对光、热和震动敏感，加热时可猛烈爆炸）。7时10分，夏某富等四名员工去公司食堂吃早饭，颜某权等3名员工继续在车间作业。7时21分41秒，反应釜R303发生爆炸。第一次爆炸导致反应釜R303釜体破裂，两名操作工当场身亡。爆炸产生的冲击波冲击了车间北面墙外的偶氮二甲酸二乙酯原料桶（内有1200kg左右的偶氮二甲酸二乙酯），引发二次爆炸，造成车间坍塌。颜某权被爆炸产生的飞物砸中，伤势过重不治身亡。经调查：反应结束后，R303釜内有高温易爆的化合物偶氮二甲酸二乙酯液体，釜上方有偶氮二甲酸二乙酯、二氯甲烷等爆炸性混合气体。操作工在取样（检测成品是否达到生产标准）操作前，未待反应釜降温，未先通入氮气置换而先打开真空阀，这一误操作导致釜内充入大量空气，混合物浓度达到爆炸极限，发生爆炸。

根据事故因果连锁理论，事故发生过程中各因素相互联系，即事故是P_1、P_2、P_3、P_4、P_5（P_1表示遗传及社会环境、P_2表示人的缺点、P_3表示人的不安全行为或物的不安全状态、P_4表示事故、P_5表示伤亡）按一定顺序依次发生的结果，构成了导致事故的完整链条，分析过程如图2-3所示。

遗传或社会环境包括行为鲁莽、冒失和基础教育匮乏。遗传因素在大多数事故中表现不明显，行为鲁莽、冒失和基础教育匮乏在事故原因中占有一定比例，属于社会环境。此次事故反映出相关监管部门未认真履职、审批把关不严、监督检查不到位，企业对员工的教育培训不重视；企业缺乏整体安全观念，安全理念没有深入人心，基层操作员就会出现操作不规范、行为鲁莽、冒失等情况。

人的缺点包括判断失误和安全意识较差。此次事故中，操作工安全意识较差，未能正确判断釜内气体的混合爆炸性以及潜在的爆炸极限区间。经分析，造成操作工安全意识较差的原因主要有两个方面：一是多名从事特种作业的人员未持证上岗，且绝大部分操作工为初中及以下文化水平，没有达到国家对涉及“两重点一重大（重点监管的危险化工工艺、重点监管的危险化学品名录、危险化学品重大危险源）”装置操作人员必须具有高中及以上文化水平的强制要求。二是企业没有重视安全培训，导致相关工作人员对生产物料的理化性质及危险性了解不充分，缺少化工安全生产的基本常识。

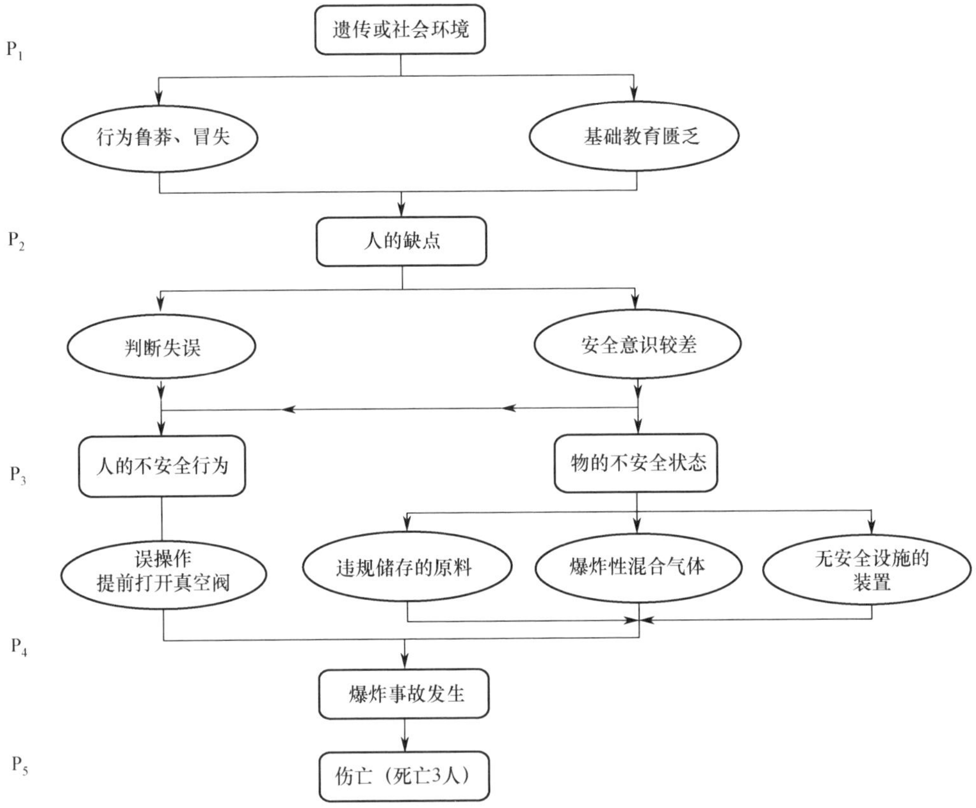

图 2-3　事故因果连锁理论分析过程

人的不安全行为或物的不安全状态包括误操作和爆炸性混合物，是事故产生的直接原因。此次事故中，操作工操作失误，将“关真空阀—降温—通氮气—放空”误操作为“放空—通氮气”，导致在较高温度下大量空气涌入釜内，使釜上方爆炸性混合气体达到爆炸极限，直接导致事故发生。此次事故中，人的不安全行为是：操作工颜某权未等反应釜降温至正常区间便打开真空阀通氮气，较高的原始温度增大了系统压力，使分子间碰撞几率增高，从而增大了混合气体的爆炸极限范围。物的不安全状态是：二氯甲烷气体与偶氮二甲酸二乙酯气体在高温下混合，增大了二者的不稳定性；偶氮二甲酸二乙酯是热敏性液体，对光、热和震动敏感，车间违规临时堆放偶氮二甲酸二乙酯在 103 车间北面铁皮棚内，不符合储存要求，进而引发第二次爆炸；该工艺生产装置未按照《危险化学品建设项目安全监督管理办法》要求取得安全设施“三同时”手续，安全性不到位。

根据事故因果连锁理论（多米诺骨牌理论），预防事故的方法是抽去 P_1 到 P_5 的某块“骨牌”。一是抽去骨牌 P_1，改善社会整体环境。社会相关行业牢固树立安全发展理念，提升基础教育水平，企业内部进行案例分析与警示教育工作，让全体员工时刻注意安全生产。二是抽去骨牌 P_2，消除人的过失。严格落实化工行业分管负责人、安全负责人及从业人员的学历、专业和能力要求，不得雇用不符合条件的操作人员或管理人员。企业要加强安全培训教育，尤其加强实际生产工艺、流程、具体操作等方面的培训。三是抽去骨牌 P_3，消除人的不安全行为和物的不安全状态。企业一线操作员在作业时配备专业的技术监管人员，有效减少因员工个人鲁莽行为导致的安全事故，在生产实践中注意提升员工的职业素质。企业要加强安全监管，严格审批涉及重大危险源和危险化工工艺的项目，确保危险物品（偶氮二甲酸二乙酯）存放在安全位置。

通过运用事故因果连锁理论对案例进行分析，得出导致事故的主要原因是人的因素，无论是遗传因素、社会环境对人的影响，还是人的性格缺陷以及人的不安全行为，都过分强调人在事故致因链中的作用，而没有深入分析个人行为背后的安全管理和安全文化问题。

四、北川彻三事故致因理论

（一）理论分析

日本学者北川彻三在前人的理论基础上，进一步对事故因果连锁理论进行深入研究，提出了新的事故因果连锁论，如表 2-4 所示。北川彻三事故致因理论从社会大环境的角度找寻导致事故的根源，认为生产事故发生的原因复杂多样，涉及政治、经济、文化、科技发展水平等诸多社会因素，为人们从社会角度来思考和预防事故提供了理论基础。

表 2-4　北川彻三事故因果连锁理论

基本原因	间接原因	直接原因	事故	伤害
教育 历史和社会 管理方面	教育 精神 身体 技术	不安全的行为 不安全的状态	事故	伤害

北川彻三从4个方面探讨事故发生的间接原因：一是技术原因，包括机械、装置、建筑物的设计、建造、维护等技术方面的缺陷；二是教育原因，包括员工操作经验不足、安全知识匮乏、轻视操作过程的危险性等；三是身体原因，包括疲劳、睡眠不足、头痛等生理不适或耳聋、近视等生理缺陷；四是精神原因，包括紧张、烦躁、焦虑等精神不稳定或消极态度、不良性格等。北川彻三从三个方面探讨事故的直接原因：一是管理方面原因，包括领导者对安全重视程度低、人员安排不合理、安全管理人员决策失误等；二是教育原因，包括社会各阶段的教育不充分等；三是社会和历史原因，包括监督机构不健全、安全观念落后、安全法规不完备等。

（二）案例分析

2021年6月18日上午9时，天津市津南区鑫达工业园的天津广聚源纸业集团有限公司的维修人员对1#中水池溢流管进行气割动火作业过程中发生爆炸，造成3人死亡、3人受伤、直接经济损失516.76万元。当日上午7时，操作工王某和赵某成接到1#中水池溢流管蝶阀维修任务。8时，王某到环安卫部找审批人孙某兴办理动火作业审批手续，孙某兴未到现场核查便直接开具二级动火票证。随后，王某到达1#中水池北侧，对蝶阀处螺栓进行气割动火作业，赵某成负责监护。9时，王某和赵某成在作业后离开作业现场，10余秒后，1#、2#中水池发生爆炸。经事故调查组认定，“天津广聚源纸业集团有限公司‘6•18’中水池爆炸事故”是一起生产安全责任事故，事故的直接原因是维修人员对1#中水池溢流管进行气割动火作业过程中，点燃了溢流管内沼气，回火至封闭的池内，引发混合气体爆炸。导致爆炸破坏性增大的原因是事故水池泄压面积不足，爆炸产生的高温高压产物无法及时向外释放，相互叠加使超压峰值增大，增大水池内沼气爆炸的破坏性。

运用北川彻三事故因果连锁理论对事故进行分析，过程如下：

第一，事故基本原因分析。一是管理方面原因，天津广聚源纸业集团有限公司的《动用明火管理制度》和《动火安全管理规定》中明确划分了一级动火和二级动火标准，要求审批人到现场检查动火项目、动火区域安全条件，要求动火作业人员在进行动火作业前，切断与动火设备相连的其他设备和管道。审批人在整个流程中存在严重违反管理规定的行为，审批不严格、不到位，将“一级动火”审批为“二级动火”，未到作业现场执行检查程序，存在严重的安全隐患。二是社会和历史原因，主要为津南区工业和信息化局负责指导督促企事业单位安全管理工作不力，对该公司的现场检查走马观花、流于形式，未能及时发现并督促企业消除不安全因素；区应急管理局落实依法监督检查本区轻工行业企业安全生产工作职责不到位，在日常监督检查和重点行业领域专项检查过程中，未能及时发现并消除该公司存在的事故隐患；该公司未实行每日防火巡查、未建立防火巡查记录。三是教育原因，生产类、工程类行业需要更科学、更严谨的素质教育，需要培养严谨细致的思维模式，需要尽快形成完善的安全教育理论体系。

第二，事故间接原因分析。一是技术原因，该公司存在明显的技术问题，事故发生时积聚的沼气实际气相空间为 1176m^3，此状态下的泄压面积至少为 248.5m^2；而实际的泄压面积只有 2.24m^2，远小于所需泄压面积，是严重的设计问题。二是教育原因，该公司更新工艺和设备后，未对从业人员进行专门的教育和培训；动火作业前未组织有关人员学习安全消防知识，未向操作人员介绍需采取的相关安全措施。三是身体原因，作业前操作工身体状况良好，不存在身体不适的情况。四是精神原因，该事故中的从业人员无任何不良态度和消极情绪，未出现精神不安定状况以及智力方面障碍。

第三，事故直接原因分析。一是人的不安全行为，该公司操作工气割动火作业是一种不安全行为，危险性较高。二是物的不安全状态，与动火部位相连接的存在流动沼气的溢流管道和水池的泄压面积（2.24m^2）均为不安全状态，是隐患。

五、能量转移理论

（一）理论分析

1961 年，吉布森提出事故是一种不正常的能量释放。1966 年，美国人哈登在吉布斯研究的基础上，完善了能量意外释放理论，认为“人受伤害的原因只能是某种能量的转移”，提出了人受伤害的两种类型。一类是指在短时间内受到超过局部或全身性损伤阈值的能量所导致的伤害，另一类是指通过影响局部或全身能量交换而引起的伤害。

能量转移理论与事故因果连锁理论分析事故的角度不同，倾向于从物的不安全状态分析事故原因，把控制能量源和能量传输装置作为预防事故的手段。能量转移理论的基本分析方法是首先确定系统内的能量源，其次分析可能受到伤害的人员及严重程度，最后分析能够控制能量转移的方法。能量转移理论可与其他事故分析方法结合使用，分析系统内能量的储存、转移和使用情况，从而明确事故的类型和性质。

（二）案例分析

2020 年 6 月 13 日 5 时 51 分，一辆挂槽罐车从温州昌泰电力燃气公司出发驶往宁波，11 时 45 分到达宁波百地年液化石油气有限公司，充装 25.36 吨液化石油气后返回温州。16 时 40 分，该车驶入沈海高速公路温岭西出口匝道。16 时 41 分，车体向右侧翻，罐体与匝道跨线桥混凝土护栏端发生碰撞，罐体破裂、解体，罐中液化石油气迅速泄出、汽化。16 时 42 分，扩散至跨线立交桥下的石油气发生爆燃。16 时 43 分，发生大面积剧烈爆炸。经调查，事故的直接原因为驾驶员谢某高驾驶车辆从限速 60km/h 路段行驶至限速 30km/h 的弯道路段，未及时采取减速措施导致车辆侧翻，罐体前封头与跨线桥混凝土护栏端猛烈撞击，形成破口，在冲击力和压力的作用下快速撕裂，罐内液化石油气迅速泄出，遇过往机动车产生的火花爆燃，最后发生蒸汽云爆炸。

经事故调查组认定，沈海高速温岭段“‘6 • 13’液化石油气运输槽罐车爆炸事故”是一起液化石油气运输槽罐车超速行经高速匝道引起侧翻、碰撞、泄出，进而引发爆炸的重大生产安全责任事故。根据能量转移理论，此次事故的能量主要来自运输槽罐内的液化石油气（丙烷 60%，丁烷 40%）。运用爆炸当量计算公式（2-1）进行计算，结果为 7759.49kg。

$$W_{\mathrm{TNT}}=\frac{\alpha\times W\times Q_V}{Q_{\mathrm{TNT}}} \tag{2-1}$$

式中，α 为蒸汽云爆炸的效率因子，取值 3%；W 为爆炸物的质量（kg），取值 25.36 吨；Q_V 为爆炸物的热值（kJ/kg），取值 46100kJ/kg；Q_{TNT} 为 TNT 的爆炸热，一般取 4.52×10^6 J/kg；W_{TNT} 为爆炸物的 TNT 当量（kg）。

将爆炸效果换算成能量，如公式（2-2）所示。

$$E=7.7595\times10^6\times4184\times10^{-3}=3.247\times10^7 \tag{2-2}$$

通过计算，槽罐车爆炸短时间内产生 3.247×10^7 kJ 的能量，主要表现为热能和势能，作用于周围建筑和人员，远超人类所能承受的极限，造成严重后果。据最终统计，该事故造成 20 人死亡，174 人受伤（其中 24 人重伤），直接经济损失达 9477.8 万元。

根据能量转移理论，可以从控制能量转移和屏蔽能量等方面设计一些预防措施。一是推广 HAN 防爆阻隔技术，确保槽罐车发生事故后只能燃烧，不能爆炸，降低能量瞬时释放的概率，达到限制能量的目的。二是合理设置安全阀阈值，防止罐体超压破损。安全阀阈值如果设置过高，遇到紧急情况时罐内介质无法排出，集结的能量过高极易引发爆炸，设置也不能过低，否则遇极端天气或处在高温地区，安全阀会不断地开启并释放介质。三是合理设置紧急切断装置。在煤气、天然气及液化石油气运输和储存过程中需要安装紧急切断装置，并定期进行安全检查，确保遇到紧急情况时能快速切断能量传递过程，阻止事故发生。

六、“2–4”模型

（一）理论分析

我国安全领域的傅贵教授带领的研究团队，经过对事故致因理论深入研究，结合我国实际情况，于 2013 年提出了第一版的行为安全“2–4”模型[78]，“2”表示事故的原因分为组织行为和个人行为两个层面；“4”表示组织层面的安全文化（根源原因）、安全管理体系（根本原因）和员工个人层面的习惯性行为（间接原因）、一次性行为与物态（直接原因）四个阶段，如表 2-5 所示。

表 2-5 事故原因和行为的关系

链条名称	发展层面和阶段				发展结果	
	第 1 层面（组织行为）		第 2 层面（个人行为）			
	第 1 阶段	第 2 阶段	第 3 阶段	第 4 阶段		
行为发展链	指导行为	运行行为	习惯性行为	一次性行为与物态	事故	损失
分类事故链	根源原因	根本原因	间接原因	直接原因	事故	损失
事故致因链	安全文化⑨	安全管理体系⑧（含体系文件与运行过程）	安全知识⑤ 安全意识⑥ 安全习惯⑦	不安全动作③ 不安全物态④	事故②	损失①

“2–4”模型指出导致事故发生的间接原因是人的“安全知识不足、安全意识不高、安全习惯不佳”，研究团队在后续的版本中不断完善，将安全心理和生理不佳因素加入并归结为个人层面的间接原因[79, 80]，外部原因则具体化为组织外部的监管、经济、法律、文化等因素。在第 5 版“2–4”模型中，除传统的线性静止图外，还给出了动态非线性图，描述了整个事故发展过程中，“2–4”模型中的“动作”与其他原因模块之间存在连续的动态的作用关系[81]，如图 2-4 所示。目前，“2–4”模型已经在煤矿、化工、交通、民航以及公共安全领域得到了广泛应用。

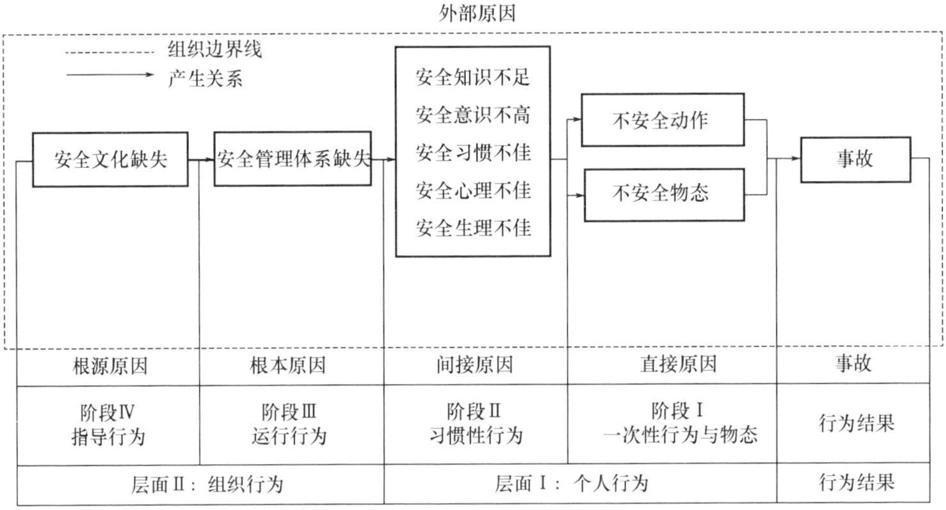

图 2-4　事故致因“2-4”模型

“2-4”模型延续了海因里希事故因果连锁理论的完整性和逻辑性，在事故致因链中增加了“管理漏洞”“管理缺陷”的具体内容，将事故间接原因的个人因素、工作因素等具体化为安全知识、安全意识、安全心理和生理、安全习惯等，在解决实际问题时更具有方向性和针对性[82]。“2-4”模型将事故责任划分为直接责任者、间接责任者和主要责任者，事故的直接责任者是指距离事故发生最近的不安全动作和不安全状态的制造者；事故的间接责任者是事故行为链上，由于缺乏安全知识、意识和习惯引发事故的人员；事故的主要责任者是指造成管理体系、安全文化不完善的管理团队成员。“2-4”模型指出，事故预防既要改善企业的安全管理体系和安全文化，也要改善员工的习惯性安全行为和一次性行为。

（二）案例分析

2021 年 5 月 31 日 14 时 28 分，位于沧州市渤海新区南大港产业园区东兴工业区的鼎睿石化有限公司发生火灾事故，直接经济损失达 3872.1 万元，未造成人员伤亡。当日上午，张某田和王某刚等 5 人在储罐防火堤外预制连接管道。14 时 20 分左右，张某田和王某刚进入储罐防火堤内进行切割作业。14 时 28 分左右，张某田开始用气割枪在 1#、2#储罐间的油气回收集气管上进行切割，几秒钟后，2#、3#、4#、5#储罐顶部几乎同时起火，随即 1#储罐顶部起火，2#储罐顶盖掀翻到地面。张某田和王某刚迅速跑出防火堤，随即同防火堤外的其余 3 人一起躲到厂内的仓库避险。火情持续 84 小时，于 6 月 4 日 2 时 30 分被彻底扑灭[83]。

根据“2-4”模型对此次事故进行系统分析。

第一，直接原因分析。事故的直接原因包括人的不安全行为、物的不安全状态。此次事故中，人的不安全行为是公司员工在作业前未对设备及管线进行置换、清洗，冒险进行动火作业。物的不安全状态是公司生产工段油气管线安全附件缺失，储罐顶部存在一定量的可燃气体和稀释沥青。

第二，间接原因分析。此次事故中，公司作业人员不具备“作业前检查安全附件是否齐全”等安全意识，也不具备“灭火初期要扑灭一切明火”等安全知识，也没有“事故发生后通知其他相关人员”的安全责任。具体分析如表 2-6 所示。

表 2-6 “5 · 31”火灾事故间接原因分析

序号	不安全动作	间接原因	原因分析
1	作业前未进行安全检查，冒险动火作业	安全意识不高	员工业务不精通，安全意识不高，无视储罐、管线安全附件情况
		安全知识不足	
2	事故爆发初期未及时采取补救措施	安全知识不足	员工安全知识储备不足，安全心理素质不高，火灾初期未采取补救措施就逃离现场
		安全心理不佳	
3	事故情况通报不及时	安全意识不高	作业人员不了解火灾事故的严重性，未开展应急演练，导致延误灭火时机
		安全习惯不佳	

第三，根本原因分析。“2-4”模型指出，安全管理体系欠缺间接导致操作人员安全知识不足、安全意识不高、安全习惯不佳、安全心理不佳等，是导致事故的根本原因。此次事故中，企业平时从未组织开展安全教育，没有对员工进行安全培训，企业管理人员、作业人员缺乏消防安全常识和扑救初期火灾的能力；虽然制定了事故应急预案，但从未组织开展应急演练。火灾初期，火势发展缓慢，现场操作人员第一时间未采取有效的补救措施对火情进行控制，而是选择逃离现场，这是安全心理和安全行为不佳的表现，也是安全管理体系不健全、安全教育不到位的体现。

第四，根源原因分析。安全文化存在缺陷是导致事故发生、发展的根源原因。此次事故中，鼎睿石化公司的安全管理机制不健全，自上而下的安全责任不明确，虽然制定了一些内部管理制度和安全操作规程，但只是为了应付检查和档案建设需要，没有公布、执行和落实；日常安全管理随机性较大；投产以来没有组织开展体系化的安全检查。该企业内部安全管理体系不完善，安全管理人员缺乏责任心，基层操作人员缺乏组织纪律性，均是安全文化缺失的体现。

第二节　风险管理基础理论

一、双重预防机制

2016年以来，国务院安委办先后制定出台《标本兼治遏制重特大事故工作指南》《关于实施遏制重特大事故工作指南构建双重预防机制的意见》《关于实施遏制重特大事故工作指南全面加强安全生产源头管控和安全准入工作的指导意见》，要求各级各部门各企业进一步提高对防范遏制重特大事故重要性、紧迫性和事故规律性的认识，把遏制重特大事故工作摆在重中之重的突出位置，采取有力措施抓紧抓实抓好。

对于企业而言，双重预防机制就是通过科学的方法，把风险控制在可接受的范围内，把隐患控制在萌芽状态。风险管控是指从源头上全面辨识安全隐患、计算风险等级、分级管控风险，确保把各类风险控制在人们可接受范围内。隐患治理是指以隐患排查为手段，全面排查风险管控过程中出现的缺失、漏洞和风险控制失效环节，坚决消灭隐患、控制危险源。

风险分级管控和隐患排查治理是相辅相成、相互促进的关系。安全风险分级管控是隐患排查治理的前提和基础，通过风险分级管控，从源头上消除、降低或控制相关风险，进而降低事故发生概率、减少事故损失。隐患排查治理是风险分级管控的强化与深入，通过隐患排查治理工作，查找风险管控措施的失效、缺陷或不足，采取措施予以整改。风险分级管控和隐患排查治理的有机融合，将形成企业安全生产的两道屏障，有效防止发生重特大事故。

企业构建双重预防机制应坚持四大原则。一是坚持目标导向原则。围绕管控企业生产风险，把全面辨识评估风险作为安全生产的第一道防线，把隐患排查治理作为安全生产的第二道防线。二要坚持系统性原则。以企业生产经营全流程、生命周期全过程为主线，从人、机、环、管四个方面开展风险管控和隐患治理，努力把风险管控挺在隐患之前、把隐患排查治理挺在事故之前。三要坚持全员参与原则。将双重预防机制建设各项工作责任分层、分级、分解落实，明确岗位责任。四要坚持持续改进原则。持续完善风险分级管控方式，持续开展隐患排查治理，确保企业安全生产水平稳步提升。

二、精细化管理方法

管理学是一门交叉性的综合学科，是指管理者以人为中心，通过计划、组织、领导、控制等活动，实现组织目标的过程。管理在不同的阶段有不同的定义，泰罗认为管理就是指挥组织中的其他人用最好的方法去工作。西蒙认为管理就是制定决策。德鲁克认为管理是一种工作，管理是一种器官，管理是一门科学，同时管理也是一门艺术。管理模式经历了初始管理、岗位责任制管理、精细化管理、企业文化管理和自主管理，发展历史如图 2-5 所示。现阶段，管理主要包含四个方面的含义：管理是有目标的活动，管理是组织中的一种行为，管理的本质是协调，管理的重点是对人进行管理。

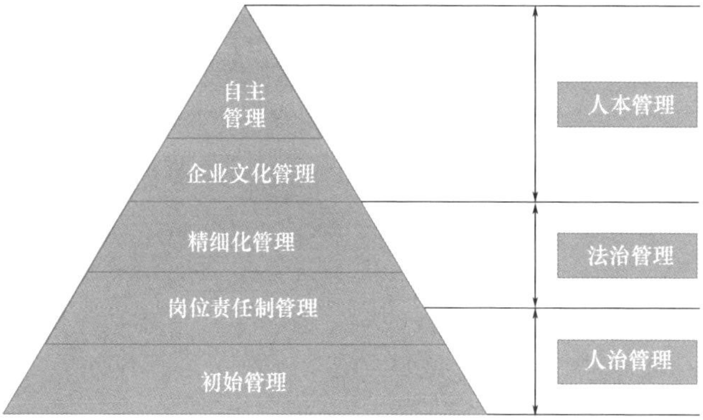

图 2-5　管理模式的发展历史

管理学博大精深，本书将精细化管理方法引入风险管理，提高风险管理的质量和效率。精细化管理是一种思想、一种理念、一种文化。精细化的思想在我国春秋时期就有所体现，老子在《道德经》中说过：“天下大事必作于细，天下难事必成于易。”精细化的管理源于资本主义发达国家，精细化管理模式在日本的丰田汽车公司取得了很好的应用效果。精细化管理发展到现阶段已经成为一种技术，在管理活动中应用量化、标准化和流程化的方法，将组织目标、计划过程、控制过程予以细化和系统化，最终保障组织在管理活动的各环节中能够实现协同、精准、可持续的高效运转[84]。我国的精细化管理创始人刘先明教授认为精细化管理主要体现为“五精四细”，“五精”是精华、精髓、精品、精通和精密；“四细”是细分客户和市场，细分组织中的岗位和责任，细分战略、决策、目标、任务、指令等，并落实到人，细分组织各种制度的编制、实施、控制等，做到制度到位[85]。

精细化管理的内涵可以概括为：定位精准、分工合理、责任精细、考核量化，如图 2-6 所示。定位精准是指每个岗位都进行标准化研究；分工合理是指组织的工作和流程进行细化区分，使每个岗位制衡有序；责任精细是指将组织的目标和责任进行细化，据此建立相应的管理制度；考核量化主要是指绩效考核量化，科学合理。

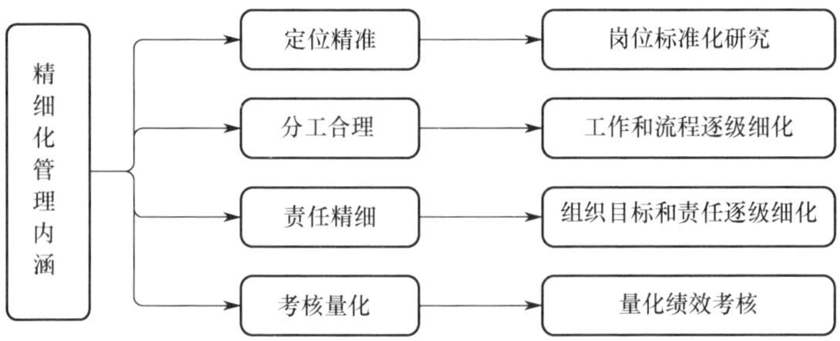

图 2-6　精细化管理的内涵

精细化管理要求人们在组织中工作的时候求精求细，这与传统的管理方法有所出入，如表 2-7 所示。精细化管理的特征主要有：在管理过程中强调数据化和准确化；在管理活动中要做到持续改进，没有固定的模式；管理的前提是以人为本，在管理过程中做到全员参与；精细化管理要求创新，在自我否定中不断改进，优化管理方法，提高团队的管理水平。

表 2-7　传统管理和精细化管理的对比分析表

内容	传统管理	精细化管理
理念	浮于表面，没有落地	数据化、准确化
规划	没有规划或者规划模糊	长远规划、区划细分、突出重点
目标	不明确、混乱	清晰、明确
方法	人情管理	制度管理
形式	粗放、简单	集约、精细
结果	效率低下、效益偏差	效率高、效益好、竞争力强

三、“流变-突变”理论

何学秋教授在研究事物安全演化过程时提出了“流变-突变”理论，现在已经成为安全科学领域的一条基本规律[86]。流变是指事物处于平稳状态的过程，突变是指事物突破临界点进入另一种状态的过程，“流变-突变”理论揭示了事物从诞生到发展再到消亡的过程，如图 2-7 所示。事物诞生后与周围的环境发生相互作用，在各种因素的影响下发生损伤，在 *OA* 段，事物以加速度递减的方式增加损伤；经过 *A* 点后，在 *AB* 段，事物的损伤程度几乎不变，进入平滑期，但是事物所受的损伤量随着时间的变化在不断增加；经过 *B* 点后，在 *BD* 段，事物的损伤程度在以加速度递增的方式不断增加；经过 *D* 点后事物就完成了突变，从一种状态进入了另一种状态。

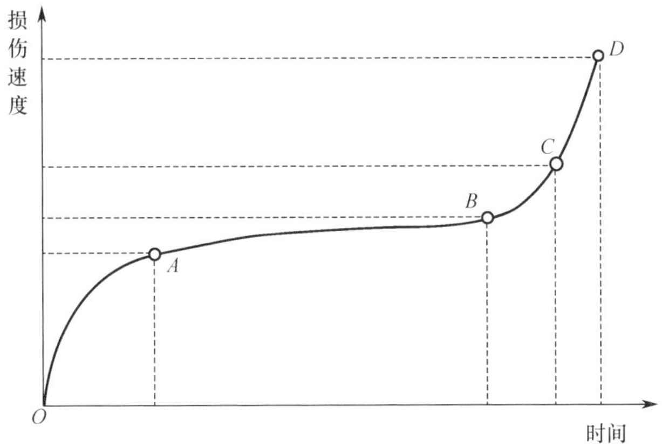

图 2-7　安全“流变-突变”原理

事物发展过程有三个关键节点，*A* 点、*B* 点和 *D* 点，如图 2-7 所示。*A* 点之前，事物刚到达一种新状态，与外界相互作用、相互学习，在磨合中不断发展，在 *O* 点所受的损伤加速度最大，在 *A* 点所受的损伤加速度趋于零，所受的损伤趋于一个定值。经过 *A* 点后，事物和所处的环境达到一个新的平衡系统，在这个阶段不会发生事故，因此在这个阶段可以尽快完成任务，否则经过 *B* 点后，事物所受的损伤将不断加大。因此，在 *AB* 段，如果不能完成任务，那么就采取措施，延长 *AB* 段，提高事物承受损伤总量的能力，如图 2-8 所示。在事物的发展过程中，为了风险预警，在经过 *B* 点后的 *BD* 段设置 *C* 点进行风险预警。

综上所述，事故一般在事物发展到 *CD* 段时发生，*D* 点是事物从一种状态到另一种状态的转折点。企业生产系统是一个复杂多变、动态运转的大系统，可分为人、机、环、管四个子系统，分别在发展中不断积累损伤，当各系统由相互促进变成相互抑制的时候，相关子系统的 *AB* 段将会增加所承受的损伤量，达到所能承受的量时就会发生突变，也就是说缩短了事物发展的平滑期，使 *C* 点和 *D* 点提前来临。因此，企业安全管理的重点是使生产过程中的各个子系统相互促进，加大技术和资金的投入，延长各子系统的 *AB* 段，提高整个生产系统的 *AB* 段，提高企业安全生产的周期。

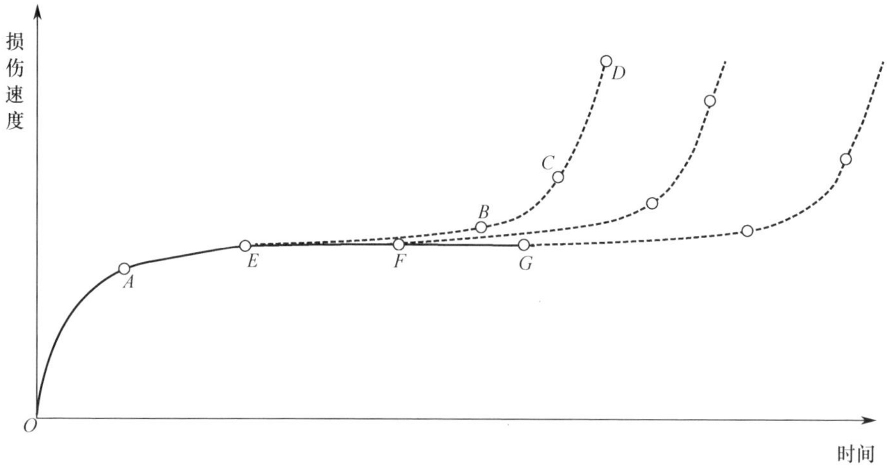

图 2-8　改善后的安全“流变-突变”原理

例如，在煤矿井下的火灾中，可以通过“流变-突变”理论进行分析煤炭自燃规律，便于及时采取预防措施。煤炭自燃是煤与氧气在空间内发生激烈化学反应的过程，常常伴有发光、发热、生成新物质。煤炭自燃火灾呈现“流变-突变”特征，*OA* 段是煤炭与氧气接触的氧化阶段。煤炭暴露在空气中的初期，氧化速度变快，同时会产生大量的氧化物与消耗空间中大量的氧气。其中，氧化物包裹煤样，使煤炭暴露于空气中的面积大量减少，从而在一定程度上减少了煤与空气中的氧气反应，热量的积累也相对变得缓慢，如 *AB* 段所示，煤炭的氧化速度变得缓慢，几乎为一恒定的值。这段时间热量聚积，当热量聚积到一定值的时候，也就是到达 *B* 点所满足的热量时，煤炭的氧化速度又突然加快，温度升高速度加快，导致煤炭的氧化速度越来越快，到达 *D* 点就会自燃发生火灾，完成了煤炭的自燃突变。其中，设置 *C* 点为煤炭自燃的预警点，在 *BC* 段采取必要的防火措施，才能有效控制煤炭自燃。

四、触发响应机制

触发响应机制是 Trigger Action Response Plans 的中文翻译，缩写为 TARPs，是澳大利亚一种应用比较广泛的风险管理方法。例如，核电的安全生产预警、重大疾病疫情的控制、极端恶劣天气的预警等，各行业应用效果较好。触发响应机制的流程是根据生产系统发生警情级别的高低，相关各方按照应急响应程序，快速采取处置措施，以最小的代价降低生产系统的警情，直至消警。澳大利亚的预警级别一般设置为四级，第一级是正常（安全）级别，第二级是不正常级别，第三级是非常不正常级别，第四级是非常危险级别，必须撤离现场，以保证人员安全。

企业建立一个触发响应机制需要考虑几个方面的因素：系统风险指标的变化情况；触发响应机制分为几级触发器，以及各级别触发器的标准；数据的有效性；系统工作流程的合理性；各级别对应的处置措施应该快速有效；建立重新返回工作的标准；整合系统的监测监控体系；审议触发相应机制流程的合理性，必须符合法律法规的要求。

企业构建触发响应机制应该遵循以下六个原则。

第一，触发响应机制应简单明了，确保生产一线工人能够了解掌握整个响应机制，能够在安全工程师不在的情况下独立采取措施处理风险警情，并且可以自启动响应机制，甚至在节假日能够自动预防灾害。

第二，触发响应机制的重点是预防，应在科学分析生产系统的基础上，明确生产系统的风险级别，科学设置响应触发器。

第三，触发响应机制应在信息监控体系的基础上建立，形成动态监测、动态预警，提高响应的效率。

第四，触发响应机制应根据生产实际情况，持续进行自我修复和完善。

第五，触发响应机制的应急处置措施应具有可操作性，根据生产系统的风险类别和风险等级，提前准备好应急响应时所需的资源。

第六，触发响应机制必须具有强大的执行力，生产系统发生警情时必须在规定的时间内采取相应的应急措施，必要时由监督机构进行督导。

五、闭环管理方法

管理学家在研究战略与运营的过程中提出了闭环管理方法，一般由五个阶段组成，为分析、规划、运营、监督和评估阶段。近年来，我国一些企业将闭环管理方法引入安全管理，形成安全闭环管理体系，即 PDCA 系统，如图 2-9 所示。P（Plan）代表计划，是制定目标、管理制度和执行方案的过程，是循环的起点；D（Do）代表执行，是循环过程的关键环节，按照计划阶段的方案和目标进行操作，实施过程管理；C（Check）代表检查，主要作用是对执行阶段的过程和结果进行检查；A（Act）代表总结分析，是根据检查结果进行总结分析，为下一个循环提供经验和教训，这 4 个步骤各自又是一个单独的系统，且相互联系，形成整体的闭环管理系统。企业生产过程中的安全闭环管理系统的 PDCA 子系统也是一个小的闭环系统，每个小的闭环管理系统循环一次就能解决子系统的一些问题，大的系统循环一次就能解决大系统的一些问题。如此往复，企业的生产系统在不断循环中提高安全管理水平，安全生产形势就会不断好转。

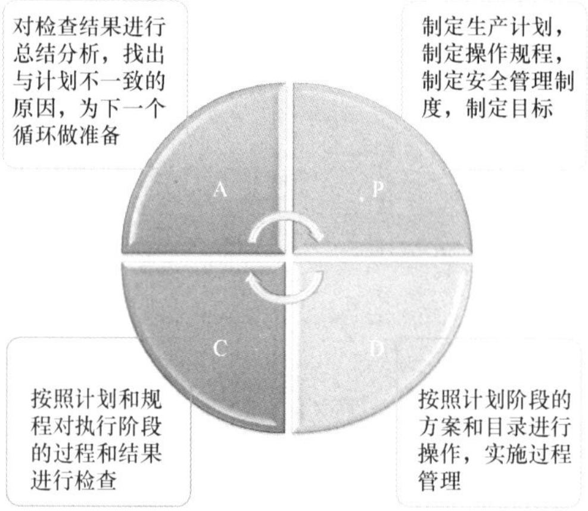

图 2-9　企业安全闭环管理体系

企业安全闭环管理方法根据生产实际，可分为人、机、环、管子系统的安全闭环管理系统，也可分为具体的安全管理子系统，如员工进出作业区间闭环、安全培训闭环、安全行为闭环、安全责任闭环、施工验收闭环、管理体系闭环、安全绩效闭环、机械设备检修闭环等。如企业在安全隐患治理过程中，引入闭环管理方法，形成“安全隐患辨识→安全隐患分析→安全隐患整改→验收”的闭环管理方法。

第三节　精细化风险管理方法

一、风险全生命周期管理分析

风险管理作为一门新兴学科，是指企业在明确管理目标的前提下，通过对生产系统的风险分析、控制和处理等管理技术手段的过程，我国的风险管理大致经历了三个阶段，如表 2-8 所示。风险分析和评价的方法有很多种，有的风险分析方法也是风险评价方法（如事件树、事故树等方法），本书根据这些方法的侧重点，结合生产实际使用情况，分为风险分析方法和风险评价方法。风险控制是在风险评价的基础上制定相应的措施，缓解、转移、控制或者消除风险。风险管理具有广泛性和全面性，广泛性是指风险不仅存在于生产领域，也存在于金融、保险等领域；全面性是指风险管理包括风险的认识、排查、分析和管控等方面。

表 2-8 国内风险管理体系发展历程

划分类别	第 1 阶段	第 2 阶段	第 3 阶段
时间跨度	2005 年前	2005—2018 年	2018 年至今
主要目标	减少损失	防范风险	管控风险
管理重点	事故发生后	安全管理	全链条管理
管理模式	经验管理	标准化管理	精细化管理
进展状态	起步阶段	快速发展阶段	改善健全阶段
发展趋势	随机管控	系统管控	精准管控

现阶段，企业的风险全生命周期管理是指风险全链条的管理，包括风险识别（隐患辨识）、风险预测、风险评价、风险预警、应急处置、恢复重建、效果分析等，其中风险识别和风险预测又称为风险分析，如图 2-10 所示。企业的风险全生命周期管理包括安全管理和应急管理。企业安全管理一般是指事故预防，处于风险全生命周期管理的前端；企业应急管理一般是指事故发生后的应急过程，包括风险评价、预警、响应、处置、恢复等过程，处于风险全生命周期管理的后端。

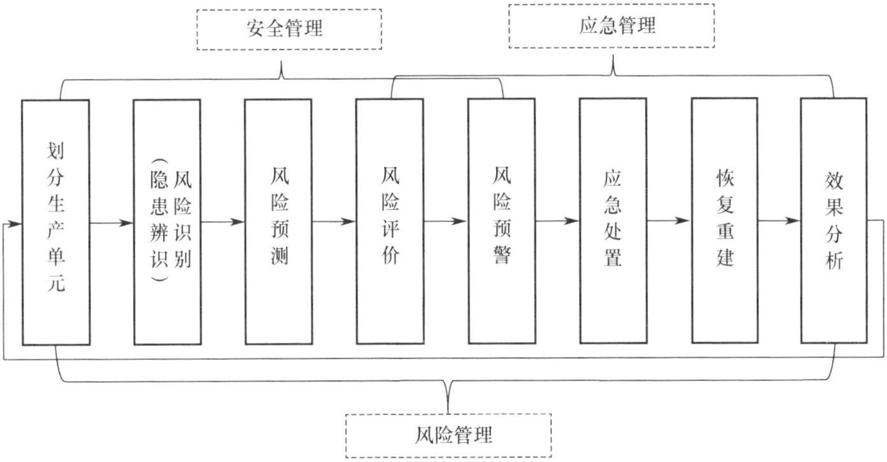

图 2-10 风险全生命周期管理体系

二、风险分层联动管理模式

风险分层联动管理模式基于精细化管理和闭环管理的思想设计而成，将风险管理分为多个层级（宏观、中观和微观），围绕风险管理目标，形成上下衔接、左右联动的风险管理体系，如图 2-11 所示。企业依托新一代信息技术构建风险管理系统，加强人、机、环、管的互联互通，实现风险全生命周期可视化管理，能够有效提高风险治理的精细化、动态化、标准化水平。

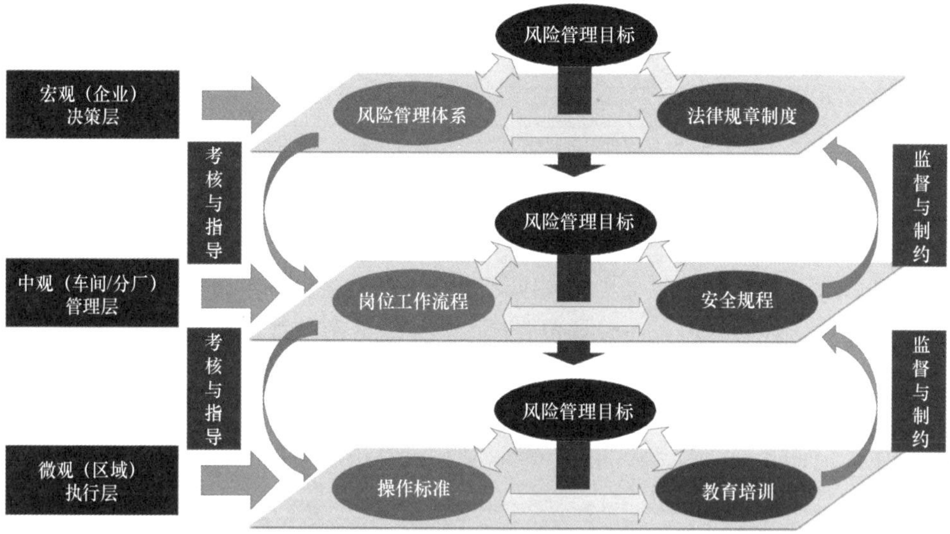

图 2-11 风险分层联动管理模式

风险分层联动管理模式是一套全面系统、分层分区的管理体系。企业宏观层面的风险管理组织一般是指风险管理委员会，由董事长、主管风险管理的副总经理及外部专家等构成，负责制定企业风险管理的目标、规章制度、文化理念等，对中观和微观层面负责监督、指导、检查和考核，是风险管理的决策层；中观管理层组织由企业风险管理部门、车间主管或分厂长等人员构成，负责制定工作标准、工作流程、操作规程，对微观管理层面进行检查和考核，是企业风险管理的管理层；微观管理组织由区域主管、班组长等构成，主要负责落实各项政策，尤其是岗位操作规程和岗位责任，对上层管理组织进行信息的反馈，是企业风险管理的执行层。

风险分层联动管理注重三个方向的细化。一是纵向细化。风险管理的组织结构纵向逐级细分为多个层次管理层，直到生产一线的工作人员。细化生产系统中的安全隐患，细分到人、机、环、管 4 个方面的危险因子，建立标准化的、可操作性的规章制度和工作流程。二是横向细化。企业风险管理各层级进行横向细化，划分工作单元，责任到部门、责任到人，提高工作效率。三是衔接细化。企业生产系统是一个复杂的系统，也是一个有机的整体，企业风险管理的条块实现精准衔接、运转顺畅，提高风险管理整体效率和质量。

三、隐患分级闭环管控方法

企业生产系统从设计、建设、运行到废弃，整个过程都存在安全隐患，根据“流变-突变”理论，生产过程中加强风险管理可有效延长安全生产状态。隐患分级闭环管控是一个动态的概念，是综合利用安全、管理、数学等多种学科的方法，持续对生产过程中人、机、环、管 4 个方面的安全隐患进行辨识、分析、评价、预警和响应，确保生产系统的风险在人们可接受的范围内、不发生安全生产事故的一种方法，如图 2-12 所示。该方法基于信息化技术建立隐患库、风险库、措施库等数据库，通过闭环管理的方法消除信息孤岛，用精细化的理念加强安全隐患分级管控的力度，提升工作效率和运行效果。

企业根据生产系统的特征，划分作业区域，对生产作业区域内的人、机、环、管进行安全隐患辨识，参照《企业职工伤亡事故分类》(GB 6441—1986)，综合考虑起因物、引起事故的诱导性原因、致害物、伤害方式等，确定安全风险类别。对不同类别的安全风险，采用相应的风险评价方法确定安全风险等级。企业安全风险等级从高到低划分为重大风险（Ⅰ级)、较大风险（Ⅱ级)、一般风险（Ⅲ级）和低风险（Ⅳ级)，分别用红、橙、黄、蓝四种颜色标示。

隐患分级闭环管控的具体流程是在确定的工作范围内，通过规程、安全检查表、专家访谈、现场调研等多种方法进行辨识、排查，随后把安全隐患分为两类，一类是已经辨识过的安全隐患，另一类是新发现的安全隐患。已经辨识、分析、评估过的安全隐患直接在安全隐患库里面配对相应的级别，采取相应的措施，经检验安全隐患的级别降为Ⅳ级，则与一开始的Ⅳ级安全隐患进入记录程序，进行安全生产；如果安全隐患的级别仍然没有降低，那么说明安全隐患发生了新的情况或者所采取的措施和安全隐患不匹配，需要重新分析、计算、制定措施，因此转入新安全隐患的程序。新的安全隐患经过企业安全委员会的分析、计算、制定措施后，如果能够降低到可接受的风险等级则继续生产，否则说明管控效果不明显，重新进入安全隐患管控的程序，直到消除隐患、降低风险为止。生产系统中的新安全隐患的管控成功后，把该安全隐患放入安全隐患库，采取的措施放入措施库，持续完善风险预控的数据库。生产系统中新出现的安全隐患在管控过程中,应加强与外界科研院所等研究机构的咨询和沟通,并接受上级部门的监督和评估，形成安全隐患管控的合力。

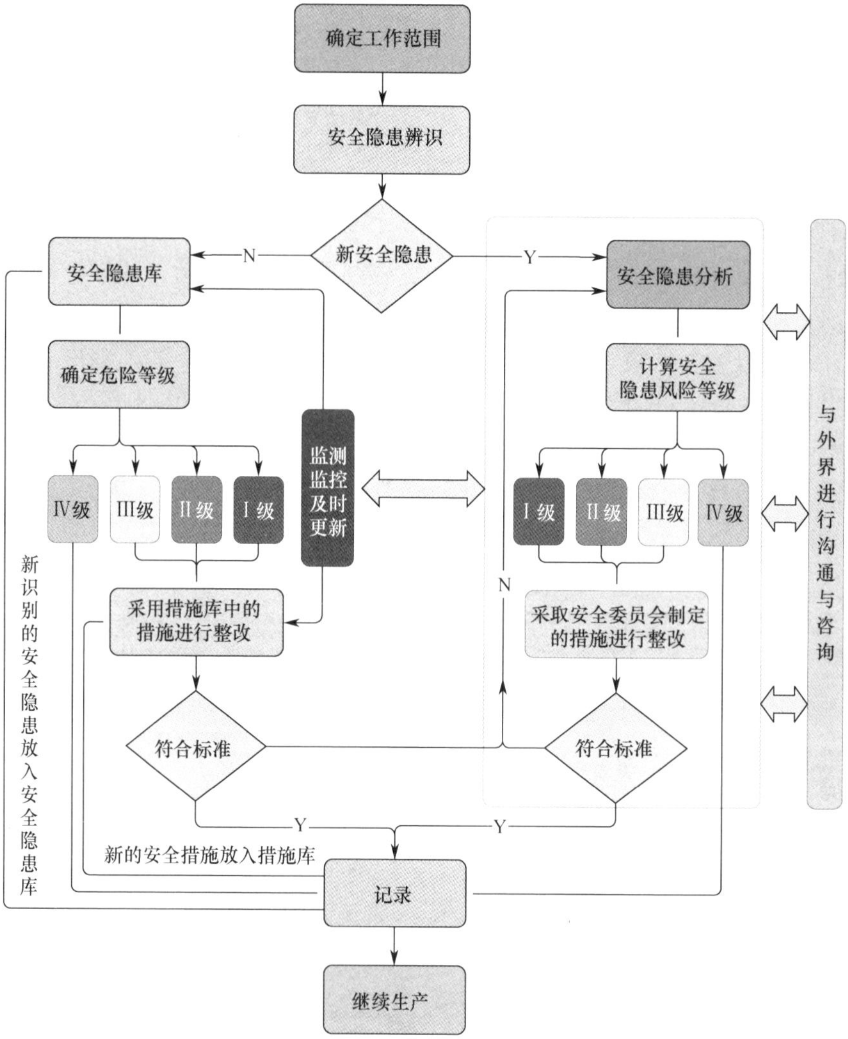

图 2-12　企业安全隐患分级闭环管理流程

四、动态预警响应体系

动态预警响应体系是综合运用双重预防机制、精细化管理方法、触发响应机制、闭环管理方法等，基于信息化技术进行设计，通过传感器等装置自动识别生产系统中人、机、环、管4个方面的安全隐患，科学计算风险，明确风险临界值，能够实现超前研判、自动预警、分层响应、快速处置的一套风险管控体系，如图2-13所示。企业风险动态预警一般分为三个层次，宏观层面是企业的预警，中观层面是车间、分厂等区域预警，微观层面是生产一线的具体岗位（人）、机械设备（机）、环境指标（环）、管理措施（管）等。

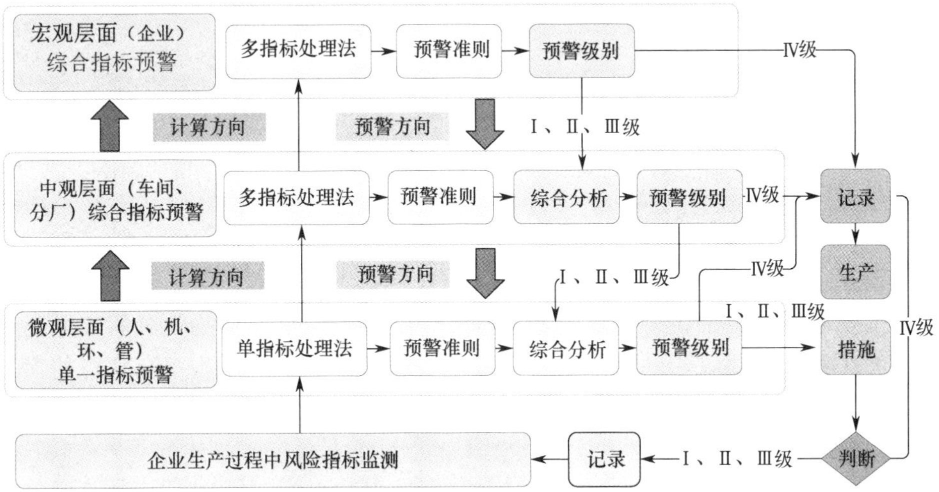

图2-13　风险动态预警响应体系

动态预警响应体系的基础是构建安全隐患大数据，企业全员通过新一代信息技术装备采集生产一线人、机、环、管4个方面的安全隐患信息，通过不同的风险评价方法分别计算微观、中观和宏观层面的风险等级，科学设置各级风险触发器，通过信息化技术实现分区、分级、分类自动预警，形成闭环流程。风险管理部门接到警情后，根据应急预案快速分层响应，采取有针对性的措施进行应急处置，用最小的代价保障安全生产。

第三章　风 险 分 析

第一节　风险的基本概念

一、风险基本概念辨析

（一）危险源和安全隐患

企业生产过程中的事故是由危险源和安全隐患引发的，但是目前对危险源和安全隐患没有一个统一的定义，有很多人甚至没有分清楚危险源和安全隐患之间的区别，导致风险的预控手段失效。因此，理解危险源和安全隐患的辩证关系，对生产中的风险识别、事故预防有重要意义。

《职业健康安全管理体系规范》中将危险源定义为可能导致伤害、疾病、财产损失、工作环境破坏或这些情况组合的根源或状态[87]。从现有的定义可以得知，危险源是物质或者能量的载体，而且这个载体可以是物质的也可以是非物质的。危险源的三个比较明显的特征是本身具有危险性、必须有存在的条件、相应的触发因素。工业生产过程的危险源一般分为化学品类、辐射类、生物类、特种设备类、电气类、土木工程类、交通运输类这七类。

工业生产过程中的安全隐患是造成事故的直接原因，综合大多数学者专家的研究，可将安全隐患定义为：在生产过程中违反法律法规、安全规章制度等的不稳定状态，这种不稳定状态是可能导致事故或影响安全生产的人的不安全行为、物的不安全状态、环境的不安全性和管理的缺陷。隐患从字面意思可以理解为隐藏的祸患，具有层次性，如从国家层面分析，煤矿或者化工厂就是一个安全隐患；从企业层面分析，工作区域是下一级的安全隐患，从企业工作区域分析，工人的不安全行为、机器的不安全状态都是安全隐患。

对比分析可知安全隐患和危险源的定义，安全隐患和危险源既有联系又有区别，两者都可以导致事故的发生，但是在事故发生的过程中所起的作用不同，危险源是事故的根源所在，且客观存在，不能消除；安全隐患是人、机、环、管的不稳定状态，采取相应的措施可以消除。危险源是生产过程中固有的危险性，只要企业进行生产就会存在，多以静态的形式存在；安全隐患在生产过程中产生，多以动态的方式存在。企业安全管理的本质是控制危险源，消除安全隐患。

（二）危险有害因素

危险有害因素是危险因素和有害因素的总和。危险因素指能对人造成伤亡或对物造成突发性损害的因素。有害因素是指能影响人的身体健康、导致疾病，或对物造成慢性损害的因素。《生产过程危险和有害因素分类与代码》（GB 13861—2009）将生产过程中的危险和有害因素分为 4 大类，如表 3-1 所示。

表 3-1 生产过程中危险有害因素分类

类别	内容	具体划分
人的因素	心理、生理性危险和有害因素	健康状况异常
		负荷超限（视力或体力等负荷超限）
		从事禁忌作业
		心理异常（紧张、情绪波动等）
		辨识功能缺陷（感知延迟、辨识错误等）
		其他心理或生理危险和有害因素
	行为性危险和有害因素	操作错误（违章作业、误操作等）
		指挥错误（指挥失误等）
		监护失误
		其他行为性危险和有害因素
物的因素	物理性危险和有害因素	设备设施缺陷、防护缺陷、噪声危害、震动危害、电危害、电磁辐射、明火、粉尘与气溶胶、信号缺陷、标志缺陷、高温物质、低温物质、作业环境不良等
	化学性危险和有害因素	易燃易爆性物质
		自燃性物质
		有毒物质
		腐蚀性物质
		其他化学性危险和有害因素

续表

类别	内容	具体划分
物的因素	生物性危险和有害因素	致病微生物
		传染病媒介物
		致害动物
		致害植物
		其他生物性危险和有害因素
环境因素	室内作业场所环境不良	室内地面滑、作业场所杂乱、采光照明不良等
	室外作业场所环境不良	恶劣气候与环境等
	地下（含水下）作业环境不良	矿井顶面缺陷、地下作业面空气不良等
	其他作业环境不良	
管理因素	职业安全卫生机构组织机构不健全	
	职业安全卫生责任制未落实	
	职业安全卫生管理制度不完善	
	职业安全卫生投入不足	
	职业健康管理不完善	
	其他管理因素缺陷	

目前，关于危险源、安全隐患与危险有害因素三者的关系没有统一的说法。雷长群教授把危险有害因素分为固有危险有害因素和派生危险有害因素两类。固有危险有害因素指在企业生产过程中客观存在的，可能导致人身伤害或健康损害的因素，是危险源的本质属性，具有不可消除性、客观存在性和长期性。例如，作业场所的噪声、电磁辐射等。派生危险有害因素指在企业生产过程中存在的，可能导致人身伤害或健康损害的可消除性因素，类似于安全隐患，具有可消除性、派生性和暂时性。例如，人的不安全行为、生产规章制度不健全等。

（三）风险

风险一词早期常被用于保险行业，一般指收益的不确定性[88]。《风险管理术语》将风险定义为：不确定性对目标的影响。《标准化工作指南 第4部分：标准中涉及安全的内容》将风险定义为：对伤害的一种综合衡量，包括伤害发生的概率和伤害的严重程度。因此，风险一般是指事故发生的可能性与其后果严重性的组合，是对危险源或者安全隐患危险程度的度量。

风险有多种计算方法，典型的计算公式为

$$R = L \times F \tag{3-1}$$

式中 R——安全隐患发生风险的度量；

L——安全隐患发生风险的严重后果、损失；

F——安全隐患发生风险的可能性、频率。

运用理论研究和现场调研的方法对发生风险后的损失和发生风险的频率进行了综合分析，根据人的伤害程度或者财产的损失量进行量化，将代表安全隐患发生风险后的损失 L 分为五个等级，如表 3-2 所示。

表 3-2 安全隐患发生风险后的损失估算表

类别	赋值	人的伤害程度	财产的损伤估算
L_1	1	工作人员受轻伤	0～1 万元
L_2	2	1～3 人受重伤	1 万～50 万元
L_3	3	3 人以上受重伤	50 万～100 万元
L_4	4	1～2 人死亡	100 万～300 万元
L_5	5	3 人以上死亡	300 万元以上

通过对该企业事故的统计分析，将安全隐患风险发生的可能性和发生的频率进行量化，企业安全隐患发生风险的频率 F 分为五个等级，如表 3-3 所示。

表 3-3 安全隐患发生风险的频率估算表

类别	赋值	发生风险的可能性	量化频率
F_1	1	很低，几乎不可能	5 年以上可能会发生
F_2	2	可能性较低	5 年以内发生 1 次
F_3	3	可能发生	每年发生 1～3 次
F_4	4	可能性较高	每季度发生 1～3 次
F_5	5	可能性很高	每月发生 2 次以上

根据式 3-1 和表 3-2、表 3-3 可以对安全隐患的风险大小进行定量计算，以矩阵的形式表示出来，如图 3-1 所示。

安全隐患发生风险大小经度量后，对照风险矩阵图确定安全隐患发生风险的等级。安全隐患发生风险大小的级别可划分为 3 个级别、4 个级别或 5 个级别，此处将安全隐患的等级划分为 4 个级别，如表 3-4 所示。Ⅰ级表示重大风险，风险值为 20～25，用红色表示；Ⅱ级表示较大风险，风险值为 10～16，用橙色表示；Ⅲ级表示一般风险，风险值为 4～9，用黄色表示；Ⅳ级表示低风险，风险值为 1～3，用蓝色表示。

类别	F_1	F_2	F_3	F_4	F_5
L_5	5	10	15	20	25
L_4	4	8	12	16	20
L_3	3	6	9	12	15
L_2	2	4	6	8	10
L_1	1	2	3	4	5

图 3-1 安全隐患风险矩阵图

表 3-4 安全隐患风险等级划分表

风险等级	风险值	备注
I	20～25	重大风险
II	10～16	较大风险
III	4～9	一般风险
IV	1～3	低风险

二、安全隐患分类

国内外专家学者对危险源或安全隐患的分类进行了大量研究。陈宝智教授提出了两类危险源的分类标准和方法[31]，第一类危险源在一定的条件下可以释放危险物质和能量的危险源，并且释放出来的危险物质和能量超过了人类的承受范围；第二类危险源是人们为了生活更美好，在开发利用能源的过程中导致能源失衡的各种不安全因素。田水承教授[89]在研究两类危险源的基础上提出了第三类危险源理论，第三类危险源主要是指管理不到位、组织混乱等安全管理缺陷。根据危险源的存在状态可将危险源分为静态危险源和动态危险源，静态危险源是指危险源状态不变或者变化周期较长，动态危险源是指危险源随着时间和空间不停地变化[90]。

目前，危险源的分类很大一部分是安全隐患的分类，具有一定的合理可行性。第一类危险源大部分是静态危险源，也是固有危险源，是客观存在于生产系统的危险源，这类危险源所承载的有害物质或者能量的大小决定着事故危害程度的大小；第二类危险源是第一类危险源的触发因素，决定着事故的发生频率，是生产过程中的安全隐患，具有动态性，属于直接安全隐患；第三类危险源是事故发生的深层次原因，属于间接安全隐患，是导致第二类直接安全隐患失控的根本原因。

综上所述，结合生产的实际特点，本书将安全隐患分为直接安全隐患和间接安全隐患。企业生产过程是“人”在有组织的管理下，利用机械设备加工制造出产品的过程，生产事故是当机械或者环境处于不安全状态时，人的不安全行为导致了机械的损坏或者环境能量的爆发，最终发生了事故。在事故发生的过程中，人、机、环的因素是直接原因，属于直接安全隐患；管理因素是间接原因，属于间接安全隐患。

三、安全隐患耦合分析

企业生产系统中存在人、机、环、管 4 类安全隐患，根据事故树和轨迹交叉理论分析事故，得出任何一件事故的直接原因是：“人”的不安全行为叠加“机”和（或）“环”的不安全状态；事故的间接原因是“管”的缺陷或者“管”的不到位。下面对企业生产系统中 4 类安全隐患的耦合机理进行分析。

（一）“人”和“机”的安全隐患耦合分析

企业生产过程中，机械设备出现安全隐患的原因主要有两个方面，一是设计或者选型不合适；二是机械设备的使用过程中误操作或者维护不到位。机械设备的设计或者选型失误深层次的原因是“人”的失误，即企业管理人员和技术人员在选择、购买机械设备的时候出现了失误。机械设备在使用过程中由于工人的误操作会导致事故，设备使用一段时间没有定期检修或者检修流于形式也会导致事故。因此，人的安全隐患会增加机械设备的安全隐患发生概率，反之，机械设备的故障或者老化，会使工作人员产生不安全心理或者不安全行为，增加人的安全隐患。

（二）“人”和“环”的安全隐患耦合分析

生产中环境的不安全性分为两类，一类是安全生产中固有的安全隐患，如煤矿开采过程中的顶板塌陷等；另一类是安全生产中的照明、噪声、通风、温度等。工人在生产区域中作业的不安全行为将造成环境的不安全状态，如人在煤矿井下明火作业，将有可能引发瓦斯爆炸等事故。环境中的不安全状态也会引发人的不安全行为，如工人在密闭空间作业，操作姿势较为单一且不能自由行动，会加剧人的烦躁心理，最终导致人的不安全行为发生。“人”和环境的相互作用中，“人”的因素占主导作用。

（三）人、机、环的安全隐患耦合分析

企业生产过程是人和机械设备在一定环境下进行作业的过程，人、机、环三者相互作用、交织影响。人是生产系统的主导因素，只有人在生产系统内、且存在不安全行为才可能导致事故。生产系统中，机械设备只要开始运转，就会对环境产生不安全影响，如机械设备运转过程中产生的静电、噪声等将增加环境的安全隐患；环境对机械设备的运转也会产生影响，如环境中的腐蚀性气体将使机械设备发生腐蚀，影响机械设备的运转效率；环境中的有毒有害气体会影响人的生理和心理状态，增加人的误操作概率，进而导致机械设备出现故障。因此，生产系统中，在人、机、环 3 类安全隐患相互影响、相互作用下，导致生产事故发生。

（四）直接安全隐患和间接安全隐患的耦合分析

企业生产系统受直接安全隐患（人、机、环的因素）的威胁，也受间接安全隐患（管理因素）的威胁，有时间接安全隐患对安全生产的威胁更大。生产系统中，直接安全隐患和间接安全隐患的耦合关系如图 3-2 所示。

生产系统中的直接安全隐患和间接安全隐患既相互独立，又相互作用，共同成为事故发生的主要原因。企业生产系统运行过程中，间接安全隐患包括管理的组织结构不合理、管理制度不完善、管理制度的执行力、安全培训不到位等，是导致直接安全隐患产生的深层次原因。如制造业车间安全管理制度不健全、安全操作不规范、安全培训不到位，将导致工作人员存在侥幸心理，工作过程中不规范、不认真，形成人员的安全隐患；管理制度中对机械设备维修没有明确的规定，将会导致工作人员维修不及时或者维修不认真，使机械设备发生安全隐患；管理制度中对环境的监控如果不全面，将会导致个别环境因素超标，最终导致事故。因此，企业在生产过程中如发现安全隐患，必须从源头上查找原因，加强安全管理，消除安全隐患。

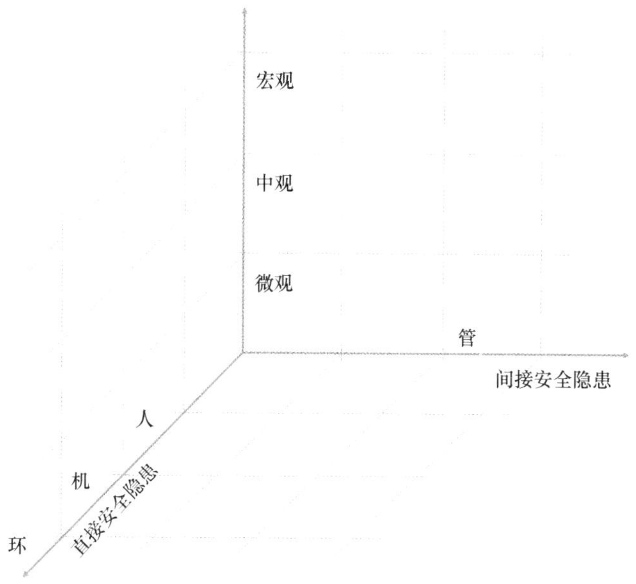

图 3-2 直接安全隐患和间接安全隐患的关系

四、安全隐患辨识方法与流程

（一）安全隐患辨识方法

安全隐患辨识方法总体上分为两类，一类是理论分析的方法（即风险分析法），包括按照标准或者法规对照分析法、安全检查表法、资料查阅法、事件树分析法、预先危险性分析法、因果分析法等；另一类是现场调研分析的方法，包括现场观察法、访问专家法、问卷调查法、事故统计分析法等，如表 3-5 所示。

表 3-5 企业安全隐患辨识的主要方法

方法	内容
资料查阅法	通过查阅国内外相关文献、与本单位相似条件单位的档案、本单位的档案，系统分析安全隐患
标准或者法规对照分析法	比对国标、行标、本单位的规章制度，查找生产过程中的安全隐患
事件树分析法	从顶上事件开始分析，直到底层的基本事件，分析每一个层次的安全隐患

续表

方法	内容
安全检查表法	借鉴行业内标杆单位的安全检查表，逐一分析生产作业范围内各环节的安全隐患
访问专家法	首先通过对专家、一线员工进行一对一面谈，然后整理访谈记录，最后确定安全隐患
问卷调查法	根据理论分析的结果，设计调查问卷，然后对专家和一线工人分别进行问卷调查，经过分析确定最终的安全隐患
现场观察法	专家、领导和工人根据已掌握的知识和经验，对现场进行观察、分析，确定安全隐患

（二）安全隐患辨识流程

企业安全隐患辨识是通过分解、分析生产系统，对微观独立生产作业区域进行分析，明确危险源、安全隐患、触发条件等，综合运用数理方法定量、半定量计算安全隐患风险的大小，最后划分风险等级，如图 3-3 所示。

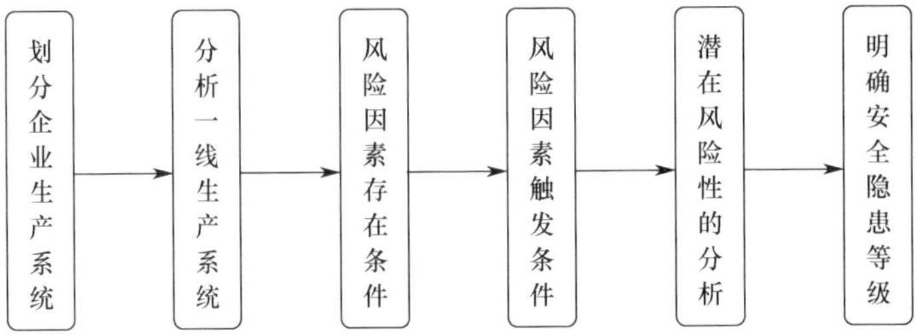

图 3-3　企业安全隐患辨识流程

企业生产系统是一个动态、复杂的系统，按照全面性、合理性、独立性三个原则，可以划分为人、机、环、管 4 个子系统，也可以划分为独立的作业区域。一般而言，企业生产系统可划分为包含十几个作业步骤或者十几个安全隐患的作业单元（微观生产系统）。企业组建安全隐患辨识（风险分析）专家组，调查分析每个微观生产系统中的危险源和安全隐患类型、存在条件、触发条件等，如安全隐患的存在方式、物理状态、防护条件、管理运行效率等。最后，结合生产系统特点，定量计算危险源和安全隐患的风险大小，明确风险等级。

五、风险信息采集

企业生产过程中的危险源和安全隐患是进行分层安全管理的主要管理对象，是生产风险识别和风险预警的基础。传统的安全隐患监测有一小部分是监测系统自动进行监测，如生产过程中有害气体的浓度等。人为的安全检查占了很大一部分，而且采用纸质的材料进行检查、上报，具有片面性和滞后性。

为了全面准确监测生产系统中危险源和安全隐患的数据信息，采用自动监测和人工监测相结合的方式，运用新一代信息技术将数据实时传输到数据中心，提高预警的动态性和准确性，如图 3-4 所示。

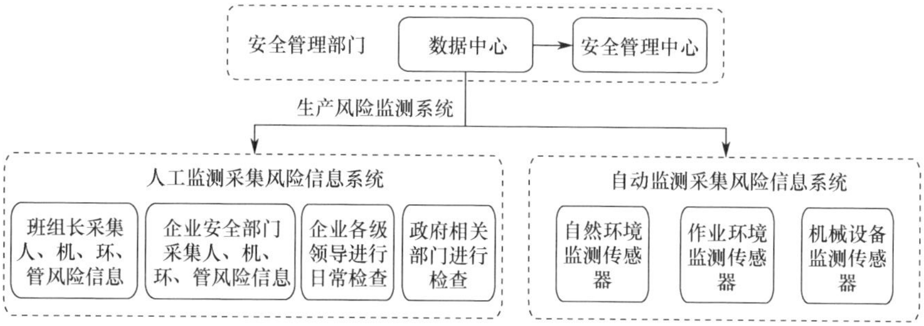

图 3-4　企业生产风险信息采集方式

自动监测危险源或安全隐患的风险信息是指传感器自动采集机械设备、环境参数等数据信息，通过生产风险监测系统将信息传输到数据中心。人工监测是现场作业人员通过风险检查将生产中人的不安全行为和管理的缺陷等相关数据及时上传数据中心。同时，安全管理工作人员需定时监测环境和机械的风险因素，以检验各类传感器的工作状态。

人工监测采集风险信息有四条途径：一是生产部门对作业区域的风险因素进行自检、自报；二是企业安全检查人员对生产过程中的各个环节进行定时检查；三是企业各级领导日常检查，全面检查生产过程中的人、机、环、管各种隐患；四是政府相关部门对企业进行安全检查，包括安全管理制度是否完善，现场安全管理是否到位，等等。

第二节　风险分析方法

一、安全检查表法

（一）安全检查表概述

安全检查表是系统安全工程中一种广泛应用的系统风险分析与评价的方法。安全检查表是由一些对工艺过程、设备机械和作业情况熟悉、经验丰富的安全技术人员和安全管理人员，事先对分析对象进行详细分析和充分讨论，列出检查单元和部位、检查项目、检查要求、各项赋分标准、评定系统安全等级分值标准等内容的表格。对系统进行评价时，对照安全检查表逐项检查，从而评价出系统的安全等级。当安全检查表用于查找设计、维修、环境、管理等方面的缺陷或隐患时，可省略赋分、等级等内容和步骤。

（二）安全检查表的类型

安全检查表按照用途和对象不同可大致分为 5 种[91]。一是设计用安全检查表，主要内容包括厂址选择、平面布置、工艺流程装置的配置、建筑物、安全装置与操作、危险品的储存和运输、消防通道和设施的安全性等。二是公司安全检查表，主要内容包括厂区内各工艺和装置的安全性、防火防爆等要害部位、安全装置与设施、危险品的储存和使用、消防器材配备、安全管理和遵章守纪情况等。三是车间安全检查表，主要内容包括安全例会、设备布置、照明和通风、尘毒监测、安全标志、防护栏装置、消防器材及操作管理等。四是工段及各岗位安全检查表，根据岗位的安全技术要求，开展自检、自查。五是专业安全检查表，主要用于专业检查和季节性检查，如压力容器、危险品的储运、特殊装置与设备等。

（三）安全检查表的编制依据

安全检查表的编制依据主要来自 4 个方面，分别是有关的法律、标准、管理制度和操作规程；国内外事故案例；本单位的经验、教训；其他分析方法的结果。

（四）案例分析

某单位使用安全检查表检查总平面布置单元，如表 3-6 所示。

表 3-6　总平面布置单元安全检查表（节选）

序号	检查项目	依据	可研报告内容	结论
1	总平面布置应节约用地，提高土地利用率。布置时应符合下列要求： ① 在符合生产流程、操作要求和使用功能的前提下，建筑物、构筑物等设施应采用联合、集中、多层布置； ② 应按企业规模和功能分区，合理确定通道宽度； ③ 厂区功能分区及建筑物、构筑物的外形宜规整； ④ 功能分区内各项设施的布置应紧凑、合理	《工业企业总平面设计规范》(GB 50187—2012)中第 5.1.2 条	新增设备按功能分别布置在不同车间	符合

续表

序号	检查项目	依据	可研报告内容	结论
2	厂区的通道宽度，应符合下列要求： ① 应符合通道两侧建筑物、构筑物及露天设施对防火、安全与卫生间距的要求； ② 应符合铁路、道路与带式输送机通廊等工业运输线路的布置要求； ③ 应符合各种工程管线的布置要求； ④ 应符合绿化布置的要求； ⑤ 应符合施工、安装与检修的要求； ⑥ 应符合竖向设计的要求； ⑦ 应符合预留发展用地的要求	《工业企业总平面设计规范》（GB 50187—2012）第 5.1.4 条	厂区建有完整的内部道路，满足生产、生活需要	符合
3	场地应有完整、有效的雨水排水系统，场地雨水的排除方式应结合工业企业所在地区的雨水排除方式、建筑密度、环境卫生要求、地质条件等因素，合理选择暗管、明沟或地面自然排渗等方式。厂区宜采用暗管排水	《工业企业总平面设计规范》（GB 50187—2012）中第 7.4.1 条	厂区内采用雨、污分流制，雨水、污水重力流排出	符合
4	具有生产性噪声的车间应尽量远离其他非噪声作业车间、行政区和生活区	《工业企业设计卫生标准》（GB Z1—2010）中第 5.2.3.1 条	本项目机加设备布置在机加车间内，远离行政、生活区	符合

二、预先危险性分析法

（一）预先危险性分析概述

预先危险性分析是在一个系统或子系统（包括设计、施工、生产）运转活动之前，大体识别系统存在的主要危险，找出产生危险的原因，分析估计发生事故可能导致的后果（包括人员伤亡、财产损失和环境破坏等），判定已识别的危险性等级，提出消除或控制危险性的措施。

（二）预先危险性分析中危险性等级的划分标准

在分析系统危险性时，为了衡量危险性的大小及其对系统破坏性的影响程度，可以将各类危险性划分为 4 个等级，如表 3-7 所示。

表 3-7 预先危险性分析中危险性等级划分表

级别	危险程度	可能导致的后果
I	安全的	不会造成人员伤亡及系统损坏

续表

级别	危险程度	可能导致的后果
Ⅱ	临界的	处于事故的边缘状态，暂时还不至于造成人员伤亡、系统损坏或降低系统性能，但应予以排除或采取控制措施
Ⅲ	危险的	会造成人员伤亡和系统损坏，要立即采取防范对策、措施
Ⅳ	灾难性的	造成重大人员伤亡及系统严重破坏的灾难性事故，必须予以果断排除并进行重点防范

（三）预先危险性分析的基本格式

预先危险性分析的结果可采用表格形式进行归纳分析，根据预先危险性分析的实际情况确定表格格式以及分析内容，如表 3-8 所示。

表 3-8　预先危险性分析工作表

单元名称：		编制人员：		编制日期：
危险	原因	后果	危险等级	改进措施/预防方法

预先危险性分析工作表的通用格式一般采用固定项进行统计，便于计算机管理，如表 3-9 所示。编制过程为：首先要了解系统的基本目的、工艺过程、控制条件及环境因素等。然后在 1 的栏目中填入所分析子系统归属的车间或工段的名称；在 2 的栏目中填入所分析子系统的名称；在 3 的栏目中填入子系统处于何种状态或运行方式；在 4 的栏目中填入子系统可能发生的潜在危险；在 5 的栏目中填入导致事故发生的危险因素；在 6 的栏目中填入导致事故产生的那些事件及错误；在 7 的栏目中填入事故后果；在 8 的栏目中填入危险等级；在 9 的栏目中填入为消除或控制危害可采取的措施，其中包括对装置、人员、操作程序等方面的措施；在 10 的栏目中填入必要的说明内容。

表 3-9　预先危险性分析表通用格式

系统-1　子系统-2　状态-3 编号：　　　　日期：				制表者： 制表单位：		
潜在危险	触发事件（1）	触发事件（2）	事故后果	危险等级	防范措施	备注
4	5	6	7	8	9	10

（四）案例分析

以某企业为例，进行预先危险性分析，结果如表 3-10 所示。

表 3-10 某企业预先危险性分析表

潜在危险	触发事件（1）	触发事件（2）	事故结果	危险等级	防范措施
火灾	① 使用蓄电池引起火灾爆炸； ② 使用环氧树脂易燃物质、液压油、润滑油等可燃物质引起火灾； ③ 电气火灾	① 蓄电池电解液泄漏、排气阀堵塞遇明火、高温引发火灾、爆炸； ② 使用环氧树脂、液压油、润滑油等可燃物质使用过程中发生泄漏遇明火、高温引发火灾； ③ 检修过程中明火作业，引燃周围可燃物等原辅材料； ④ 电气装置、电缆短路、漏电，负荷过载	人员伤亡、财产损失	III	① 建立健全的管理制度与操作规程； ② 蓄电池排气阀保持正常、保持通风通畅，使用匹配的充电设备； ③ 控制与消除火源、静电； ④ 可燃物品及蓄电池包装存放完好，防止泄漏； ⑤ 按规定安装避雷装置，并定期进行检测，保证完好； ⑥ 保持消防设施完好有效； ⑦ 严格控制电气设备及其安装质量，按规程使用，定期检查维护； ⑧ 低压电气线路设置短路、过载保护措施并保持完好； ⑨ 定期进行电气线路巡检，定期进行电气检测
机械伤害	新增及改造试验台及机加设备的转动部件运行过程过程中受到碰撞、夹挤、卷入、绞碾人体等伤害	① 改造试验台进行推力轴承性能试验和耐久性试验、液压舵机模拟试验、DCLD 发射试验时操作不当及新增超长导轨曲面专用加工设备、细长孔专用加工设备、数控纤维缠绕机等机械设备传动部位未设防护罩、设备布置不当等； ② 检修设备时机器突然启动； ③ 未按规定穿戴劳动防护用品	人员伤害、设备损坏	II	① 加强操作人员的安全管理，建立健全安全操作规程和规章制度，严格遵守劳动纪律、杜绝违章操作； ② 选用安全装置齐全、安全系数高的设备，转（传）动部位应有防护罩或其他安全措施，保证安全联锁等设施安全有效； ③ 机械设备要定期检查、检修、保证完好状态； ④ 设备检修前应先停机再检查； ⑤ 重视作业环境的改善，照度符合规范要求，作业场所应留有通畅的安全通道
触电	① 漏电、绝缘损坏； ② 接触带电体； ③ 雷电； ④ 静电	① 高低压变配电设施及新增用电设备漏电； ② 绝缘损坏、老化； ③ 多雨、潮湿、高温季节人体多汗，人体电阻大大下降； ④ 安全距离不够，人员接触带电体； ⑤ 防雷设施失效，接地、接零不当； ⑥ 设备接地不良	人员伤亡	II	① 建立健全的电气安全作业规程，并监督执行，杜绝违章作业； ② 电气设备考虑过载、短路等保护的同时，必须考虑漏电保护； ③ 正常不带电而事故时可能带电的配电装置和电气设备外露可导电部分，必须按要求可靠接地； ④ 定时进行电气线路、用电设施巡检，定期进行电气检测； ⑤ 电工必须持证上岗，必须正确穿戴劳动保护用品； ⑥ 防雷接地装置保持完好，并定期检测； ⑦ 严格执行临时用电作业审批制度

续表

潜在危险	触发事件（1）	触发事件（2）	事故结果	危险等级	防范措施
高处坠落物体打击	① 试验台进行高处试验； ② 高处检修作业； ③ 高压水或液压油管路	① 高空作业无防护装置或防护装置损坏； ② 高空作业人员未系安全带； ③ 工具摆放不牢、随意抛掷物品； ④ 高压管路断裂伤人	人员伤害	II	① 高空作业平台及上下扶梯应安装防护栏杆，设置安全警示标志； ② 增强工作人员安全意识，高空作业应系安全带并规范操作； ③ 登高作业要有专门人员监护； ④ 严禁不适合登高作业的人员登高作业； ⑤ 定期对高压（水、油）管路进行检查维护、不超压操作，试验时设置维护、警示标识等措施
中毒窒息	① 进入耐压水舱、滑套阀水舱检维修作业； ② 使用环氧树脂场所	① 作业场所通风不良； ② 未办理有限空间作业许可； ③ 作业人员没有使用防护用品	人员伤害	II	① 认真执行安全管理规章制度和操作规程； ② 应定期对试验设备进行检修，对有缺陷部位采取补救措施。保持作业场所通风良好； ③ 有限空间作业实行许可证制度； ④ 应为作业人员配备符合标准的防护用品
起重伤害	厂房内起重设备	① 物件吊运过程中脱钩或滑落； ② 钢丝绳断裂； ③ 超重吊装	人员伤害	II	① 操作人员严格执行操作规程，不横拉斜吊； ② 运行过程中应集中精力，注意地面行人； ③ 起吊和移动时及时按铃警告方可操作； ④ 对行车钢丝绳、吊钩勤检查，发现问题及时更换
灼烫	数控纤维缠绕机使用时利用高温固化炉	① 操作人员未穿戴防护用品； ② 无警示标识； ③ 违规操作	人员伤害	II	① 操作人员佩戴防护用品； ② 设置警示标识
粉尘	缠绕加工工艺过程主要有玻璃纤维+碳纤维	① 作业场所通风不良，未定期清理； ② 作业人员没有使用防护用品	人员伤害	II	① 认真执行安全管理规章制度和操作规程； ② 保持工作场所通风良好； ③ 应为作业人员配备符合标准的防护用品
噪声	机械运动	① 改造试验台试验、新增超长导轨曲面专用加工设备、细长孔加工设备； ② 未佩戴防护用品	人员听力受伤	II	① 对噪声大的设备采取隔离措施； ② 采取减振措施； ③ 特殊作业时，作业人员应佩戴防护用品

二、事件树分析法

（一）事件树分析概述

事件树分析是从一个初始事件开始，按顺序分析事件向前发展过程中各个环节的结果（成功或失败）。任何一个事故都是由多环节事件发展变化形成的，在事件发展过程中出现的环节事件可能有成功或失败两种情况，如果这些环节事件都失败或者部分失败，就会导致事故发生。

事件树分析的目的包括 4 个方面。一是以直观的方式，判断事故发生与否。二是通过事件树的定性与定量分析，找出事故发生的主要原因，为制定安全对策提供可靠依据。三是从宏观角度分析系统可能发生的事故，掌握事故发生的规律。四是可以找出最严重的事故后果，为确定顶上事件提供依据。

（二）事件树编制过程

第一步，确定初始事件。初始事件是事件树中在一定条件下造成事故后果的最初原因事件。一般选择分析人员最感兴趣的异常事件作为初始事件。

第二步，找出与初始事件有关的环节事件。所谓环节事件就是出现在初始事件后一系列可能造成事故后果的其他原因事件。

第三步，编制事件树。事件树展开的是事故序列，由初始事件开始，再对控制系统和安全系统如何响应进行处理，其结果是明确地确定出由初始事件引起的事故。把初始事件写在最左边，各环节事件按顺序写在右边；从初始事件画一条水平线到第一个环节事件，在水平线末端画一个垂直线段，垂直线段上端表示成功，下端表示失败；再从垂直线两端分别向右画水平线到下个环节事件，同样用垂直线段表示成功和失败两种状态；依次类推，直到最后一个环节事件为止。事件树的树形结构如图 3-5 所示。

第四步，描述导致事故顺序情况。利用逻辑思维的规律和形式分析事故的起因、发展和结果的过程。

第五步，确定事故顺序的最小割集。用事故树分析对事件树事故序列加以分析，快速确定其最小割集。每一个最小割集都表示顶事件发生的一种可能，由一系列安全系统失败组成，并以“与门”逻辑与初始事件相关。

第六步，编制分析结果。事件树的最后一步是对初始事件、一系列的假想和事件树模式等进行详尽的分析，列出事故的最小割集，列出不同事故后果，明确预防措施。

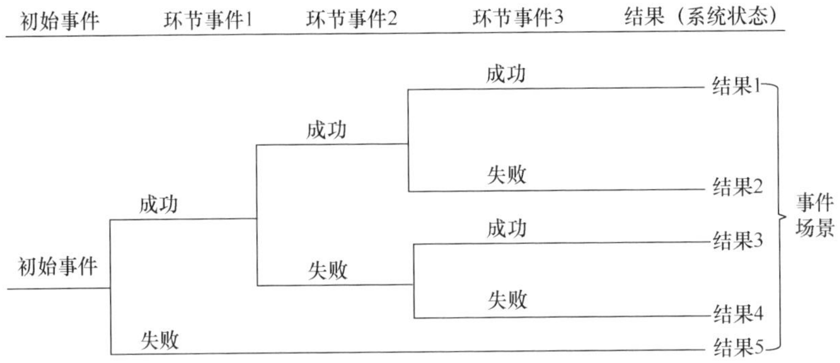

图 3-5　事件树的树形结构

（三）案例分析

1. 案例简介

2021 年 4 月 21 日上午，三车间主任金某荀组织维修人员对三车间二楼制气工段制气釜搅拌桨进行维修作业。13 时 43 分 09 秒，在未对搅拌釜内气体进行检测的情况下，未采取任何安全防护措施的操作工娇某棚和王某江先后进入釜内拆卸搅拌桨；13 时 43 分 55 秒，釜外作业人员赵某伍和谢某宇发现釜内 2 人晕倒后，先后进入釜内救援（赵某伍未佩戴任何安全防护设备，谢某宇仅佩戴自吸过滤式防毒面具），也全部中毒晕倒。截至 14 时 02 分，现场人员通过救援设备将釜内晕倒的 4 人全部救出，送至医院后，经抢救无效死亡。救援过程中，现场 9 人不同程度中毒受伤，直接经济损失达 873.3 万元。

经调查组后续勘察、检验后认定，该单位在停产期间，未对制气釜内气态物料进行退料处理，导致釜内底部积聚大量的氧硫化碳和硫化氢混合气体。作业人员和施救人员在未采取任何防护措施或防护措施不到位的情况下，进行作业和施救过程，最终导致现场人员 4 人死亡，9 人不同程度中毒受伤。

2. 案例描述

案例中涉及的氧硫化碳和硫化氢均有毒性，与空气混合能形成爆炸性混合物，遇明火、高热会引起燃烧爆炸，这是此起事故的“导火索”。通过事件树分析法对该案例进行深入分析，从初始事件“有毒气体在有限空间内积聚扩散”开始，推理论证可能出现的结果，进行危险源和安全隐患辨识。在分析过程中将初始事件所引发的潜在事故类型与导致事故发生的各种原因通过树形图的方式展现，并通过定性与定量分析为事故原因判别提供理论依据，为后续相关事故预防提供一定参考。按照事件树分析原理，编制事件树，如图 3-6 所示。

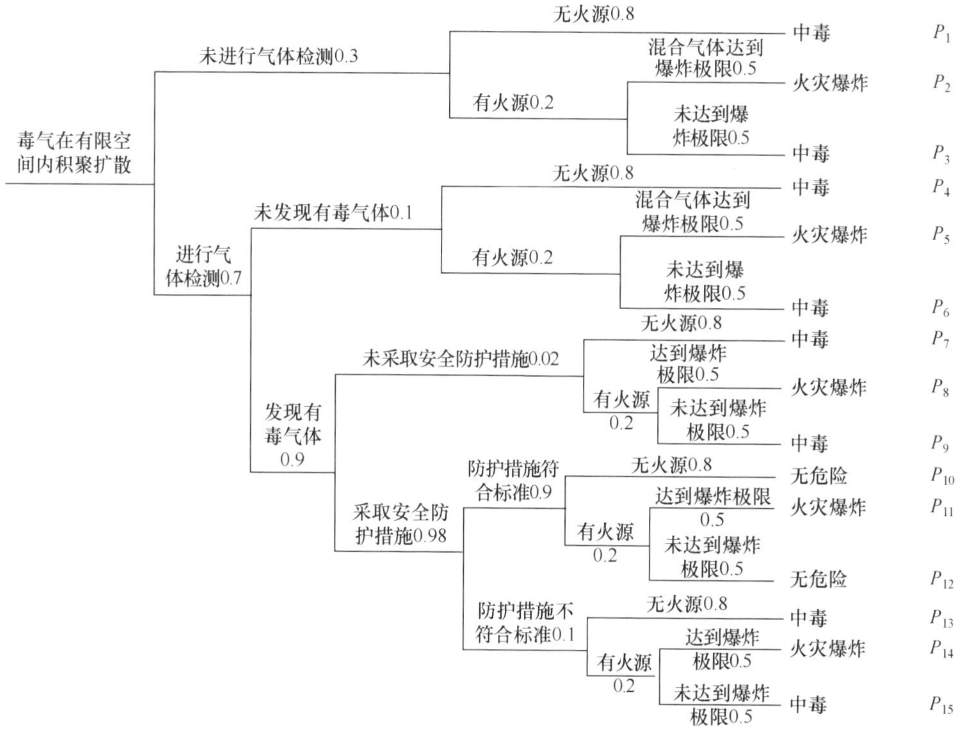

图 3-6 事件树分析图

当作业人员所处的有限空间内出现有毒气体积聚，可按如下步骤对此类情况进行分析：气体检测→发现毒气存在→采取安全防护措施（使用防毒面具、呼吸器等），过程的每一步都有成功与失败两种情况，通过分析得出发生灾害事故的途径有 13 种（中毒事故途径 8 种，火灾爆炸事故途径 5 种）。事件树分析过程中涉及的中间事件及其概率如表 3-11 所示。

表 3-11 中间事件及其概率

中间事件	气体检测	发现毒气存在	穿戴安全防护措施	安全防护措施符合标准	火源	混合气体达到爆炸极限
序号	A	B	C	D	E	F
概率	0.3	0.1	0.02	0.1	0.2	0.5

根据中间事件故障率，可求出各事故途径发生概率，计算过程如下：

$$\begin{aligned}P(\text{中毒}) &= P_1 + P_3 + P_4 + P_6 + P_7 + P_9 + P_{13} + P_{15} \\ &= 0.3\times0.8 + 0.3\times0.2\times0.5 + 0.7\times0.8\times0.1 + 0.7\times0.1\times0.2\times0.5 + \\ &\quad 0.7\times0.9\times0.02\times0.8 + 0.7\times0.9\times0.02\times0.2\times0.5 + \\ &\quad 0.7\times0.9\times0.98\times0.1\times0.8 + 0.7\times0.9\times0.98\times0.1\times0.2\times0.5 \\ &= 0.3999\end{aligned} \tag{3-2}$$

$$\begin{aligned}P(\text{火灾爆炸}) &= P_2 + P_5 + P_8 + P_{11} + P_{14} \\ &= 0.3\times0.2\times0.5 + 0.7\times0.1\times0.2\times0.5 + 0.7\times0.9\times0.02\times0.2\times0.5 + \\ &\quad 0.7\times0.9\times0.98\times0.9\times0.2\times0.5 + 0.7\times0.9\times0.98\times0.1\times0.2\times0.5 \\ &= 0.1000\end{aligned} \tag{3-3}$$

$$\begin{aligned}P(\text{无危险}) &= P_{10} + P_{12} \\ &= 0.7\times0.9\times0.98\times0.9\times0.8 + 0.7\times0.9\times0.98\times0.9\times0.2\times0.5 \\ &= 0.5001\end{aligned} \tag{3-4}$$

通过计算分析，有限空间内中毒事故发生概率较高，火灾爆炸事故发生概率较小。事故发生与扩大受作业前气体检测情况、安全防护措施穿戴情况等关键环节影响较大。本次事故中，若作业人员严格执行受限空间作业审批程序，作业前分析现场环境、辨识现场风险危害因素、对釜内气体进行检测，可大大减小灾害事故发生概率，有效避免人员伤亡和财产损失。

3. 案例讨论

通过事件树分析，梳理事故发生的直接原因与间接原因，辨析各中间事件对事故发生的影响程度，较为直观地体现出各事件逻辑关系与多米诺骨牌效应。相对于事故树分析法而言，工作量较小且路径清晰。同时，由于事件树按照时间序列展开分析，定性分析过程也为寻找预防事故途径提供了一条明确的思路，即尽可能地从最先发挥安全功能的事件入手。在本次案例中，“受限空间气体检测”为连锁事件中的第一事件，围绕该事件建立预防措施相对来说更加高效且合理。具体措施包括：健全受限空间审批程序，明确相关人员责任；作业前对现场进行风险分析和危险有害因素辨识；完善受限空间安全管理责任制度，将任何潜在的受限空间作业环境纳入管理范畴，作业前严格执行气体检测程序，配备安全防护措施及应急物品；积极开展三级安全教育，加强特殊作业安全培训的针对性与实效性，完善相关考核制度等。

事件树分析方法具有一些局限性。例如，在定量分析过程中，采用人为主观经验确定中间事件概率值，缺乏实际的统计结果参考，缺少科学性和操作性。此外，与事故树分析法相比，事件树分析法过于注重合理性与逻辑性，导致其分析细节往往较为粗糙。在实际分析过程中，综合运用多种分析方法，可有效提高结果的准确性。

四、事故树分析法

（一）事故树分析概述

1. 事故树的基本概念

事故树分析法又称故障树分析法，是系统安全分析中最重要的定量分析方法之一。事故树是一种表示故障事件发生原因及其逻辑关系的逻辑树图，能够清晰地展示系统内部各事件之间的内在联系，既可以定性分析、也可以定量分析，已广泛应用于很多领域。事故树的理论基础是布尔代数，不仅可以提供解决问题的方法，还可以提供解决系统安全的思路。

2. 布尔代数的基本运算规律

定义：由元素 $A,B\cdots\cdots$组成的集合称为一个布尔代数。它具有以下基本运算规律。

① 结合律：$(A+B)+C=A+(B+C)$；$(A\cdot B)\cdot C=A\cdot(B\cdot C)$

② 交换律：$A+B=B+A$　　$A-B=B-A$

③ 分配律：$A\cdot(B+C)=A\cdot B+A\cdot C$　　$A+(B\cdot C)=(A+B)\cdot(A+C)$

④ 互补律：$A+A'=l$　　$A\cdot A'=0$

⑤ 对合律：$(A')'=A$

⑥ 对等律：$A\cdot A=A$　　$A+A=A$

⑦ 重叠律：$A+A'B=A+B=B+B'A$

⑧ 吸收律：$A+AB=A$　　$A\cdot(A+B)=A$

⑨ 德·摩根律：$(A+B)'=A'B'$　　$(AB)'=A'+B'$

3. 布尔函数

布尔函数是事故树分析的基本手段，可以有效表达图形状的事故树，便于定量分析各事件之间的逻辑关系。

4. 事故树的图形表示法

图形表示法可以直观表示顶上事件与各元素之间逻辑关系。根据《故障树名词术语和符号》（GB/T 4888—2009），简要介绍事故树分析中的各种符号，如图 3-7 所示。

① 矩形符号：代表顶上事件或中间事件，如图 3-7（a）所示。该符号表示

通过逻辑门作用的、由一个或多个原因而导致的故障事件。

② 圆形符号：代表基本事件，如图 3-7（b）所示。该符号表示不要求进一步展开的引发故障的基本事件。

③ 菱形符号：代表省略事件，如图 3-7（c）所示。该符号表示事件影响不大或情报不足而没有进一步展开的故障事件。

④ 房形符号：代表正常事件，如图 3-7（d）所示。该符号表示系统在正常状态下发挥正常功能的事件。

⑤ 椭圆形符号：代表条件事件，如图 3-7（e）所示。该符号表示施加于任何逻辑门的条件或限制。

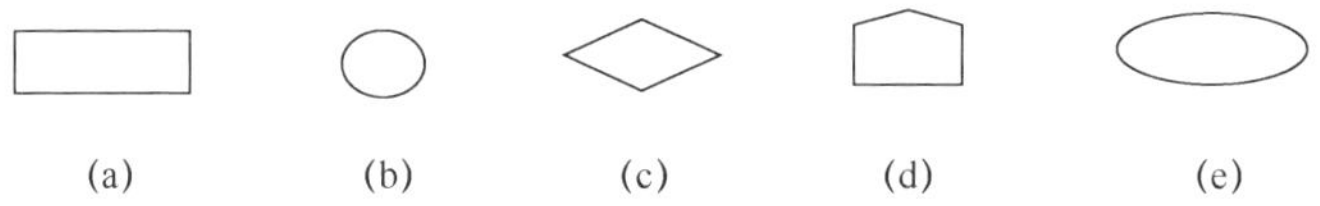

图 3-7　事件符号

5. 逻辑门及逻辑门符号

逻辑门符号是连接各事件并表示逻辑关系的符号，如图 3-8 和图 3-9 所示。

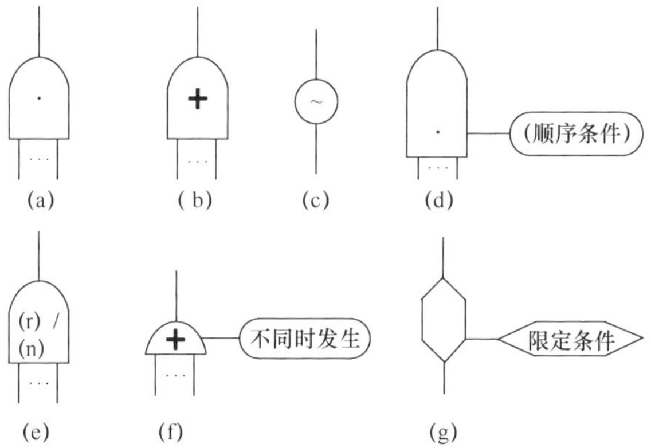

图 3-8　逻辑门符号

① 与门。与门表示当所有输入事件发生时，输出事件发生，如图 3-8（a）所示。

② 或门。或门表示至少一个输入事件发生时，输出事件发生，如图 3-8（b）所示。

③ 非门。非门表示输出事件是输入事件的对立事件，如图 3-8（c）所示。

④ 顺序与门。顺序与门表示当输入事件按规定的顺序发生时，输出事件才

发生，如图 3-8（d）所示。

⑤ 表决门。表决门表示当输入事件中有 r 个或 r 个以上的事件发生时，输出事件才发生，如图 3-8（e）所示。

⑥ 异或门。异或门表示当单个输入事件发生时，输出事件才发生，如图 3-8（f）所示。

⑦ 禁门。禁门表示当条件事件发生时，输入事件的发生导致输出事件的发生，如图 3-8（g）所示。

⑧ 相同转移符号，如图 3-9 所示。图 3-9（a）是转向符号，表示“下面转到以字母数字为代号的子树那里去”。图 3-9（b）是转此符号，表示“由具有相同字母数字的转向符号处转到这里来”。

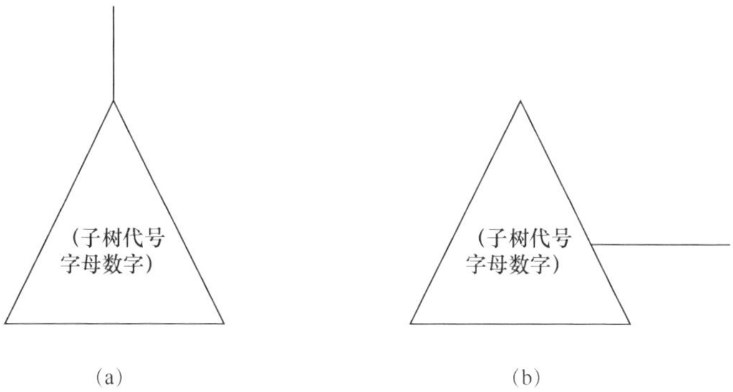

图 3-9 相同转移符号

6. 事故树的数学描述

设任何时间，元部件和系统只取正常和故障两种状态，以 X 表示单元，Y 表示系统函数，则有

$$X=\begin{cases}1, & \text{发生}\\0, & \text{不发生}\end{cases},\quad Y=\begin{cases}1, & \text{发生}\\0, & \text{不发生}\end{cases}$$

在作了以上假设后，可将 Y 写成 X 的函数，即 $Y=\varphi(X)$，称为系统的结构函数。例如，

与门的结构函数可写

$$Y=\bigcap_{i=1}^{n}X_i=X_1\cap X_2\cap X_3\cap\cdots\cap X_n \tag{3-5}$$

$$\varphi(X)=\prod_{i=1}^{n}X_i=X_1\cdot X_2\cdots X_n=\min(X_1,\ X_2,\cdots,\ X_n) \tag{3-6}$$

或门的结构函数可写

$$Y=\bigcup_{i=1}^{n} X_i = X_1 \cup X_2 \cup \cdots \cup X_n \tag{3-7}$$

$$\varphi(X)=1-\prod_{i=1}^{n}(1-X_i)=\bigcup_{i=1}^{n} X_i=\max(X_1,\ X_2,\ \cdots,\ X_n) \tag{3-8}$$

（二）事故树编制过程

一般应由系统设计人员、操作人员与可靠性分析人员组成事故树编制小组，经过反复研究，编制的事故树才能趋于完善。编制小组通过编制过程能更深入地了解系统，发现系统中的薄弱环节。事故树编制方法一般分为人工编制和计算机辅助编制。

事故树的编制过程是一个严密的逻辑推理过程，应遵循 5 条原则。一是确定顶事件（应优先考虑风险大的事故事件），二是合理确定边界条件，三是保持门的完整性，四是确切描述顶事件，五是及时合理地简化事故树。

（三）事故树定性分析

事故树的定性分析是不考虑事故发生概率的大小，只考虑事故发生或不发生两种状态。事故树定性分析主要是针对事故树分析其结构，求出事故树的最小割集和最小径集，从中得到基本事件与顶上事件的逻辑关系，即事故树的结构函数。为达到此目的，必须经过以下几个步骤，即化简事故树，求最小割集，求最小径集。

1. 化简事故树

只有精简后的事故树才能真实反映各元素之间的逻辑关系。化简事故树的方法有很多种，一般采用布尔代数化简法。

以图 3-10 所示事故树为例，其结构式为

$$T=A_1A_2=X_1X_2(X_1+X_3) \tag{3-9}$$

如不进行化简，分析其结构函数，可求其顶上事件发生概率为

$$q_T=q_1q_2[1-(1-q_1)(1-q_3)] \tag{3-10}$$

如设 3 个基本事件的发生概率均为 0.1，则有 q_T=0.0019。

如果化简，则有

$$T=X_1\ X_2(X_1+X_3)=X_1X_2X_1+X_1X_2X_3=X_1X_2+X_1X_2X_3=X_1X_2 \tag{3-11}$$

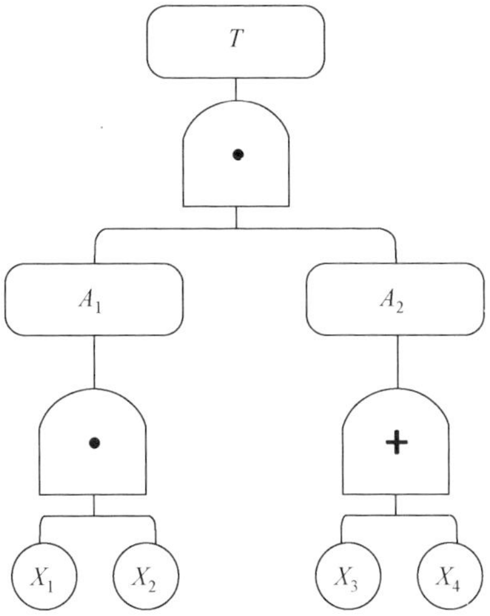

图 3-10 事故树案例 1

$$q_T = q_1 q_2 = 0.01 \quad (3\text{-}12)$$

通过以上分析，得出化简与不化简对事故树分析的结果有很大影响。在分析事故树时，应先根据结构函数，采用布尔代数化简法化简后再进行定量分析。

2. 最小割集

割集指事故树中某些基本事件的集合，当这些事件均发生时，顶上事件必然发生。如果某一割集中任意去掉一个基本事件时，该集合就不是割集了，则称其为最小割集。最小割集反映了系统危险的程度，一般认为，事故树最小割集越多，系统越危险。求最小割集的方法很多，如行列法、结构法、矩阵法、迭代法等，但最常用且简便的是布尔代数法。

用布尔代数化简法求事故树最小割集的步骤为：首先写出其结构函数，然后化简得到其最小割集。下面以图 3-11 所示事故树为例，计算最小割集。

$$\begin{aligned} T &= A_1 A_2 \\ &= X_1 A_3 X_2 + X_4 A_4 \\ &= X_1 X_2 (X_1 + X_3) + X_4 (A_5 + X_6) \\ &= X_1 X_2 X_1 + X_1 X_2 X_3 + X_4 (X_4 X_5 + X_6) \\ &= X_1 X_2 + X_4 X_5 + X_4 X_6 \end{aligned}$$

由此，可得到该事故树的三个最小割集：$\{X_1，X_2\}$，$\{X_4，X_5\}$，$\{X_4，X_6\}$。

对这三个割集，只要其基本事件不同时发生，顶上事件就不会发生。通过事故树分析，只要控制其最小割集中的各个基本事件不同时发生，就可以保证顶上事件（即事故）不会发生，为科学预防事故发生提供了依据。

3．等价树和成功树

经过化简的事故树与原事故树在逻辑关系上是等价的，根据化简后的结构式重画的事故树，称为等价树（等效树）。如果将事故的补事件——成功事件作为顶上事件，以补事件代替原事件，且将与门换成或门（将或门换成与门），则可将事故树转化为成功树，如图 3-12 所示。

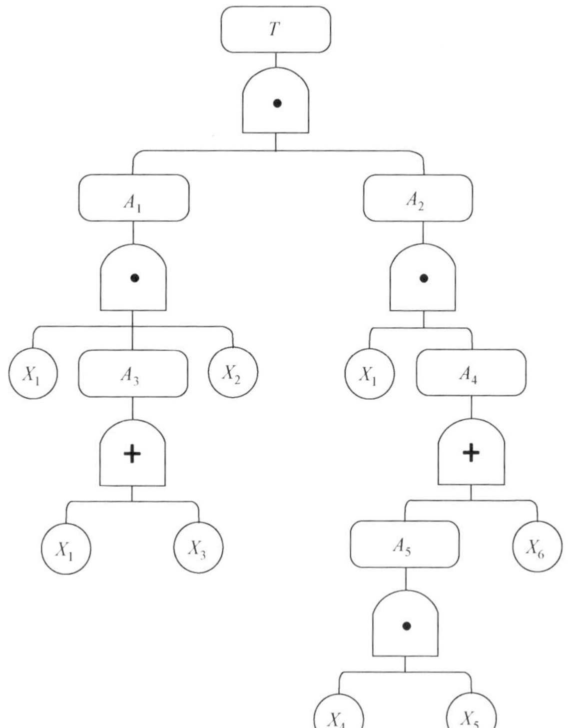

图 3-11　事故树案例 2

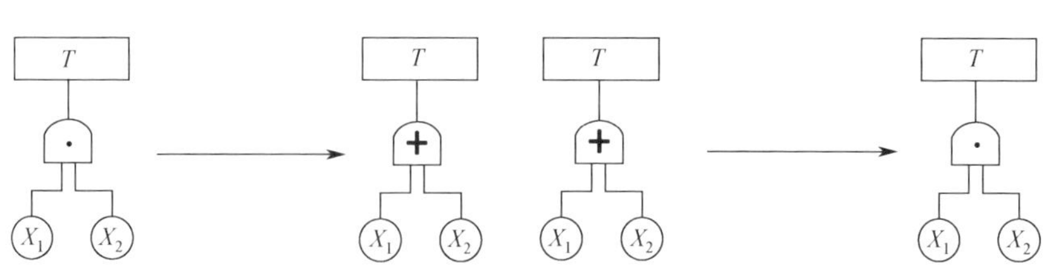

图 3-12　事故树与成功树的转换关系

4. 最小径集

径集指事故树中某些基本事件的集合，这些事件均不发生时，顶上事件必然不发生。如果某径集中任意去掉一个基本事件，它就不再是径集了，则称其为最小径集。计算事故树最小径集的步骤是先将事故树转化为成功树，再求成功树的最小割集，成功树最小割集的各基本事件求补，即得到事故树的最小径集。最小径集反映了系统的“安全”程度，一般认为事故树最小径集越多，系统越安全。

5. 结构重要度分析

结构重要度分析是从事故树结构入手分析各基本事件的重要程度。结构重要度分析属于定性分析，要排出基本事件的结构重要度顺序，不一定求出结构重要度系数。如果事故树结构很复杂，基本事件很多，列出的表就很庞大，基本事件状态值的组合很多，这就给求结构重要度系数带来很大困难。因此，一般用最小割集或径集对各基本事件的结构重要度排序。

（四）事故树的定量分析

1. 基本事件发生概率

获取基本事件发生概率是事故树定量分析的基础，一般通过事故统计或实验观测获取数据。例如，机械杠杆的故障率是 10^{-9}～10^{-6}，继电器的故障发生率是 10^{-7}～10^{-4}，人阅读说明书的可靠度约 0.9918 等。

2. 顶上事件发生概率

第一种是利用最小割集计算顶上事件发生概率。在求得事故树最小割集后，其顶上事件发生概率计算公式为

$$g=\coprod_{r=1}^{k}\prod_{x_i\in k_r}q_i \tag{3-13}$$

其中，q_i 为第 i 个基本事件的发生概率；r 为最小割集的序数；k 为最小割集的个数；$\coprod$ 为求概率和符号；$\prod$ 为求概率积的符号。

第二种是利用最小径集计算顶上事件发生概率。在求得事故树最小径集后，其顶上事件发生概率计算公式为

$$g=\coprod_{j=1}^{p}\left[1-\prod_{x_i\in p_j}(1-q_i)\right] \tag{3-14}$$

其中，q_i 为第 i 个基本事件的发生概率；j 为最小径集的序数；p 为最小径集的个数；$\coprod$ 为求概率和的符号；$\prod$ 为求概率积的符号。

3. 概率重要度分析

结构重要度分析是从事故树的结构上分析各基本事件的重要程度。如果进一步考虑各基本事件发生概率的变化会给顶上事件发生概率以多大影响，就要分析基本事件的概率重要度。可以利用顶上事件发生概率 g 函数是一个多重线性函数这一性质，只要对自变量 q_i 求一次偏导，就可得到该基本事件的概率重要度系数，即

$$I_g(i)=\frac{\partial g}{\partial q_i} \tag{3-15}$$

概率重要度系数公式表明，一个基本事件的概率重要度大小，不取决于它本身的概率值大小，而取决于它所在最小割集中其他基本事件概率积的大小，以及它在各个最小割集中重复出现的次数。在一个事故树中，所有基本事件的发生概率都等于 1/2 时，概率重要度系数等于结构重要度系数。

4. 临界重要度

一般情况下，减小概率大的基本事件的概率要比减小概率小的基本事件的概率容易，而概率重要度系数并不能反映这一事实。临界重要度系数 $CI_g(i)$从敏感度和自身发生概率的双重角度衡量各基本事件的重要度标准，可以有效反应这一事实，其定义为

$$CI_g(i)=\frac{\partial \ln g}{\partial \ln gq_i} \tag{3-16}$$

通过偏导数的公式变换，可以得到它与概率重要度系数的关系

$$CI_g(i)=\frac{q_i}{g}I_g(i) \tag{3-17}$$

在三种重要度系数中，结构重要度系数从事故树结构上反映基本事件的重要程度；概率重要度系数反映基本事件概率的增减对顶上事件发生概率影响的敏感度；临界重要度系数从敏感度和自身发生概率大小两个角度反映基本事件的重要程度。在安全生产检查中，按照三种重要度顺序分别编制相应的安全检查表，既能全面覆盖检查范围，又能突出检查重点。其中，按照临界重要度系数分析编制的安全检查表，能够真实反映事故树的本质，更具有实际意义。

（五）案例分析

1. 案例简介

2019 年 5 月 25 日上午 10 时 45 分前后，操作工雷某斌、马某龙登上 8#油

罐罐顶作业；11 时 30 分前后，雷某斌、马某龙离开油库外出用餐；12 时 30 分，二人返回油库；13 时许，罐区 1#储油罐开始进料，油品为高温沥青；13 时 20 分，雷印斌、马郑龙继续在罐区作业；14 时 30 分许，二人登上 6#罐顶开始作业；14 时 40 分许，计量员黄某彪在 1#罐（6#罐西北侧）顶进行计量时，看见雷某斌正在 6#罐顶边缘栏杆处进行电焊，随后雷某斌使用缆绳从罐顶下至地面；14 时 59 分，马某龙走下 6#罐；15 时 05 分前后，雷某斌、马某龙再次登上 6#罐顶；15 时 09 分，6#罐发生爆燃，罐顶被掀飞撞击 5#罐顶东侧后掉落至地面，罐体内的油料起火燃烧。现场办公人员立即拨打火警电话，同时向北海燃料负责人毛某澄报告情况。

经调查，6#油罐长期处于基本空置状态，仅余约 70 吨轻循环油，罐体内积聚大量挥发油蒸气，通过罐顶呼吸阀与空气混合，且与废气回收管道连通，致使管道内存在爆炸性混合气体，遇焊接高温发生爆燃，是事故发生的直接原因。经事故调查组认定，该事故是一起一般性生产安全责任事故。

2. 案例描述

通过事故树分析法对该事故逐层分析，寻找各子事件与顶事件、子事件与子事件中的定性、定量关系，为此类事故的预防和处置提供一定的思路。该公司储油罐区共建有储罐 12 座，其中 1000 立方米球罐 4 座、1500 立方米拱顶立罐 2 座、2000 立方米拱顶立罐 4 座、3000 立方米拱顶立罐 2 座。通过对该公司内部情况和以往案例的调查分析，确定“油罐区火灾爆炸”作为顶事件。通过分析火灾爆炸原因，找出引起顶事件发生的各个因素，编制事故树，如图 3-13 所示。

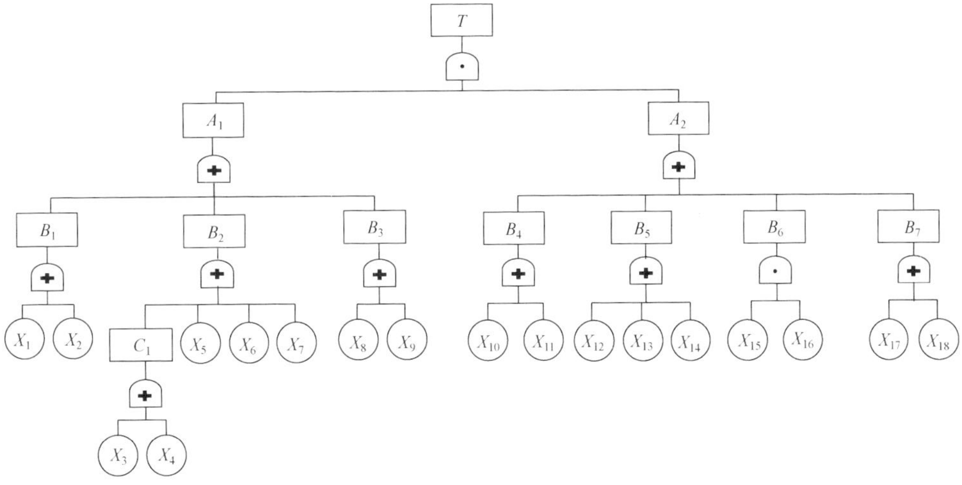

图 3-13 “油罐区火灾爆炸”事故树

“油罐区火灾爆炸”事故树中，各可能事件和基本事件所代表含义如表 3-12 所示。

表 3-12 事件含义表

符号	事件含义	符号	事件含义
T	油罐区火灾爆炸	A_1	油气混合物
A_2	点火源	B_1	卸油
B_2	输油	B_3	储罐或管道漏油
B_4	明火	B_5	静电
B_6	焊接火花	B_7	电击火花
C_1	油罐溢油	X_1	油品滴漏
X_2	冒油	X_3	操作人员误操作
X_4	油罐破损	X_5	未排空气
X_6	输油管路破损	X_7	阀门等接口漏油
X_8	防腐破坏	X_9	焊缝开裂
X_{10}	点火吸烟	X_{11}	未经批准动火
X_{12}	穿、脱拍打化纤衣服	X_{13}	输油速度快
X_{14}	卸油速度快	X_{15}	防雷接地不良
X_{16}	发生雷击	X_{17}	防爆电气损坏
X_{18}	线路老化短路		

利用布尔代数化简法对求取该事故树的最小割集，计算如下：

$$
\begin{aligned}
T &= (B_1 + B_2 + B_3) \times (B_4 + B_5 + B_6 + B_7) \\
&= (B_1 \times B_4) + (B_1 \times B_5) + (B_1 \times B_6) + (B_1 \times B_7) + (B_2 \times B_4) + \\
&\quad (B_2 \times B_5) + (B_2 \times B_6) + (B_2 \times B_7) \\
&= (X_1 + X_2)(X_{10} + X_{11}) + (X_1 + X_2)(X_{12} + X_{13} + X_{14}) + (X_1 + X_2)(X_{15} + X_{16}) + \\
&\quad (B_2 + B_6) + (X_1 + X_2)(X_{17} + X_{18}) + (X_1 + X_2)(X_3 + X_4 + X_5 \times X_6 + X_7) + \\
&\quad (X_3 + X_4 + X_5 + X_6 + X_7)(X_{12} + X_{13} + X_{14}) + \\
&\quad (X_3 + X_4 + X_5 + X_6 + X_7)(X_{15} + X_{16}) + \\
&\quad (X_3 + X_4 + X_5 + X_6 + X_7)(X_{17} + X_{18}) + (X_8 + X_9)(X_{10} + X_{11}) + \\
&\quad (X_8 + X_9)(X_{12} + X_{13} + X_{14}) + \left(X_8 + X_9\right)(X_{15} + X_{16}) + \\
&\quad (X_8 + X_9)(X_{17} + X_{18}) \\
&= X_1X_{10} + X_2X_{10} + X_1X_{11} + X_1X_{12} + X_1X_{13} + X_1X_{14} + X_2X_{12} + X_2X_{13} + \\
&\quad X_2X_{14} + X_1X_{15} + X_1X_{16} + X_2X_{15} + X_2X_{16} + X_1X_{17} + X_1X_{18} + X_2X_{17} + \\
&\quad X_2X_{18} + X_3X_{10} + X_4X_{10} + X_5X_{10} + X_6X_{10} + X_7X_{10} + X_3X_{11} + X_4X_{11} +
\end{aligned}
$$

$$X_5X_{11}+X_6X_{11}+X_7X_{11}+X_3X_{12}+X_4X_{12}+X_5X_{12}+X_6X_{12}+X_7X_{12}+$$
$$X_3X_{13}+X_4X_{13}+X_5X_{13}+X_6X_{13}+X_7X_{13}+X_3X_{14}+X_4X_{14}+X_5X_{14}+$$
$$X_6X_{14}+X_7X_{14}+X_3X_{15}+X_4X_{15}+X_5X_{15}+X_6X_{15}+X_7X_{15}+X_3X_{16}+$$
$$X_4X_{16}+X_5X_{16}+X_6X_{16}+X_7X_{16}+X_3X_{17}+X_4X_{17}+X_5X_{17}+X_6X_{17}+$$
$$X_7X_{17}+X_3X_{18}+X_4X_{18}+X_5X_{18}+X_6X_{18}+X_7X_{18}+X_8X_{10}+X_9X_{10}+$$
$$X_8X_{11}+X_9X_{11}+X_8X_{12}+X_8X_{13}+X_8X_{14}+X_9X_{12}+X_9X_{13}+X_9X_{14}+$$
$$X_8X_{15}+X_8X_{16}+X_9X_{15}+X_9X_{16}+X_8X_{17}+X_8X_{18}+X_9X_{17}+X_9X_{18}$$

根据布尔代数法进行逻辑运算和化简求得最小割集为 80 个。由此可知，储油罐区发生火灾爆炸事故的可能途径有 80 种之多。证实了储罐区发生火灾爆炸的危险性较大，因此需要制定切实有效的措施加以预防和管理。

由于故障树或门占绝大多数，便于用最小径集进行分析，求得最小径集有如下 3 个

$$\begin{aligned}
G &= A_1' + A_2' \\
&= (B_1' \times B_2' \times B_3') + (B_4' \times B_5' \times B_6' \times B_7') \\
&= (X_1'X_2' \times X_3'X_4'X_5'X_6'X_7' \times X_8'X_9') + \\
&\quad [X_{10}'X_{11}'X_{12}'X_{13}'X_{14}' \times (X_{15}' + X_{16}') \times X_{17}'X_{18}'] \\
&= X_1'X_2'X_3'X_4'X_5'X_6'X_7' \times X_{10}'X_{11}'X_{12}'X_{13}'X_{14}' \times X_{15}'X_{16}'X_{17}' + \\
&\quad X_{10}'X_{11}'X_{12}'X_{13}'X_{14}' \times X_{16}'X_{17}'X_{18}'
\end{aligned}$$

根据计算结果，该事故树最小径集分别为

$$P_1=\{X_1X_2X_3X_4X_5X_6X_7X_8X_9\}$$
$$P_2=\{X_{10}X_{11}X_{12}X_{13}X_{14}X_{15}X_{17}X_{18}\}$$
$$P_3=\{X_{10}X_{11}X_{12}X_{13}X_{14}X_{16}X_{17}X_{18}\}$$

从表示系统安全性的最小径集可以看出，加油站火灾爆炸事故的预防途径有 3 个。只要保证任何一组最小径集中基本事件的集合都不发生，顶上事件便不会发生。

结构重要度：$I_{10}=I_{11}=I_{12}=I_{13}=I_{14}=I_{17}=I_{18}>I_1=I_2=I_3=I_4=I_5=I_6=I_7=I_8=I_9>I_{15}=I_{16}$

由结构重要度可知，基本事件 X_{10}、X_{11}、X_{12}、X_{13}、X_{14}、X_{17}、X_{18} 对顶事件影响最大，其次是基本事件 X_1、X_2、X_3、X_4、X_5、X_6、X_7、X_8、X_9，对顶事件影响最小的是基本事件 X_{15}、X_{16}。

3. 案例讨论

通过事故树最小径集可以看出控制油罐区火灾或爆炸关键在于两个方面，一方面是限制形成油气混合物，另一方面是控制火源。控制油气混合物应从卸

油、输油以及贮罐、管道漏油入手，控制火源应从控制明火、防静电、动火作业安全等方面入手。

由此可见，油罐区的防火防爆管理主要从6个方面展开。一是油罐区的选址、设计、施工、设备质量必须符合国家有关安全规定。定期对储罐、管道进行巡检巡查，定期核对进油量和出油量，判断有无渗漏。二是配管、呼吸阀、安全阀、阻火器、法兰跨接线、静电接地装置必须经常检查、维护，保持良好的工作状态。三是卸油、输油时必须做好现场监护，按照规程操作，防止冒油、溢油、跑油。四是加强火源管理，杜绝火种，严禁闲杂人员入内。五是动火作业前，须对储油罐、输油管线等进行彻底清洗、置换、检测，先确认安全后，获得许可，再进行动火作业。六是企业安全管理部门定期对上述相关措施进行不定期检查。

五、故障类型和影响分析法

（一）故障类型和影响分析概述

1. 概念

故障类型和影响分析是对系统各组成部分、元件进行风险分析的重要方法。系统的子系统或元件在运行过程中往往可能发生不同类型的故障。例如，电气开关可能发生接触不良或接点粘连等类型故障。评价人员依托大量的资料文件展开评价，针对不同类型的故障提出增加设备可靠性的建议，进而提出工艺安全对策。故障类型和影响分析具有3个显著的特点。一是从部件分析到故障，即分析过程是从原因到结果；二是侧重于建立上、下级的逻辑关系；三是对设备等硬件设施的分析能力较强。

2. 故障

故障一般指元件、子系统或系统在规定的运行时间和条件内，达不到设计规定功能的情况。系统、子系统或元件发生的每一种故障的形式称为故障类型。例如，一个阀门故障可以有四种故障类型：内漏、外漏、打不开、关不严。一般故障类型及原因如表3-13所示。

3. 故障类型分级

① 定性分级法。

定性分级法是按故障类型对子系统或系统影响的严重程度分为四级，如

表 3-14 所示。划分故障等级的主要目标是划分轻重缓急，按照先后顺序采取对策，提高系统的安全性。

表 3-13　一般故障类型及原因

故障类型		故障原因
运行过程中的故障	各类故障细分	
① 过早的启动； ② 规定时间内不能启动； ③ 规定时间内不能停车； ④ 运行能力降级、超量或受阻	① 构造方面故障、物理性咬紧、振动、不能正常打开关闭； ② 打开关闭时故障； ③ 内外部泄漏； ④ 高于允许偏差、低于允许偏差； ⑤ 反向动作、间歇动作、误动作、误指示； ⑥ 流向偏向一侧、传动不良、停不下来； ⑦ 不正常启动、不能切换、动作滞后； ⑧ 输入量过小过大、输出量过小过大； ⑨ 电路短路、电路开路； ⑩ 漏电、其他	① 设计上的缺陷； ② 制造上的缺陷； ③ 质量管理上缺陷； ④ 使用上的缺陷； ⑤ 维修上的缺陷

表 3-14　故障类型等级划分

故障等级	影响程度	可能造成的损失
Ⅰ	致命性	可造成死亡或系统毁坏
Ⅱ	严重性	可造成严重伤害、严重职业病或生理系统损坏
Ⅲ	临界性	可造成轻伤、轻职业病或次要系统损坏
Ⅳ	可忽略性	不会造成伤害和职业病，系统不会受到损坏

② 半定量等级划分法。

半定量的等级划分法是依据损失的严重程度、故障的影响范围、故障发生的频率、防止故障的难易程度和工艺设计情况确定的。在难以取得可靠性数据的情况下，可以采用评点法，它从几个方面来考虑故障对系统的影响程度，用一定点数表示影响程度的大小，计算故障等级。点数 C_i 可以通过专家座谈会讨论得出，也可以通过德尔菲法得出。

评点数计算公式为

$$C_S = \sqrt[i]{C_1 \cdot C_2 \cdot \cdots \cdot C_i} \tag{3-18}$$

式中 C_i：因素系数，$0<C_i<10$

Cs：总点数，$0<Cs<10$

③ 风险矩阵划分法。

通过召开专家座谈会，明确系统发生故障的可能性和可能引发的后果，也可以通过风险矩阵法进行计算风险等级。

4. 制表

故障类型和影响分析法的特点之一就是制表，便于统一编码、分类、查阅、保存。企业各部门根据实际情况编制不同的表格，但基本内容相似，如表 3-15 所示。

表 3-15　故障类型和影响分析法表格

<table>
<tr><td colspan="4">系统—子系统—组件</td><td colspan="6">故障类型和影响分析</td><td colspan="4">日期　　制表
主管　　审核</td></tr>
<tr><td colspan="4">分析项目</td><td rowspan="2">功能</td><td rowspan="2">故障类型及造成原因</td><td rowspan="2">任务阶段</td><td colspan="3">故障影响</td><td rowspan="2">故障检测方法</td><td rowspan="2">改正处理所需时间</td><td rowspan="2">故障等级</td><td rowspan="2">修改</td></tr>
<tr><td>名称</td><td>项目号</td><td>图纸号</td><td>框图号</td><td>组件</td><td>子系统</td><td>系统</td></tr>
<tr><td></td><td></td><td></td><td></td><td></td><td></td><td></td><td></td><td></td><td></td><td></td><td></td><td></td><td></td></tr>
</table>

（二）故障类型和影响分析步骤

使用故障类型和影响分析时，通常按照以下步骤进行分析。

1. 熟悉和掌握分析对象的系统、装置或设备

查找相关资料，从设计说明书等资料中了解系统的组成、任务等情况，划清对象系统、装置、设备与子系统、设备的界限，圈定所属的元素（设备、元件）。

2. 确定分析程度和水平

经过对系统的初步了解后，就会知道哪些子系统比较关键，哪些子系统相对次要。对关键的子系统可以分析得深一些，不重要的子系统可分析得浅一些，甚至可以不进行分析，如继电器、开关、阀门等。

3. 绘制系统图和可靠性框图

对于复杂系统，通过绘制各功能子系统相结合的系统图，可以明晰各子系统之间的关系；对于简单系统，可以用流程图代替系统图。系统员可以绘制可靠性框图，表示各元件是串联的或并联的以及输入、输出情况。

4. 列出所有故障类型并选出对系统有影响的故障类型

按照可靠性框图，结合相关事故资料，首先列举出所有的故障类型，填入故障类型和风险分析表格。然后从其中选出对子系统以致系统有影响的故障类型，深入分析其影响后果、故障等级及应采取的措施。

5. 列出造成故障的原因

对危险性特别大的故障类型，如故障等级为 I 级，可进一步深入分析。

（三）案例分析

1. 案例简介

2014 年 6 月 24 日，分宜海螺现场检查发现 1#窑筒体 30.4 米处出现约 0.95

米长裂纹，停窑后对裂纹处打止裂孔和 V 形坡口双面焊接处理，并委托专业厂家进行了检测合格。7 月 16 日，窑临停检修对焊缝检查发现原焊接处出现 0.4 米长裂纹，对窑筒体裂纹处打止裂孔和 V 形坡口双面焊接处理。8 月 5 日发现又出现两条裂纹，长度分别为 0.04 米和 0.07 米。8 月 6 日，因下雨裂纹有扩展，安排停机处理，除裂纹处焊接外，在原裂纹处焊接三块 B250mm×1200mm×42mm 钢板加固。针对窑筒体这一部件，分析其可能发生的故障类型及其影响。

2. 案例描述

用故障类型和影响分析法对分宜海螺的 1#窑筒体故障进行分析，在工艺过程中窑筒体出现了裂纹和裂纹扩展，该企业发现后立即采取了相应的补救措施，现根据 1#窑筒体已经出现或其他可能出现的故障类型进行分析，分析结果如表 3-16 所示。

表 3-16 窑筒体的故障类型和影响分析

故障类型	故障的影响	故障原因	故障的识别	校正措施
窑筒体出现轻微裂缝	窑筒体局部温度迅速升高	窑筒体 30.4 米处有挡砖圈，砖之间出现缝隙，热气流通过缝隙作用于窑筒体，产生裂隙	窑筒体温度仪表数上升，有漏气噪声	停机修理，加强维修保养，定期对窑筒体厚度及挡砖圈处进行检查
窑筒体出现较大裂缝	窑筒体温度迅速升高，粉料泄漏	窑筒体材质存在蠕变疲劳，连续焊接材质变脆，产生焊接裂隙	窑筒体温度仪表读数上升，有漏气噪声，巡回检查	停机修理，加强对筒体焊缝的定期检查，制造分厂要加强窑振动的监管和处理，优化操作工艺
窑筒体严重破裂	窑筒体温度升高，粉料泄漏，损伤人员设备	材料缺陷、受冲击等	窑筒体温度仪表读数上升，巡回检查	立即停机，制造分厂要加强工艺管理

六、作业危害分析法

（一）作业危害分析概述

作业危害分析又称作业安全分析或作业危害分解，是一种定性风险分析方法。实施作业危害分析，能够识别作业中潜在的危害，确定相应的工程措施，提供适当的个体防护装置，以防止事故发生，防止人员受到伤害。作业危害分析适用于工艺操作，设备设施检修等环节。

（二）作业危害分析步骤

作业危害分析主要是对作业活动的每项步骤进行分析，从而辨识潜在的危害因素，并制定安全措施。作业危害分析一般有以下 4 个步骤：确定（或选择）待分析的作业，将作业划分为一系列的步骤，辨识每项步骤的潜在危害，确定相应的预防措施。

根据实际操作经验，一项作业活动分解的步骤一般不超过 10 项。为了辨识危害因素，需要对作业活动做进一步的观察和分析。部分作业危害分析内容如表 3-17 所示。

表 3-17　部分作业危害分析内容

序号	危害因素
1	是否穿着个体防护服或佩戴个体防护器具
2	操作环境、设备、地槽、坑及危险的操作是否有有效的防护
3	维修设备时，是否对相互连通的设备采取了隔离
4	是否有能引起伤害的固定物体，如锋利的设备边缘
5	操作者能否触及机器部件或机器部件之间操作
6	操作者能否受到运动的机器部件或移动物料的伤害
7	操作者是否会处于失去平衡的状态
8	操作者是否管理着带有潜在危险的装置
9	操作者是否需要从事可能使头、脚受伤或被扭伤的活动（往复运动的危害）
10	操作者是否会被物体冲撞（或撞击）到机器或物体
11	操作者是否会跌倒
12	操作者是否会由于提升、拖拉物体或运送笨重物品而受到伤害
13	作业时是否有环境因素的危害——尘、化学物质、电焊弧光、热、高噪声

（三）案例分析

1. 场景描述

某公司粗甲醇储槽位于中间槽围堰内，该储槽西侧约 15 米处有另一个与之并联的粗甲醇储槽，北侧约 16 米处有两个精甲醇储槽。甲醇合成系统生产的粗甲醇，自粗甲醇储槽中上部入口管进入，自中下部出口管排出。工人将清洗粗甲醇储槽内底部石蜡等杂物。甲醇中间槽区位置如图 3-14 所示。

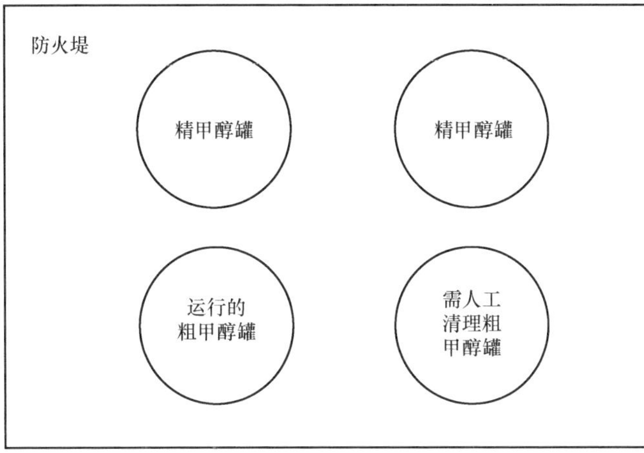

图 3-14 甲醇中间槽区位置

2. 涉及危化品危险性类别信息

① 甲醇——易燃液体，类别 2；

② 急性毒性——经口，类别 3*；

③ 急性毒性——经皮，类别 3*；

④ 急性毒性——吸入，类别 3*；

⑤ 特异性靶器官毒性——一次接触，类别 1。

3. 分析排查要求

通过工作危害分析法对甲醇中间槽受限空间作业进行安全风险分析和评估，并结合简图情况，确定其安全风险等级和改进建议措施，如表 3-18 所示。

表 3-18 受限空间作业安全风险评价分析记录表

单位： 作业活动：粗甲醇储槽内杂物清理 分析人： 日期：

序号	工作步骤	危害或潜在事件	主要后果	现有安全控制措施	可能性 L	严重程度 S	风险度 R	风险等级	建议改正整改措施
1	工艺处理合格	设备未清洗合格或有死角；未关闭联通阀门；积液未排放干净	人员中毒、腐蚀皮肤	按规程操作，利用手动分析及报警仪检测	1	5	5		实行停车安全确认表
2	采取隔离安全措施	阀门代替盲板；盲板加堵位置错误或不合格；甲醇液体泄漏	发生中毒等事故；环保事故	由设备所在单位技术员及以上人员进行编制隔绝安全措施及实施	1	3	3		—

续表

序号	工作步骤	危害或潜在事件	主要后果	现有安全控制措施	可能性 L	严重程度 S	风险度 R	风险等级	建议改正整改措施
3	打开人孔	通风不足；取样分析未做氧含量或氧含量在指标范围外	人员中毒、窒息	利用手动分析及报警仪检测；必要时加装送风装置	1	5	5		多次分析特殊情况；佩戴长管呼吸器
4	取样分析	取样不规范；分析结果不准确；取样点选择不当；取样人员未正确穿戴防护用品	人员受到伤害；人员中毒、爆炸着火	双人取样，严格穿戴防护用品，严格按照分析操作规程	2	3	6		同设备管道多部位多组数据对比
5	作业中有害因素辨识	辨识不够充分，有漏项；交叉作业	发生安全事故	由技术员带操作人员识别危害	1	3	3		—
6	制定作业安全措施	安全措施准备不到位，未按照规程进行	发生事故	由技术员及以上人员编写安全措施	1	3	3		—
7	安全防护措施确认	作业人员不佩戴护目镜、劳保等防护用品；监护人擅离职守；无救生绳；照明不符合安全电压要求或无照明；监护不到位	易发生中毒、窒息、火灾、爆炸、触电、腐蚀等伤害事故	由项目组安全员带领作业负责人现场确认，填写安全确认表；监护人签字确认	2	3	6		—
8	负责人签字	代签，漏签；未到现场进行确认	发生事故无人承担责任	安监部监督	1	3	3		—
9	受限空间作业	违反受限空间安全作业证内容；擅自更换作业内容或地点；擅自碰撞敲打管道设备	着火、爆炸、窒息、中毒；死亡、人工伤害	严格执行操作票	2	5	10		—
10	完工验收	未按要求工完料尽场地清；未到现场进行验收或未按照标准验收；未填完工验收意见	泄漏、中毒、影响开车	严格执行操作票	2	3	6		—

七、人员可靠性分析法

（一）人员可靠性分析法概述

人员可靠性分析法是以人因工程、系统工程、认知科学、概率统计、行为科学等诸多学科为理论基础，以分析、预测、预防与控制人的失误为目标，综合运用定性定量方法进行风险分析的一种新方法。

目前，人员可靠性分析法已经发展为多种分析方法，比较典型的有人为差错率预测法（THERP）、人误评估与减少技术(HEART)、人的认知可靠性模型（HCR）和成功似然指数法（SLIM），下面对这 4 种分析方法进行介绍。

（二）人为差错率预测法

人为差错率预测法是目前为止最系统的人员可靠性分析方法，该方法提出了 HRA 事件树和 BHEP 数据库，同时提出行为形成因子与人的实际失误概率紧密联系。人为差错率预测方法的理论基础是布尔代数模型，以简单的方程处理了设备变量、人员冗余、培训、作业紧张程度等因素带来的行为多样性。人为差错率预测方法在实际应用中分为四个步骤，一是收集系统资料，全方位熟悉系统；二是通过调查、问卷等方式，定性分析系统；三是按事件发展过程，对人因失误事件涉及所有人员的行为进行分析，并通过事件树确定失效途径后进行定量计算；四是进行应用分析。

（三）人误评估与减少技术

人误评估与减少技术由 Williams 于 1986 年提出，着重研究对人因可靠性有负面影响的因素（即差错诱发条件），并寻求能够降低人为差错概率的措施。假定一项给定任务中每个差错诱发条件独立影响行为的范围或程度能被量化，人误概率就可用这些差错诱发条件的乘积函数来计算。人误评估与减少技术将一般的任务按难度、时间要求等特性划分为 8 大类，对每一类的任务赋予名义人误概率。对一项要分析的任务，首先将它归类，选取名义概率值；然后辨识失误产生条件，用人误评估与减少技术提供的表格评估差错诱发条件的大小；最后按相关准则计算人误概率。

（四）人的认知可靠性模型

人的认知可靠性模型可以评价运行班组未能在有限的时间内完成动作的概率。人的认知可靠性模型在实际使用中需要注意 5 个方面。一是明确允许时间，选用人的认知可靠性模型的前提即认定人员动作与时间有关联，允许时间长短对最终结果影响很大，所以必须充分了解影响允许时间的因素并与相关专家和分析员进行讨论。二是明确行为类别，判定人员动作类别并决定 A、B、X 等参数的取值。三是明确一般执行时间，通过访谈或模拟，获得一般情况下运行人员对系统状况的反应情况；也可根据程序书判定一般执行时间。四是明确修正因子，根据 HCR 模型的行为形成因子和相关的系数确定操作经验、应激水平、人机界面这三个修正因子，再带入修正公式，得到较为符合实际的执行时间。五是将所得的允许时间、执行时间根据行为类别决定的参数，计算量化失误概率。

（五）成功似然指数法

成功似然指数法适用于人因失误数据十分缺少且人因失误受多种因素影响的情况，它是由专家进行集体评判的方法，而且定量化计算只能用于对人员的各种响应的绩效因子已知的情况。成功似然指数法在使用中包括 10 个步骤，一是对情景和任务的集合进行定义；二是 PSF 选定；三是对任务按 PSF 排序；四是理想点的确定便于换算；五是相关性的检查；六是赋权重值的过程；七是计算 SLI；八是把 SLI 换算成概率；九是不确定性边界的分析；十是分析成本与效益。

第三节　风险及事故损失预测

一、风险预测

（一）风险预测概述

风险预测的方法大致分为两类，一类是主观预测法（也叫系统安全工程法），主要是依托专家或安全评价人员的专业性，识别系统中存在的危险源、人的不安全行为、物的不安全状态及安全管理体系的缺陷等，或识别事故发生的因果关系，从而预测事故的发生；另一类是客观预测法（也叫数学模型预测法），主要以概率论和数理统计为基础，通过如时间序列预测、线性非线性回归模型、马尔可夫过程等模型对事故进行预测，如表 3-19 所示。

表 3-19 预测方法和适用特点对比

序号	预测方法	适用特点
1	安全隐患辨识预测法	适用范围广泛，但专业性较高，对辨识评价人员素质要求较高，对缺少过往历史数据或数据量较少的情形比较适用
2	时间序列预测法	适用于有大量历史数据，且较少外部偶发情况影响变化趋势的情形；优点是模型完全依赖于数据
3	回归预测法	适用于场景比较简单，有一定量历史数据支撑的情形
4	马尔可夫预测法	适用场景有限，预测结果分为多种状态结果及其发生的概率
5	专家系统预测法	非常有潜力的预测方法，但对知识的全面程度要求较高，对数据的依赖性较大

安全隐患辨识预测法是典型的主观预测法，应用范围较广，但对辨识评价人员的素质要求较高，且对多种因素耦合造成事故发生的预测能力有限。时间序列预测法和回归预测法是典型的客观预测法，在实际应用中受限于安全生产数据的复杂性和模糊性，使用范围有限。专家系统预测法通过大量的数据进行机器学习，提高事故预测的准确性，仅在特定场景下进行试验，应用潜力有待进一步开发。因此，部分专家学者尝试用新的视角和方法预测事故，以提高事故预测的准确性和可靠性。本书将运用成熟的大数据技术和方法，基于支持向量机建立数学模型，对事故进行预测。

（二）时间序列预测法

时间序列是指按时间先后顺序将某一指标数值排列形成的数列。日常生活中典型的时间序列如道路车流量随时间变化的数据、金融行业的股票价格、人民币汇率随时间变化的数据等，安全生产方面典型的时间序列如违章作业数随时间变化的数据、机械设备运行状态随时间变化的数据、有毒有害气体浓度随时间变化的数据、危险地质条件的监测数据等。对时间序列的分析，主要的目标是通过从历史数据中挖掘出数据变化的规律，并对其将来的数据进行估计。本书着重介绍时间序列分析中常用的模型——自回归滑动平均混合模型（ARMA）及其扩展——差分整合移动平均自回归模型（ARIMA）。

1. 基本概念

随机过程：定义随机变量序列 $\{Y_t: t=0,\pm1,\pm2,\pm3,\cdots\}$ 为一个随机过程，是时间序列建模的基础模型。

均值函数

$$\mu_t = E(Y_t), t = 0, \pm 1, \pm 2, \cdots \tag{3-19}$$

其中 μ_t 表示随机过程在 t 时的期望。

自协方差函数

$$\gamma_{t,s} = \mathrm{Cov}(Y_t, Y_s), t, s = 0, \pm 1, \pm 2, \cdots \tag{3-20}$$

$$\mathrm{Cov}(Y_t, Y_s) = E[(Y_t - \mu_t)(Y_s - \mu_s)] = E(Y_t Y_s) - \mu_t \mu_s \tag{3-21}$$

自相关函数（ACF）

$$\rho_{t,s} = \mathrm{Corr}(Y_t, Y_s), t, s = 0, \pm 1, \pm 2, \cdots \tag{3-22}$$

$$\mathrm{Corr}(Y_t, Y_s) = \frac{\mathrm{Cov}(Y_t, Y_s)}{\sqrt{\mathrm{Var}(Y_t)\mathrm{Var}(Y_s)}} = \frac{\gamma_{t,s}}{\sqrt{\gamma_{t,t}\gamma_{s,s}}} \tag{3-23}$$

$\rho_{t,s}$ 接近 ± 1 时，表明（线性）相关度强，接近 0 时，表明（线性）相关度弱，$\rho_{t,s} = 0$ 时，Y_t 和 Y_s 不相关。

随机游动：令 $e_1, e_2, \cdots$ 均值为 0，方差为 σ_e^2 的独立同分布的随机变量序列，观测时间序列 $\{Y_t : t = 1, 2, \cdots\}$ 构造为 $Y_t = Y_{t-1} + e_t$，该序列存在以下结论

$$\mu_t = 0$$

$$\mathrm{Var}(Y_t) = t\sigma_e^2$$

$$\gamma_{t,s} = \sum_{i=1}^{s}\sum_{j=1}^{t}\mathrm{Cov}(e_i, e_j) = t\sigma_e^2, \quad 1 \leqslant t \leqslant s$$

$$\rho_{t,s} = \frac{\gamma_{t,s}}{\sqrt{\gamma_{t,t}\gamma_{s,s}}} = \sqrt{\frac{t}{s}}, \quad 1 \leqslant t \leqslant s$$

滑动平均：假设观测时间序列 $\{Y_t : t = 1, 2, \cdots\}$ 构造为 $Y_t = \frac{e_t + e_{t-1}}{2}$，其中对 $\{e_t\}$ 的假设同随机游动，则该序列存在如下结论

$$\mu_t = 0$$

$$\mathrm{Var}(Y_t) = 0.5\sigma_e^2$$

$$\gamma_{t,s} = \begin{cases} 0.5\sigma_e^2 & |t-s| = 0 \\ 0.25\sigma_e^2 & |t-s| = 1 \\ 0 & |t-s| > 1 \end{cases}$$

$$\rho_{t,s}=\begin{cases}1 & |t-s|=0\\0.5 & |t-s|=1\\0 & |t-s|>1\end{cases}$$

平稳性：平稳性是对随机过程进行推断的假设。其含义是，决定过程特性的统计规律不随时间的变化而改变。其中，如果对一切时滞 k 和时点 $t_1,t_2,\cdots,t_n$ 都有 $Y_{t_1},Y_{t_2},\cdots,Y_{t_n}$ 与 $Y_{t_1-k},Y_{t_2-k},\cdots,Y_{t_n-k}$ 的联合分布相同，则称过程 $\{Y_t\}$ 为严平稳的。如果均值函数 μ_t 在所有时间点上恒为常数，且 $\gamma_{t,t-k}=\gamma_{0,k}$，对所有的时点 t 和时滞 k 均满足，则认为随机过程为若平衡的。

阶滑动平均过程：记 $Y_t=e_t-\theta_1 e_{t-1}-\theta_2 e_{t-2}-\cdots-\theta_q e_{t-q}$ 为 q 阶滑动平均过程，简称为 $\mathrm{MA}(q)$。

阶自回归过程：记 $Y_t=\phi_1 Y_{t-1}+\phi_2 Y_{t-2}+\cdots+\phi_p Y_{t-p}+e_t$ 为 p 阶自回归过程，简称 $\mathrm{AR}(p)$。其中，$Y_{t-1},Y_{t-2},\cdots,Y_{t-p}$ 代表 t 时刻的过去值，e_t 代表与过去信息无关的新信息。

自回归滑动平均混合模型：假定序列中部分是自回归，部分是滑动平均，将自回归过程（AR）和滑动平均过程（MA）合并，形成自回归滑动平均混合过程，记为 $\mathrm{ARMA}(p,q)$，其中 p,q 分别为自回归和滑动平均的阶数，表达式为

$$Y_t=\phi_1 Y_{t-1}+\phi_2 Y_{t-2}+\cdots+\phi_p Y_{t-p}+e_t-\theta_1 e_{t-1}-\theta_2 e_{t-2}-\cdots-\theta_q e_{t-q} \tag{3-24}$$

可逆性：对于 $\mathrm{MA}(q)$ 模型或 $\mathrm{ARMA}(p,q)$ 模型，定义 MA 特征多项式为

$$\theta(x)=1-\theta_1 x-\theta_2 x^2-\theta_3 x^3-\cdots-\theta_q x^q \tag{3-25}$$

和对应的 MA 特征方程

$$1-\theta_1 x-\theta_2 x^2-\theta_3 x^3-\cdots-\theta_q x^q=0 \tag{3-26}$$

当且仅当 MA 特征方程根的模大于 1 时，存在系数 π_j，使得

$$Y_t=\pi_1 Y_{t-1}+\pi_2 Y_{t-2}+\pi_3 Y_{t-3}+\cdots+e_t \tag{3-27}$$

则认为 $\mathrm{MA}(q)$ 是可逆的。

自回归滑动平均求和模型：如果一个时间序列 $\{Y_t\}$ 的 d 次差分 $W_t=\nabla^d Y_t$ 是一个平稳的 ARMA 过程，则称 $\{Y_t\}$ 为自回归滑动平均求和模型，如果 W_t 服从 $\mathrm{ARMA}(p,q)$ 模型，则 $\{Y_t\}$ 是 $\mathrm{ARIMA}(p,d,q)$ 过程。其中，一般计算过程中，$d=1,2$，即一阶差分或二阶差分。

考虑 $\mathrm{ARIMA}(p,1,q)$ 过程，一阶差分，即 $W_t=Y_t-Y_{t-1}$，则

$$W_t=\phi_1 W_{t-1}+\phi_2 W_{t-2}+\cdots+\phi_p W_{t-p}+e_t-\theta_1 e_{t-1}-\theta_2 e_{t-2}-\cdots-\theta_q e_{t-q} \tag{3-28}$$

转换为观测序列表示为

$$\begin{aligned}Y_t-Y_{t-1}=&\phi_1(Y_{t-1}-Y_{t-2})+\phi_2(Y_{t-2}-Y_{t-3})+\cdots+\phi_p(Y_{t-p}-Y_{t-p-1})\\&+e_t-\theta_1e_{t-1}-\theta_2e_{t-2}-\cdots-\theta_qe_{t-q}\end{aligned} \tag{3-29}$$

上式可改写为

$$\begin{aligned}Y_t=&(1+\phi_1)Y_{t-1}+(\phi_2-\phi_1)Y_{t-2}+(\phi_3-\phi_2)Y_{t-3}+\cdots+(\phi_p-\phi_{p-1})Y_{t-p}\\&-\phi_pY_{t-p-1}+e_t-\theta_1e_{t-1}-\theta_2e_{t-2}-\cdots-\theta_qe_{t-q}\end{aligned} \tag{3-30}$$

该公式成为模型的差分方程形式，可以看作 $\mathrm{ARMA}(p+1,q)$ 过程。其特征多项式为

$$\begin{aligned}&1-(1+\phi_1)x-(\phi_2-\phi_1)x^2-(\phi_3-\phi_2)x^3-\cdots-(\phi_p-\phi_{p-1})x^p+\phi_px^{p+1}\\&=(1-\phi_1x-\phi_2x^2-\cdots-\phi_px^p)(1-x)\end{aligned} \tag{3-31}$$

可见 $x=1$ 是特征方程的一个根，说明 $\mathrm{ARMA}(p+1,q)$ 是一个非平稳过程。

2\. 用 ARMA 模型和 ARIMA 模型进行预测

对于一般平稳 $\mathrm{ARMA}(p,q)$ 模型，其预测的差分方程形式为

$$\begin{aligned}\hat{Y}_t(l)=&\phi_1\hat{Y}_t(l-1)+\phi_2\hat{Y}_t(l-2)+\cdots+\phi_p\hat{Y}_t(l-p)+\theta_0-\theta_1E(e_{t+l-1}\mid Y_1,Y_2,\cdots,Y_t)\\&-\theta_2E(e_{t+l-2}\mid Y_1,Y_2,\cdots,Y_t)-\cdots-\theta_qE(e_{t+l-q}\mid Y_1,Y_2,\cdots,Y_t)\end{aligned} \tag{3-32}$$

其中，

$$E(e_{t+j}\mid Y_1,Y_2,\cdots,Y_t)=\begin{cases}0 & j>0\\ e_{t+j} & j\leqslant 0\end{cases}$$

对于非平稳模型 ARIMA 模型的预测，考虑 $\mathrm{ARIMA}(p,1,q)$ 过程，可以转换为非平稳过程 $\mathrm{ARMA}(p+1,q)$

$$\begin{aligned}Y_t=&\varphi_1Y_{t-1}+\varphi_2Y_{t-2}+\varphi_3Y_{t-3}+\cdots+\varphi_pY_{t-p}+\varphi_{p+1}Y_{t-p-1}\\&+e_t-\theta_1e_{t-1}-\theta_2e_{t-2}-\cdots-\theta_qe_{t-q}\end{aligned} \tag{3-33}$$

其中，

$$\left.\begin{aligned}&\varphi_1=1+\phi_1,\quad \varphi_j=\phi_j-\phi_{j-1},j=1,2,\cdots,p\\&\varphi_{p+1}=-\phi_p\end{aligned}\right\}$$

对于一般的差分阶数 d，则会有 $p+d$ 个 φ 系数。将上面的公式替换到一般平稳 $\mathrm{ARMA}(p,q)$ 模型的预测差分方程中，即可将其适用范围拓展到非平稳的情况。

预测模型的实际应用分为以下步骤。

① 模型定阶：检验平稳性，并选取适当的 p,d,q 值。

建立预测模型的第一步是通过对时间序列数据的评估，试别观测的时间序列是否平稳，如果非平稳，则需对时间序列数据选取合适的差分阶数 d，可能还需要配合其他时间序列平稳化的处理方法，将非平稳序列转化为平稳序列，同时，评估预测模型的阶数，即 p,q 的值。为此，引入偏自相关函数的概念。

偏自相关函数（PACF）：对于 $\mathrm{MA}(q)$ 模型，当滞后超过 q 时，自相关函数为 0，但 $\mathrm{AR}(p)$ 模型的自相关函数在一定滞后之后仍是逐渐衰减的，一次需要另外一个函数确定自回归模型的阶数，可以反映消除中间介入变量 $Y_{t-1},Y_{t-2},Y_{t-3},\cdots,Y_{t-k+1}$ 的影响后 Y_t 和 Y_{t-k} 的相关系数函数，称之为 k 阶滞后偏自相关函数，记为 ϕ_{kk}。此处直接给出 ϕ_{kk} 的递归求解方法

$$\phi_{kk}=\frac{\rho_k-\sum_{j=1}^{k-1}\phi_{k-1,j}\rho_{k-j}}{1-\sum_{j=1}^{k-1}\phi_{k-1,j}\rho_{k-j}} \tag{3-34}$$

其中，ρ_j 表示 j 阶自相关函数，$\phi_{k,j}$ 表示 k 个中间介入变量的 j 阶滞后偏自相关函数，$\phi_{k,j}=\phi_{k-1,j}-\phi_{kk}\phi_{k-1,j-j}$，$j=1,2,\cdots,k-1$。

上式中，用样本的自相关系数 r 代替 ρ 即为样本（估计）的偏自相关系数。

对平稳化处理后得到的平稳序列，计算其自 ACF 和 PACF 并绘制成图，通过对 ACF 图和 PACF 图的分析，得到合适的模型阶数 p,q。

② 参数估计：估计 $\mathrm{ARIMA}(p,d,q)$ 模型的参数 ϕ,θ,σ_e。

在确定模型的 p,d,q 值后，对模型的参数 ϕ,θ,σ_e 进行估计。$\mathrm{ARIMA}(p,d,q)$ 模型的参数估计方法主要有矩估计、最小二乘估计、极大似然估计法等。

③ 模型检验：残差分析和过度拟合分析。

残差分析：针对一般的 ARMA 模型，残差=实际值-预测值

$$\hat{e}_t=Y_t-\hat{Y}_t=Y_t-\hat{\pi}_1Y_{t-1}-\hat{\pi}_2Y_{t-2}-\hat{\pi}_3Y_{t-3}-\cdots \tag{3-35}$$

通过分析残差时序图的变化幅度和变化趋势，检测模型是否符合预期。

残差的正态性：通过分析残差的分位数-分位数图，检测残差是否符合正态性。

过度拟合：对比高阶模型和低阶模型，如果高阶模型额外的参数的估计不显著地不为 0，且二者共同的参数的估计没有显著的改变，则应采用低阶模型。

（三）回归预测法

回归预测法是相对于时间序列预测法通过挖掘时间序列数据内部的关联性进行预测的方法，回归分析是通过一个或多个输入变量与输出变量之间的关系进行预测的方法。按输入变量的个数，回归预测可分为一元线性回归预测和多元线性回归预测；按回归模型区分，回归预测可分为线性回归预测和非线性回归预测。下面分别介绍一元线性回归预测和多元线性回归预测的具体方法。

一元线性回归分析法的预测模型假设输入变量与输出变量之间符合线性关系

$$y_i = \hat{a}x_i + \hat{b} + \varepsilon_i, \quad i = 1,2,\cdots,n \tag{3-36}$$

其中，x_i, y_i 分别代表观测到的输入变量和输出变量的值，a,b 是模型参数，ε_i 为残差，n 为样本数量。则对参数 a,b 的参数估计为

$$\hat{a} = \overline{y} - \hat{b}\overline{x} \quad , \quad \hat{b} = \frac{\sum_{i=1}^{n}(x_i - \overline{x})(y_i - \overline{y})}{\sum_{i=1}^{n}(x_i - \overline{x})^2} = \frac{\sum_{i=1}^{n}x_i y_i - n\overline{xy}}{\sum_{i=1}^{n}x_i^2 - n\overline{x}^2} \tag{3-37}$$

其中，$\overline{x}, \overline{y}$ 分别为观测样本输入变量与输出变量的均值，这种回归方法被称为最小二乘法。

多元线性回归分析法的预测模型同样假设输入变量与输出变量之间符合线性关系，但输入变量有多个，即 $x_1, x_2, \cdots, x_m$，多元线性回归模型可表示为

$$y_i = \hat{\beta}_0 + \hat{\beta}_1 x_{1,i} + \hat{\beta}_2 x_{2,i} + \cdots + \hat{\beta}_m x_{m,i} + \varepsilon_i, \quad i = 1,2,\cdots,n \tag{3-38}$$

其中 $\beta_0, \beta_1, \beta_2, \cdots, \beta_n$ 为模型参数，n 表示样本数量。

（四）马尔可夫预测法

马尔可夫过程指事物的状态在转移时只与前一次有关，与其他的状态无关，是一种无后效性的状态转移过程。这种随机的离散的状态转移过程也称为马尔可夫链，通常用概率论等数学方法分析马尔可夫链的各种可能性大小，用来预测未来的状态。

记 $\{X(t), t \in T\}$，$X(t) \in S$ 是随机过程，其中 S 是状态空间，假设该随机过程的条件分布满足

$$\begin{aligned} & P\{X(t_n) \leqslant x_n | X(t_{n-1}) = x_{n-1}, \cdots, X(t_2) = x_2, X(t_1) = x_1\} \\ & \qquad = P\{X(t_n) \leqslant x_n \mid X(t_{n-1}) = x_{n-1}\} \end{aligned} \tag{3-39}$$

这个性质称为马尔可夫性，即当前时刻的状态只与上一时刻的状态相关，称为无后效性。满足该性质的随机过程称为马尔可夫过程。如果该马尔可夫过程是离散的，即 $T=\{0,1,2,\cdots,n\}$， $S=\{S_1,S_2,\cdots,S_m\}$ 则称该马尔可夫过程为马尔可夫链，同时也具有马尔可夫性

$$p(X_{t+1}\mid X_t,\cdots,X_1)=p(X_{t+1}\mid X_t) \tag{3-40}$$

由于 X_t 的取值在 $\{S_1,S_2,\cdots,S_m\}$ 之中，记 p_{ij} 为从当前时刻 t 的状态 S_i 转移至下一时刻 $t+1$ 的状态 S_j 的状态转移概率，则矩阵

$$\boldsymbol{P}=\begin{bmatrix} p_{11} & p_{12} & \cdots & p_{1m} \\ p_{21} & p_{22} & \cdots & p_{2m} \\ \vdots & \vdots & \vdots & \vdots \\ p_{m1} & p_{m2} & \cdots & p_{mm} \end{bmatrix} \tag{3-41}$$

称为一步状态概率转移矩阵。显而易见，该矩阵满足下面的性质

$$\begin{gathered} 0\leqslant p_{ij}\leqslant 1,\quad i,j=1,2,\cdots,m \\ \sum_{j=1}^{m}p_{ij}=1,\qquad i=1,2,\cdots,m \end{gathered} \tag{3-42}$$

实际进行预测的过程中，能够获取到的是与状态对应的观测序列，因此需要通过观测序列得到隐含的状态，再通过马尔可夫过程进行计算，这种模型称为隐性马尔可夫模型。

仍记 $S=\{S_1,S_2,\cdots,S_m\}$ 为状态集， O 为观测序列， $\boldsymbol{A}=[a_{ij}]$， $i,j=1,2,\cdots,m$ 为状态概率转移矩阵，其中 a_{ij} 表示状态由 i 到 j 的概率；$\boldsymbol{B}=[b_i]$， $i=1,2,\cdots,m$，表示在状态 i 时对应观测值输出的概率；记 π_i 为时序的初始状态为 i 的概率，记为 $\Pi=\{\pi_i\}$， $i=1,2,\cdots,m$，则隐性马尔可夫模型可以表示为 $\mu=\{S,\boldsymbol{A},\boldsymbol{B},\Pi\}$。则对于给定的隐性马尔可夫模型 μ，观测序列 O 和状态序列 S，则概率公式为

$$P(O,S\mid x)=\pi_{s_i}b_{s_i}(o_i)\prod_{i=2}^{m}a_{s_{i-1},s_i}b_{s_i}(o_i) \tag{3-43}$$

（五）专家系统预测法

专家系统预测法的主要思想是通过聚类预测、自然语言试别、神经网络等方法，模拟人类专家的思维模式，基于现有的知识和不断的自我学习形成针对事故的推理预测方法。专家系统以知识库为基础，知识库包含需要学习的领域内的各种信息，如危险源信息、厂区分布图、电气分布、机械原理和历史中发

生的安全事故或隐患等，再采用聚类预测、神经网络等机器学习算法不断进行训练，最终目标是做出准确的风险预测及科学的预防决策。

二、事故预测

（一）事故预测概述

1. 事故预测的分类

企业安全生产事故是随机事件，但是也有内在规律性。按照不同的划分标准可分为不同的类型，按照事故对象范围可分为宏观预测和微观预测；按照预测事件长短可分为长期预测、中期预测和短期预测；按照预测技术的性质可分为定性预测和定量预测。

2. 事故预测的基本原理

① 相关性原理。企业安全生产系统与各子系统之间、各单元之间存在密切的相关性，同时各子系统和各单元之间也存在密切的相关性。

② 类推性原理。同一行业的企业生产系统具有相同特征，可用类推性原理进行预测，类推的方法包括平衡推算、代替推算、因素推算、比例推算、概率推算等。

③ 惯性原理。企业的生产系统具有固有的危险有害因素，安全事故存在惯性，过去的生产行为不仅影响现在，也影响未来。

3. 事故预测程序

企业安全生产事故预测方法和预测程序均有差异，但是事故预测程序一般包括 8 个步骤，分别是确定事故预测目标，收集、整理和分析资料，选择预测方法，建立预测模型，模型可靠性检验，实际预测，分析预测误差，改进预测模型。

（二）事故预测方法

1. 德尔菲法

德尔菲法是通过专家的知识和经验对企业安全生产事故进行研究和分析预测，同时对专家意见进行统计分析，经过几轮迭代循环，促进分散的意见逐渐收敛的一种方法，常用于中长期事故预测。德尔菲法具有匿名性、反馈性、收敛性等特点。

2. 交叉概率法

1968 年，海沃德和戈尔登在德尔菲法和主观概率法的基础上，提出了交叉概率法，通过主观估计每种安全生产事故在未来发生的概率，以及各种安全生产事件相互影响的概率，对事故发展进行预测。交叉概率法在使用过程中分为 5 个步骤，一是确定各安全生产事件之前的相互管理；二是专家调查并评价各相关事件之间相互影响的程度；三是计算某事件发生时对其他事件发生概率的影响；四是分析其他事件对该事件的影响；五是确定修正后的主观概率。

3. 类推法

事物发展过程中既有个性，也有共性。通过分析具有共性的先发事故，预测后发事故发生的概率。类推法主要包括随机类推和形式类推，随机类推是直观的类推法，比较简单；形式类推是指发现两个安全事件具有相似之处时，应全面梳理相似性，进而较为准确地预测事故。类推法运用程序有 4 个步骤，一是选择先发事件；二是依据时间顺序统计分析先发事件的数据，梳理先发事件的发展规律、关键特征、绘制发展趋势；三是分析先发事件和后发事件之间的相似性，并判断是否可进行类推；四是根据先发事件的发展规律预测后发事件的发展趋势。

4. 滑动平均法

一般而言，企业安全生产系统未来的状况和近期的状况有关，通过采用与预测期相邻的几个时期数据的平均值，随着预测期向前滑动，相邻的几个数据的平均值也向前滑动作为滑动预测值。实际应用中，距离预测期较近的数据和较远的数据，发挥的作用不一样，通过加入权重可以有效避免这一现象。

（三）案例分析

相同行业的安全生产事故具有共同特征，下面以化工厂发生泄漏事故为例进行分析。

1. 化工泄漏的主要设备

化工泄漏的设备主要包括管道装置、挠性连接器、过滤器、阀、压力容器或反应器、泵、压缩机、储罐、加压或冷冻气体容器、火炬燃烧装置或放散管等。

① 管道装置主要包括管道、法兰和接头等。

② 挠性连接器主要包括管道、波纹管和铰接器等。

③ 过滤器由本体、管道、滤网等组成。

④ 阀的典型泄漏主要为阀壳体泄漏、阀盖泄漏和阀杆损坏泄漏。

⑤ 压力容器或反应器主要包括化工生产中常用的分离器、气体洗涤器、反

应釜、热交换器、各种罐和容器等。

⑥ 泵的典型泄漏情况为泵体损坏泄漏和密封压盖处泄漏。

⑦ 压缩机主要包括离心式、轴流式和往复式压缩机等。

⑧ 储罐是指露天储存危险物质的容器或压力容器，包括与其相连接的管道和辅助设备。

⑨ 加压或冷冻气体容器主要包括露天或埋地放置的储存器、压力容器或运输槽车等。

⑩ 火炬燃烧器或放散管主要包括燃烧装置、放散管、多通接头、气体洗涤器和分离罐等。

2. 泄漏形式

化工企业一旦出现泄露，其后果不但与物质的数量、易燃易爆性、反应性、毒性有关，而且与泄漏物质的相态、压力、温度等状态有关。这些状态可有多种不同的结合，在后果分析中，常见的可能结合为常压气体、加压液化气体、低温液化气体、加压气体 4 种。

3. 泄漏后果

① 燃烧爆炸。

可燃气体泄漏后与空气混合达到燃烧极限时，遇到引火源就会发生燃烧或爆炸。根据燃烧的时间不同分为立即起火和滞后起火，立即起火是指可燃气体从容器中往外泄出时就被点燃，发生扩散燃烧，它能迅速地危及泄漏现场，但很少会影响到厂区的外部；滞后起火是指可燃气体从容器中往外泄出后与空气混合形成可燃蒸汽云团，并随风飘移，遇火源发生燃烧或爆炸，能引起较大范围的破坏。

② 中毒。

有毒气体泄漏后形成云团在空气中扩散，影响范围大。

③ 池火灾。

一般情况下，泄漏的液体在空气中蒸发而生成气体，泄漏后果与液体的性质和储存条件有关。常温常压下液体泄漏后将聚集在防液堤内或地势低洼处形成液池，液体由于池表面风的对流而缓慢蒸发，若遇引火源就会发生池火灾。加压液化气体泄漏时将瞬时蒸发，剩下的液体将形成一个液池，吸收周围的热量继续蒸发。有些泄漏物可能在泄漏过程中全部蒸发。低温液体泄漏时将形成液池，吸收周围热量后蒸发，蒸发量低于加压液化气体的泄漏量，高于常温常压下液体的泄漏量。

三、损失预测

（一）事故损失的分类

事故损失指意外事件造成的生命与健康的丧失、物质或财产的毁坏、时间的损失、环境的破坏等。分析预测事故对社会经济和企业生产的影响，是安全管理的重要依据之一。事故损失的分类方法主要有以下 5 种。

1. 按损失与事故的关系分类

按损失与事故的关系分为直接损失和间接损失两类。美国安全专家海因里希和我国的国家标准《企业职工伤亡事故经济损失统计标准》（GB 6721— 1986）都采用了这种分类方法，但其分类的口径有所差异。

2. 按损失的经济特征分类

按损失的经济特征分类，可分为经济损失和非经济损失。经济损失指可直接用货币测算的损失，非经济损失指不可直接用货币进行计量，只能通过其他方法测算的损失。

3. 按损失与事故的关系和经济特征分类

按损失与事故的关系和经济特征进行综合分类为事故直接经济损失、事故间接经济损失、事故直接非经济损失、事故间接非经济损失四种。事故直接经济损失指可用货币直接测算且与事故直接联系的损失；事故间接经济损失指可用货币直接测算且与事故事件间接相联系的的损失；事故直接非经济损失指不可用货币直接测算的且与事故直接联系的损失；事故间接非经济损失指不可用货币直接测算且与事故事件间接联系的损失。

4. 按损失的承担者分类

按事故损失的承担者类型，可分为个人损失、企业损失和国家损失。

5. 按损失的时间特性分类

按事故损失的时间特性划分为当时损失、事后损失和未来损失。当时损失是指事故当时造成损失；事后损失是指事故发生后随即伴随的损失；未来损失是指事故发生一段时间后才能显现出来的损失。

（二）企业事故经济损失的估算方法

企业事故经济损失是指企业在某特定期间内因事故导致的全部损失费用。企业事故经济损失的估算方法主要有以下 4 种。

1. 逐个费用相加法

将事故引发的每一项损失单独进行测算，全部相加即为总费用。

2. 直接比例系数法

把一起事故的损失划分为两类，由公司申请、保险公司支付的金额划为直接损失，把除此之外的财产损失和因停工使公司受到损失的部分作为间接损失。直接损失根据报销费用可以得出，按照直接损失与间接损失的比例可计算出总体损失。直接损失与间接损失的比例为 1∶1.2～1∶2。

① 直接费用的影响因素主要是工伤保险制度。

② 间接费用的影响因素包括行业危险性、工作程序的合理性和预防措施的完善程度、失业率的大小、经济状况、发生物质损失的可能性等。

③ 同时影响直接费用和间接费用的因素包括事故的严重程度、安全管理水平和对受伤害者的关切程度等。安全管理水平影响事故发生率，而对伤害者的关切程度会导致自愿或被迫付给受伤害者及其家庭的补偿费用的不同。

3. 分级平均费用估算法

首先，将职业伤害事故按程度分为不同的几级，无伤害事故单列一级。其次，通过小规模试验求出各级事故的平均间接费用，乘以各级事故的发生次数，然后把各级费用相加求出总间接费用，再加上直接费用和未予分级的死亡事故、永久性全部丧失劳动能力事故的间接费用，就是企业事故经济损失总费用。分级计算有两个方面的优点，一是能提供有价值的风险预防信息，二是能计算出接近总费用的近似值。

4. 基于事故数据分类估算法

我国一些专家学者通过分析大量的事故案例，提出了基于事故数据的分类算法。具体过程如下：

① 分析近几年企业生产系统在稳定状态下发生事故的真实数据，分类计算每起事故的具体损失。

② 分类计算较常出现或隔一段时间出现同样或类似事故的损失。

③ 全面分析死亡事故和永久性丧失劳动能力的事故。把这类事故损失分为两部分进行计算，一部分是永久丧失劳动能力者因劳动能力降低和所需补偿的费用，另一部分是固定期限内发生的费用，两者相加计算平均值，即为年度平均费用。

④ 计算缺工 3 天以上的职业伤害事故、轻微伤害事故、财产损失事故等。这类事故损失也分为两部分计算，一部分是不常出现的事故，将每个事故的费

用相加，再计算年平均值；另一部分是较常出现或每隔一段时间又会出现的事故，根据计算的结果确定平均每个案例的费用。

⑤ 计算近几年的排污费用、因事故导致的设备修理费用及交通事故导致的赔款、罚款和修理费用，并计算年度平均费用。

⑥ 将过程③、④、⑤中的平均年度费用相加，即得出企业平均年度事故费用。

第四节　大数据在安全生产预测中的应用探讨

一、大数据的基本概念

自人类结绳记事以来，就开始了用数据处理日常生活中的事情。近年来，随着信息化和网络化的迅猛发展，全球数据量出现了爆炸式的增长，兴起了大数据技术、大数据应用等热点课题。本节将从大数据的定义、大数据的特点、大数据的思维方式等方面展开分析。

（一）大数据的定义

大数据是 2011 年才提出的名词，至今没有一个统一的概念。IDC 将大数据定义为：大数据由两种以上的数据形式组成；大数据必须是高速、实时的数据量，且数据量超过 100TB；如果数据量不大，那么年增长数据量必须大于 60%[92]。这个定义量化了大数据的标准，但是只强调了数据量大、增长速度快，并不能代表全部大数据的定义。例如，不相关的海量数据、不准确的数据则不是大数据。目前，有人用大数据的特点定义大数据[93]。

（二）大数据的特点

大数据的特点有 4 个，分别为数据量巨大，数据种类多，数据处理速度快，数据的价值密度低、有别于传统海量数据。大数据的 4 个特点缺一不可，大数据的量大、复杂、低价值密度决定了其处理速度必须非常快才能从中找出有价值的数据信息。

（三）大数据的思维方式

目前，大数据在电商和金融领域有了成功的应用，综合分析大数据的经典成功案例，从中可以发现大数据的思维方式对案例的成功至关重要[94]。大数据的思维方式大致可以分为三点：第一，数据来源越来越广泛，内容越来越丰富；第二，数据分析不仅包括微观数据的抽样分析，还包括宏观数据的整体分析；第三，数据分析不仅包括简单的线性分析，还包括复杂的非线性关系、模糊关系等。

二、大数据在安全管理中的应用

目前，国内企业正处在数字化转型升级的过程中，大数据不仅在生产技术升级中发挥重要作用，同时也为提升安全生产管理水平提供了强大助力。2020年6月9日，工业和信息化部发布了《工业和信息化部关于进一步加强工业行业安全生产管理的指导意见》，其中多个要点强调了要重视物联网、大数据、人工智能等技术在安全生产管理方面的应用，以此进一步提升企业的本质安全化水平。

要点一：通过技术改造促进企业提升本质安全化水平。将安全技术改造作为重要内容纳入工业企业技术改造支持范围，更好地引导投资方向。鼓励企业落实主体责任，加大安全技术改造投入，采用先进的工艺及装备，降低安全风险，消除事故隐患。推动互联网、大数据、物联网、人工智能等技术在安全生产领域广泛应用，用智能化、信息化手段提升企业本质安全水平及工控安全、数据安全管理能力。

要点二：利用搬迁改造推动化工企业转型升级。充分发挥发展规划和产业政策的引导作用，鼓励搬迁改造同兼并重组、转型升级等有机结合，提升企业核心竞争力。鼓励搬迁改造企业运用先进适用技术改造提升传统产业，对重点监管的高风险化学品、危险化工工艺和装备实施替代或低危化改造。鼓励企业建设数字化车间、智能化工厂，提升本质安全和污染治理水平，为企业转型升级赋能。

要点三：加强安全（应急）关键技术研发。按照《国务院办公厅关于加快应急产业发展的意见》（国办发〔2014〕63 号）及《工业和信息化部 应急管理部 财政部 科技部关于加快安全产业发展的指导意见》（工信部联安全〔2018〕111 号）要求，结合本地产业发展实际，把安全（应急）产业作为战略性产业优先扶持发展。聚焦自然灾害、事故灾难、公共卫生、社会安全四类突发事件预防和应急处置需求，鼓励企业研发先进、急需的安全（应急）技术、产品和服务，引导社会资源积极参与科研成果转化与产业化进程，增强科技对风险隐患源头治理的支撑能力。

要点四：提升安全（应急）产品供给能力。贯彻落实党中央关于引导企业集聚发展安全产业的部署，依托具有发展基础的各类产业集聚区等，规划建设一批国家安全（应急）产业示范基地（园区），支持发展特色鲜明的安全（应急）产品和服务，提升安全（应急）产品供给能力。引导企业瞄准重点行业领域安全保障需求和应急物资保障需求，加强相关产品研发和供给。充分利用国家安全（应急）产业大数据平台公共服务功能，为园区招商引资、政府采购、供需对接提供信息共享服务。

要点五：加快先进安全（应急）装备推广应用。面向交通运输、矿山开采、工程施工、危险品生产、应急救援和城市安全等重点行业领域，组织实施安全（应急）装备应用试点示范工程。鼓励有条件的地方开展区域（省、市、县）级示范工程，推动一批“制造+服务”新模式应用，构建企业、用户、金融保险机构等各类市场主体多方共赢的生态体系。

要点六：加快完善安全生产监管工作体系。有关地方工业和信息化主管部门要结合本地区实际，健全民用飞机、民用船舶制造业安全生产监督管理机构，明确工作职责并配备工作人员。完善安全生产监管规章制度和标准体系，使相关监管工作有法可依、有章可循。加强监管执法人员培训，依法依规开展安全生产监管执法工作。健全生产安全事故信息报送制度，及时准确报告信息。

根据企业安全管理的需求，对企业日常产生的大数据进行筛选、治理后，主要为安全管理提供 4 个级别的应用，如图 3-15 所示。第一，大数据的初级应用，对企业存在的各种危险因素进行统计；第二，大数据的中级应用，对生产过程中产生的各种数据进行分析；第三，大数据的中高级应用，根据生产过程中产生的数据对事故发生类型、时间、地点、任务等进行预测；第四，高级应用，根据生产过程中数据的分析、预测等为企业的安全管理提供辅助决策。

通过对企业大数据的统计和简单的分析可以制作生产过程中的数据地图，直观反映出一段时间内各个区域的安全隐患数量；寻找生产过程中安全隐患的空间分布规律、具体地点的安全隐患随着时间变化的发展规律等。企业可以据此在安全隐患发展成事故前，采取有效措施将其控制或消除。

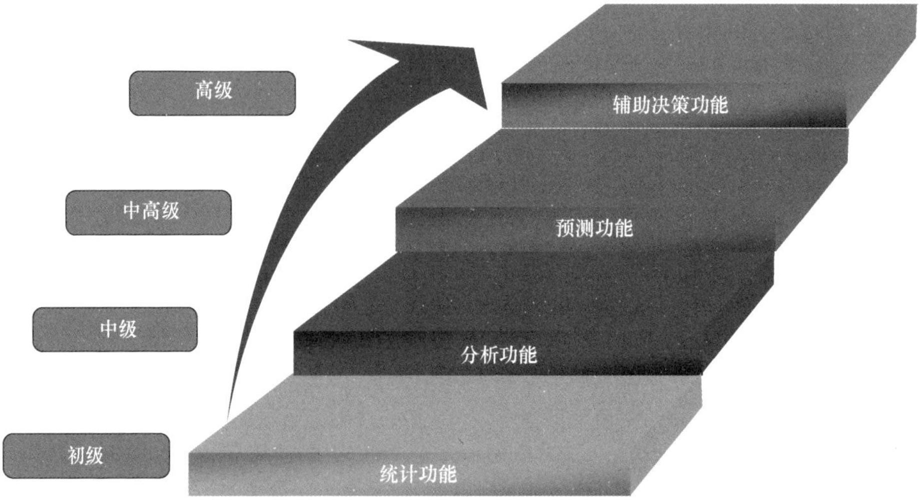

图 3-15　大数据在企业安全管理中的应用功能

三、大数据预测生产事故的模型

企业安全生产大数据对事故预测可以使管理者提前采取预防措施，减少事故发生的概率或降低事故造成的损失。接下来，将运用支持向量机构建数学模型，对企业安全生产数据进行预测。

（一）支持向量机

支持向量机（SVM）是在 Vapnik 创建的统计学习理论（STL）基础上发展而来的一种新的机器学习方法。统计学习理论依据结构风险最小化（SRM）准则，同时保证了样本点误差与结构风险的最小化，使模型具有广泛的适用条件，消除了数据维数的制约。通过高维空间变换，将非线性分类问题转化为高维空间的线性分类问题。相比于传统的神经网络算法，SVM 的优点主要有：

一是针对小样本问题而提出的处理方法，SVM 对小样本问题可以获得最优解。

二是相比于传统神经网络算法可能会出现局部最优解的问题，SVM 算法将非线性分类问题转化为二次规划问题，从而在理论上可以得到全局最优解。

三是相比于传统的神经网络算法需要多次调整才能确定神经网络结构的问题，SVM 的拓扑结构由支持向量决定，规避了这样的问题。

四是 SVM 算法同时保证了样本点误差与结构风险的最小化，使模型具有广泛的适用条件，消除了数据维数的制约。

前面章节的分析可以得出，企业安全生产过程中的人、机、环、管各因素对安全生产状况的影响复杂，而大数据环境为全面深入分析企业安全生产情况、预测安全生产变化趋势提供了数据方面的基础性条件，支持向量机（SVM）等机器学习方法又提供了有效的技术手段。因此，在大数据背景下利用支持向量机数学模型对企业安全生产形势进行分析预测，可以有效提高管理层的安全决策能力。

（二）支持向量机的分类原理

支持向量机最初是研究线性可分问题而提出的，而线性不可分问题的解决需要以线性可分支持向量机为基础，因此先介绍线性可分支持向量机的分类原理，再介绍线性不可分支持向量机的分类原理。由于现实条件下企业安全生产形势需要逐级进行分类，不能简单地用安全和不安全来区分，是一个多分类线性不可分问题，所以在线性不可分支持向量机的分类原理基础上阐述多分类线性不可分支持向量机的分类原理。

1. 线性可分 SVM

假设大小为 l 的训练样本集 $\{(\vec{x}_i, y_i), i=1,2,\cdots,l\}$ 分为两个类别，对任意的 $\vec{x}_i$，若其属于第一个类别，则记 $y_i=1$；对于任意的 $\vec{x}_i$，若其属于第二个类别，则记 $y_i=-1$。

如果在高维空间中存在分类超平面

$$\vec{w}\cdot\vec{x}+\vec{b}=0 \tag{3-44}$$

且该超平面可将样本正确地分成两类，则称该样本集是线性可分样本集。即满足

$$\begin{cases}\vec{w}\cdot\vec{x}_i+\vec{b}\geqslant 1, & y_i=1\\ \vec{w}\cdot\vec{x}_i+\vec{b}\leqslant -1, & y_i=-1\end{cases},\quad i=1,2,\cdots,l \tag{3-45}$$

定义样本点 $\vec{x}_i$ 到公式（3-39）所指的分类超平面的间隔为

$$\varepsilon_i=y_i(\vec{w}\cdot\vec{x}_i+\vec{b})=\left|\vec{w}\cdot\vec{x}_i+\vec{b}\right| \tag{3-46}$$

对式（3-46）中的 $\vec{w}$ 和 $\vec{b}$ 进行归一化处理，用 $\frac{\vec{w}}{\|\vec{w}\|}$ 和 $\frac{\vec{b}}{\|\vec{w}\|}$ 分别替换 $\vec{w}$ 和 $\vec{b}$，定义归一化后的间隔为几何间隔

$$\delta_i = \frac{\vec{w} \cdot \vec{x}_i + \vec{b}}{\|\vec{w}\|} \tag{3-47}$$

同时，将一个样本集中所有样本点到分类超平面的最近的距离为此样本集与分类超平面最近的几何间隔，即

$$\delta = \min \delta_i, \quad i = 1,2,\cdots,l \tag{3-48}$$

定义样本的误分次数 N 与 δ 的关系为

$$N \leqslant \left(\frac{2R}{\delta}\right)^2 \tag{3-49}$$

其中，$R = \max\|x\|_i$，$i = 1,2,\cdots,l$，为样本集中向量长度的最大值。

由式（3-49）可知，N 的上限与 δ 有关，随着 δ 的增大，N 是减小的。因此，在满足式（3-45）条件的多个分类超平面中存在着一个最优分类面，该最优分类超平面的 δ 最大。

如果分类超平面的间隔 $\varepsilon_i = \left|\vec{w} \cdot \vec{x}_i + \vec{b}\right| = 1$，可以计算出两类样本点间的距离为 $2\frac{\left|\vec{w} \cdot \vec{x}_i + \vec{b}\right|}{\|\vec{w}\|} = \frac{2}{\|\vec{w}\|}$。因此，如图 3-16 所示，支持向量机算法的工作就是寻找满足式（3-45）的约束下的最优分类超平面，使得 $\frac{2}{\|\vec{w}\|}$ 最大，即使 $\frac{\|\vec{w}\|^2}{2}$ 最小。该目标可以用式（3-50）表示

$$\begin{cases} \min \dfrac{\|\vec{w}\|^2}{2} \\ \text{s.t.} \quad y_i(\vec{w} \cdot \vec{x}_i + \vec{b}) \geqslant 1, \qquad i = 1,2,\cdots,l \end{cases} \tag{3-50}$$

该问题可以通过求解 Lagrange 函数的鞍点得到，即

$$\varPhi(\vec{w},\vec{b},\alpha_i) = \frac{1}{2}\|\vec{w}\|^2 - \sum_{i=1}^{l}\alpha_i[y_i(\vec{w} \cdot \vec{x}_i + \vec{b}) - 1] \tag{3-51}$$

其中，$\alpha_i > 0, i = 1,2,\cdots,l$，为拉格朗日系数。

由于求解该问题比较复杂，不容易直接求解。依据拉格朗日对偶理论，该问题可以转化为对偶问题，则式（3-51）可以变为

$$\begin{cases} \max Q(\vec{\alpha}) = \displaystyle\sum_{i=1}^{l}\alpha_i - \frac{1}{2}\sum_{i=1}^{l}\sum_{j=1}^{l}\alpha_i\alpha_j y_i y_j (\vec{x}_i \cdot \vec{x}_j) \\ \text{s.t.} \quad \displaystyle\sum_{i=1}^{l}\alpha_i y_i = 0, \qquad \alpha_i \geqslant 0 \end{cases} \tag{3-52}$$

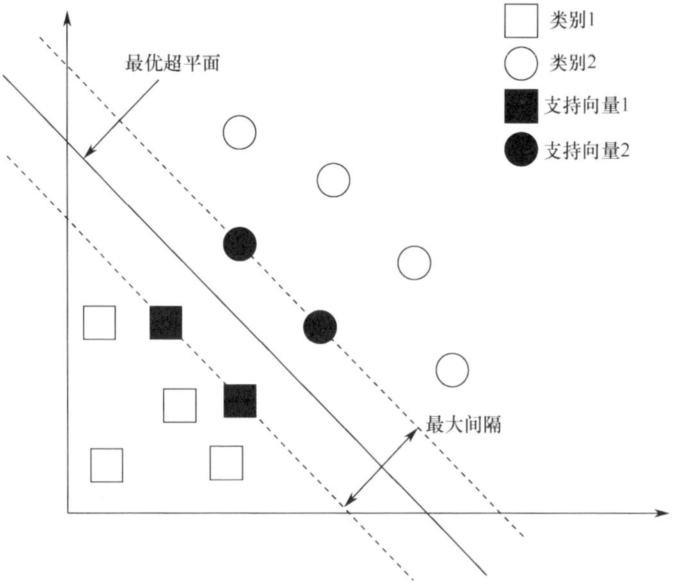

图 3-16 最优分类超平面示意图

采用二次规划问题解法进行求解，设存在一个最优解 $\vec{\alpha}^* = [\alpha_1^*, \alpha_2^*, \cdots, \alpha_l^*]^{\mathrm{T}}$，则 $\vec{w}^*$ 和 $\vec{b}^*$ 为

$$\begin{cases} \vec{w}^* = \sum_{i=1}^{l} \alpha_i^* \vec{x}_i y_i \\ \vec{b}^* = -\dfrac{1}{2} \vec{w}^* (\vec{x}_r + \vec{x}_s) \end{cases} \tag{3-53}$$

上式中，$\vec{x}_r$ 和 $\vec{x}_s$ 为任意的两个类别中的支持向量。

则最优分类函数是

$$f(\vec{x}) = \operatorname{sgn}\left[\sum_{i=1}^{l} \alpha_i^* y_i (\vec{x} \cdot \vec{x}_i) + \vec{b}^* \right] \tag{3-54}$$

需要注意的是，在绝大多数样本是线性可分的数据集中，会有可能出现少数几个异常点导致计算出错误的最优分类超平面的情况。为解决这种问题，引入松弛变量，并对式（3-50）中的目标函数及约束项进行修正，即

$$\begin{cases} \min \dfrac{\|\vec{w}\|^2}{2} + C \sum_{i=1}^{l} \xi_i \\ \text{s. t.} \quad \begin{cases} y_i (\vec{w} \cdot \vec{x}_i + \vec{b}) \geqslant 1 - \xi_i, \\ \xi_i > 0 \end{cases} \qquad i = 1, 2, \cdots, l \end{cases} \tag{3-55}$$

其中，C 为惩罚因子，引入惩罚因子的目的是实现在算法复杂度间与错分样本的比例之间找到折中的方案。式（3-55）的求解方法也是先转化为对偶问题，与式（3-51）求解方法一致，但约束条件变为

$$\begin{cases}\sum_{i=1}^{l}\alpha_i y_i = 0 \\ 0 \leqslant \alpha_i \leqslant C\end{cases}, \qquad i = 1, 2, \cdots, l \tag{3-56}$$

求解结果的形式与前面相同，此处不再列出。

2. 线性不可分 SVM

由于在实际情况下的问题一般是非线性问题，而上面所叙述的线性可分支持向量机的算法不适用于这样的问题。因此，需要对样本集进行非线性映射 $\boldsymbol{\Phi}: \mathbf{R}^d \to \boldsymbol{H}$，将原始空间映射到高维特征空间 $\boldsymbol{H}$ 中，转化为线性可分问题，再构造最优分类超平面，如图 3-17 所示。同时，在线性可分 SVM 中存在的少量异常点导致的求解出错的问题依然存在，因此也需要引入松弛变量来处理这样的问题。

求解对偶问题时，需计算样本点向量的点积，同理，对于线性不可分问题，也需要计算高维特征空间中的点积，这将使计算量变得巨大。依据 Vapnik 等人给出的方法，引入满足 Mercer 条件的核函数 $K(\vec{x}_i, \vec{x}_j)$ 来代替点积运算，即

$$K(\vec{x}_i, \vec{x}_j) = \Phi(\vec{x}_i)\Phi(\vec{x}_j) \tag{3-57}$$

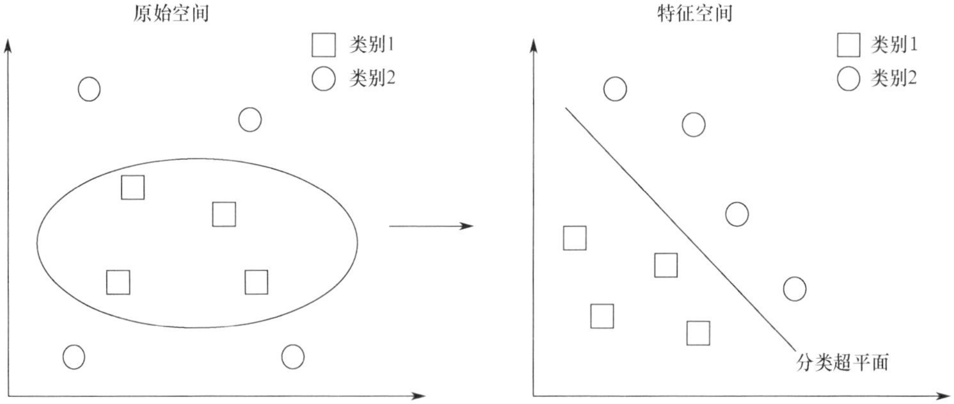

图 3-17　原始空间向高维特征空间映射

在样本集映射到高维特征空间后，求解过程转化为线性可分问题，只是为减少了计算量，以核函数取代了点积。

样本集映射到高维特征空间后，求解过程中的对偶问题转化为

$$\begin{cases} \max Q(\vec{\alpha}) = \sum_{i=1}^{l} \alpha_i - \frac{1}{2} \sum_{i=1}^{l} \sum_{j=1}^{l} \alpha_i \alpha_j y_i y_j K(\vec{x}_i, \vec{x}_j) \\ \text{s.t.} \begin{cases} \sum_{i=1}^{l} \alpha_i y_i = 0 \\ 0 \leqslant \alpha_i \leqslant C \end{cases}, \quad i = 1, 2, \cdots, l \end{cases} \tag{3-58}$$

设 $\vec{\alpha}^* = [\alpha_1^*, \alpha_2^*, \cdots, \alpha_l^*]^T$ 是 3-58）的解，则

$$\vec{w}^* = \sum_{i=1}^{l} \alpha_i^* y_i \varPhi(\vec{x}_i) \tag{3-59}$$

从而最终的最优分类函数为

$$\begin{aligned} f(\vec{x}) &= \operatorname{sgn}(\vec{w}^* \varPhi(\vec{x}_i) + \vec{b}^*) = \operatorname{sgn}\left(\sum_{i=1}^{l} \alpha_i^* y_i \varPhi(\vec{x}_i) \cdot \varPhi(\vec{x}) + \vec{b}^* \right) \\ &= \operatorname{sgn}\left(\sum_{i=1}^{l} \alpha_i^* y_i K\left(\vec{x}_i, \vec{x}\right) + \vec{b}^* \right) \end{aligned} \tag{3-60}$$

可以看出，解中只有部分不为 0，这些不为 0 的解的部分所对应的样本 $\vec{x}_i$ 就是支持向量，而决策边界仅由支持向量决定。

由式（3-58）也可以看出，支持向量机算法与神经网络算法的结构相差不大，输出函数是中间节点对应支持向量的核函数的线性组合，如图 3-18 所示。

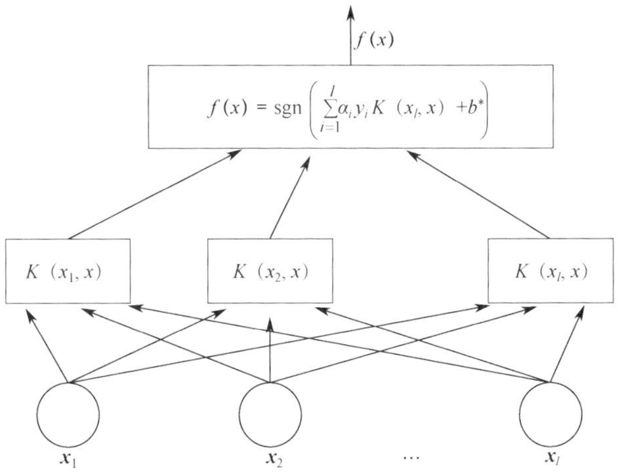

图 3-18 支持向量机算法的结构

3. 多分类线性不可分 SVM

上面叙述的线性可分问题和线性不可分问题的支持向量机算法可以处理二分类的问题，而不适用于处理多分类问题。为将支持向量机算法解决分类问题扩展到多分类问题，需要对原有算法进行拓展。目前的方法主要有两种，即直接法和间接法。直接法是从支持向量机算法的角度出发，直接修改线性规划问题的目标函数和限制条件，使得修改后的算法计算量极大，尤其是分类较多的情况下，而且异常点带来的影响也会增加。间接法的基本思想是将多分类问题转化为多个二分类问题进行求解，目前的主要算法有 1-1 分类和 1-N 分类两种。

设数据集分为 K 类，则 1-1 分类的基本思想是在训练样本中找出所有可能分类与其他分类组成二分类问题，再利用二分类支持向量机算法进行求解，共构造 $\frac{K(K-1)}{2}$ 个二分类问题。

设数据集分为 K 个二分类，则 1-N 分类的基本思想是对第 $i(i=1,2,\cdots,K)$ 个二分类问题，记第 i 类训练样本的类别为+1，记其余训练样本的类别为−1。测试样本首先通过这 K 个二分类问题求解进行分类，然后根据求解得出类别的标号判断是否属于第 $i(i=1,2,\cdots,K)$ 个类别。

四、案例分析

（一）问题分析

由于企业安全生产涉及面广、管理难度大、危险性大、事故发生频率相对较高，是一个复杂的系统性问题，安全管理中人、机、环、管的因素之间是相互深度耦合的，在传统环境下通过数据分析很难得出企业安全生产的危险性等级。企业安全生产中的有害性因素总体上可以分成人、机、环、管四大类，而每个大类又可以细分为许多有害性因素，企业安全生产过程中产生的隐患、违章和事故通过仔细分析后可以发现都是由以上因素导致的，如图 3-19 所示。

大数据背景下，在深入分析、处理隐患、违章和事故数据，找出导致其发生的有害因素，通过支持向量机（SVM）建立基于有害性因素的企业安全生产危险性等级的判断模型，对其安全生产状况进行分级，为实现安全管理辅助决策提供依据。基于该模型，不仅可以从人、机、环、管四个方面判断宏观层次上的安全生产危险性等级，也可以针对某个方面，从细微观层次上判断该方面的危险性等级，由于篇幅所限，本书先建立基于支持向量机（SVM）的企业安全生产危险性等级的判断模型，再从人、机、环、管四个因素进行安全生产危险性等级的宏观判断，最后再以单个评价单元（油品储存及装卸设施单元）为例对“人”方面的危险性等级进行判断。

图 3-19 影响油气储运企业安全生产状况的危险性因素

（二）基于 SVM 的企业安全生产危险性等级的判断模型的建立

依据问题分析中的要求，利用 SVM 建立企业安全生产危险性等级的判断模型，大体可以分为以下几个步骤，如图 3-20 所示。

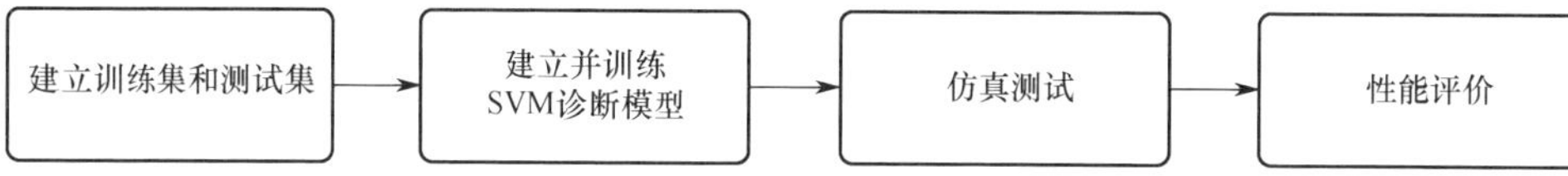

图 3-20　模型建立步骤

第一步，依据大数据环境下的企业隐患、违章和事故数据，划分企业安全生产的危险性等级，并找出导致隐患、违章和事故发生的有害性因素后，以有害性因素为输入条件、以安全生产等级为输出结果，建立训练集和测试集。训练集样本数不宜太少，且应该具有代表性。

第二步，依据多分类线性不可分问题的原理建立并训练一个支持向量机的诊断模型。如果数据间差别较大，要对数据进行归一化处理。根据不同核函数类型及参数对模型的泛化能力的影响，选择合适的核函数并给出参数。目前主要的核函数有 d 阶多项式核函数、线性核函数、RBF 核函数和 Sigmoid 核函数，本研究选用 RBF 核函数，并利用交叉验证方法选择较好的模型参数。

第三步，当 SVM 论断模型训练好后，输入测试集的类别和输入矩阵，便可以得到对应仿真测试的类别及正确率。

第四步，依据返回的正确率，对建立的 SVM 模型性能进行评价。若模型性能不理想，可以从以下 3 个方面进行调整：训练集的选择、核函数的选择及模型参数的取值，并在此基础上建立新的模型，指导模型的性能达到要求位置。

（三）企业宏观安全生产危险性等级的判断

通过对某油气储运企业从 2006 年 3 月底至 2008 年 12 月这一时间段日常生产过程中出现的违章情况进行搜集、筛选、统计、分类，并根据造成违章的危险性因素的不同将违章记录按照人、机、环、管四个类别进行划分，以 3 个月为一个时间段进行分类、归一化处理和汇总统计，并评价出每个时间段内该单位的危险性等级，如表 3-20 所示。

在表 3-20 中，危险性等级分为四级：安全（Ⅳ级）、危险（Ⅲ级）、较大危险（Ⅱ级）、严重危险（Ⅰ级）。在该段时间内，没有出现重大事故隐患和发生重特大事故。这一分类问题是多分类识别问题，可以采用基于一对一的算法进行求解。选取前 8 个时间段的数据作为训练样本，后 3 个时间段的数据作为测试样本，利用林智仁教授等开发的支持向量机工具箱 LIBSVM 进行求解，选取 RBF 函数作为核函数进行分类，设危险性等级为Ⅰ级时，输出为-1，Ⅱ级为 0，Ⅲ级为 1，进行分类的结果如表 3-21 所示。

表 3-20 某油气储运企业违章记录分类汇总表

时间段	人	机	环	管	危险性等级
2006/3/13—2006/6/12	0.0948	0.1136	0.0571	0.0564	Ⅰ
2006/6/13—2006/9/12	0.0973	0.1117	0.0381	0.0786	Ⅱ
2006/9/13—2006/12/12	0.1006	0.1248	0.0476	0.0743	Ⅱ
2006/12/13—2007/3/12	0.1002	0.0931	0.0667	0.0814	Ⅱ
2007/3/13—2007/6/12	0.1021	0.0838	0.1238	0.1085	Ⅲ
2007/6/13—2007/9/12	0.1071	0.1006	0.1429	0.1212	Ⅲ
2007/9/13—2007/12/12	0.0920	0.0745	0.0857	0.1008	Ⅱ
2007/12/13—2008/3/12	0.0814	0.0670	0.1048	0.0874	Ⅰ
2008/3/13—2008/6/12	0.0853	0.0633	0.1714	0.1054	Ⅱ
2008/6/13—2008/9/12	0.0806	0.1024	0.0952	0.1128	Ⅱ
2008/9/13—2008/12/12	0.0584	0.0652	0.0667	0.0733	Ⅰ

表 3-21 支持向量机分类测试结果

时间段	测试输出	实际结果
2008/3/13—2008/6/12	0	0
2008/6/13—2008/9/12	0	0
2008/9/13—2008/12/12	0	-1

由表 3-21 的结果可以看出，训练后支持向量机的分类准确率为 66.7%。结果表明，支持向量机可以通过对违章数据的分析对油气储运企业安全生产危险性等级做出正确预测，但由于训练样本数据比较相近，且测试样本数量较少，分类的准确率不是很高。因此，在测试样本数量提高以后，分类准确率会有提升，并且逐渐趋于稳定。

（四）企业中观层面的危险性等级判断

通过对某油气储运企业的油品储存及装卸设施单元从 2006 年 3 月底至 2008 年 12 月这段时间日常生产过程中出现的违章情况进行搜集、汇总，并根据造成违章的危险性因素的大小将违章记录按照人、机、环、管进行划分，以3个月为一个时间段进行分类和汇总统计，并计算出每个时间段内该单位的危险性等级，如表3-22所示。

表3-22 某油气储运企业油品储存及装卸设施单元违章记录分类汇总表

时间段	人	机	环	管	危险性等级
2006/3/13—2006/6/12	0.0906	0.1636	0.0000	0.0421	I
2006/6/13—2006/9/12	0.0809	0.1091	0.0000	0.0377	I
2006/9/13—2006/12/12	0.0922	0.1091	0.0000	0.0843	II
2006/12/13—2007/3/12	0.1036	0.1455	0.2500	0.0466	II
2007/3/13—2007/6/12	0.0825	0.0364	0.0000	0.1153	II
2007/6/13—2007/9/12	0.1084	0.0727	0.0000	0.1197	III
2007/9/13—2007/12/12	0.0987	0.1091	0.2500	0.1220	III
2007/12/13—2008/3/12	0.0841	0.0364	0.2500	0.0931	II
2008/3/13—2008/6/12	0.1019	0.0909	0.2500	0.1109	III
2008/6/13—2008/9/12	0.0809	0.0364	0.0000	0.1197	II
2008/9/13—2008/12/12	0.0761	0.0909	0.0000	0.1086	II

在表3-22中，危险性等级分为四级：安全（IV级）、危险（III级）、较大危险（II级）、严重危险（I级）。在该段时间内，该掘进工作面没有出现重大事故隐患和发生重特大事故。这一分类问题是多分类识别问题，可以采用基于一对一的算法进行求解。选取前8个时间段的数据作为训练样本，后3个时间段的数据作为测试样本，支持向量机工具箱LIBSVM的参数配置与上面相同，设危险性等级为I级时，输出为−1，II级为0，III级为1，进行分类的结果如表3-23所示。

表3-23 支持向量机分类测试结果

时间段	测试输出	实际结果
2008/3/13—2008/6/12	1	1
2008/6/13—2008/9/12	0	0
2008/9/13—2008/12/12	0	0

由表3-23的结果可以看出，训练后支持向量机的分类准确率为100%。结果表明，支持向量机可以通过对违章数据的分析对企业安全生产危险性等级做出正确预测，分类的准确率看起来达到了100%，一方面原因是支持向量机进行分类的准确度很高，另一方面原因是测试样本数量较少，无法体现出预测的正确率，预计当测试样本数量提高以后，分类准确率会下降一些，并趋于稳定。

第四章　风 险 评 价

第一节　风险评价概述

一、风险评价的概念

企业生产风险评价（又称安全评价），是指在风险识别和分析的基础上，综合考虑风险发生的概率、造成损失大小，以及其他因素，计算出系统发生风险的可能性及其危害程度，并与公认的安全标准进行比较，确定企业的风险等级，由此决定是否需要采取控制措施，以及控制到什么程度。风险识别和分析是风险评价的基础。只有在充分揭示企业所面临的各种风险和风险因素的基础上，才可能做出较为准确的风险评价。风险分析和风险评价的方法没有明确的界限，风险分析的方法可用于风险评价，风险评价的方法也可用于风险分析。

广义的风险评价内容包括对风险进行分析和评价，对风险危害性及其处置措施进行决策。风险评价过程是对风险进行界定和辨识得出风险清单，在此基础上运用概率论和数理统计的方法进行风险估算，进而明确生产风险等级，最后提出相应的风险处置措施。

二、风险评价方法分类

风险评价方法有上百种，每种评价方法都有其适用范围和应用条件，在进行风险评价时，应根据评价对象和要达到的评价目标，确定适用的风险评价方法。风险评价方法可以按照不同的标准进行分类，如按照评价结果的量化程度分类、按照评价的逻辑推理过程分类、按照评价对象分类、按照评价目标分类等。

1. 按照评价结果的量化程度分类

按照评价结果的量化程度，风险评价方法可分为定性风险评价方法和定量风险评价方法。定性风险评价方法主要是根据人的经验和直观判断能力，对生产系统的工艺、设备、设施、环境、人员和管理等方面的状况进行定性分析，评价的结果是一些定性的指标。例如，是否达到了某项安全指标、事故类别和导致事故发生的因素等。定性风险评价方法具有容易理解、便于掌握、评价过程简单等优点，在国内外企业安全管理工作中被广泛使用。

定量风险评价方法是运用基于大量实验结果和广泛事故统计资料分析而获得的指标或规律，对生产系统的工艺、设备、设施、环境、人员和管理等方面的状况进行定量的计算，评价的结果是一些定量的指标。例如，事故发生的概率、事故的伤害（或破坏）范围、定量的危险性、事故致因因素的事故关联度或重要度等。

定量风险评价方法还可以细分为概率风险评价法、伤害范围评价法和危险指数评价法。概率风险评价法是根据事故的基本致因因素的发生概率，应用数理统计中的概率分析方法，求取事故基本致因因素的关联度或整个评价系统的事故发生概率的安全评价方法。伤害范围评价法是根据事故的数学模型，应用计算数学方法，求取事故对人员的伤害范围或对物体的破坏范围的安全评价方法。危险指数评价法是应用系统的事故危险指数模型，根据系统及其物质、设备设施或工艺的基本性质和状态，采用推算的办法给出事故的可能损失、引起事故发生或使事故扩大的设备、事故的危险性以及采取安全措施有效性的安全评价方法。

2. 按照评价的逻辑推理过程分类

按照评价的逻辑推理过程，风险评价方法可分为归纳推理评价法和演绎推理评价法。归纳推理评价法是从最基本的危险有害因素开始，逐渐分析导致事故发生的直接因素，最终分析到可能的事故。演绎推理评价法从事故开始，推论导致事故发生的直接因素，再分析与直接因素相关的间接因素，最终分析和查找出致使事故发生的最基本的危险有害因素。

3. 按照评价对象分类

按照评价对象的不同，风险评价方法可分为人、机、环、管 4 类风险评价法，如人员失误率评价法、设备故障率评价法、物质系数评价法、系统危险性评价法、管理评分法等。

4. 按照评价目标分类

按照安全评价目标的不同，风险评价方法可分为事故致因因素评价法、危险性分级评价法和事故后果评价法。事故致因因素评价法是采用逻辑推理的方法，由事故推论最基本的危险有害因素或由最基本的危险有害因素推论事故的评价法。危险性分级评价法是通过定性或定量分析给出系统危险性的风险评价方法。事故后果评价法可以直接给出定量的事故后果，包括系统事故发生的概率、事故的伤害范围、系统危险性等。

三、风险评价方法选择

企业在进行生产风险评价时，首先，详细分析被评价的系统，包括系统的规模、组成、复杂程度、工艺类型、工艺过程、工艺参数以及原料、中间产品、产品、作业环境等因素。其次，明确安全评价要达到的目标，即通过安全评价需要给出什么样的安全评价结果，如查找引起事故的基本危险有害因素、由危险有害因素分析可能发生的事故、系统事故发生的可能性等。再次，明确被评价的系统能够提供的基础数据、工艺和其他资料。最后，根据风险评价要达到的目标以及所需的基础数据、工艺和其他资料，选择合适的风险评价方法。

选择风险评价方法时应遵循充分性、适应性、系统性、针对性和合理性原则。充分性原则是指在确定风险评价方法之前，应该充分了解评价系统，熟练掌握各种风险评价方法。适应性原则是指选择的风险评价方法应该适用于被评价的系统。系统性原则是指确定的风险评价方法与被评价的系统所能提供的安全评价初值和边值条件应形成一个体系化的整体。针对性原则是指所选择的风险评价方法应该能够提供所需的评价结果。合理性原则是指在满足安全评价目的、能够提供所需的安全评价结果的前提下，选择计算过程最简单、所需基础数据最少、数据最容易获取的安全评价方法。

四、风险评价程序

风险评价程序包括前期准备、风险辨识、风险分析、划分评价单元、定性定量评价、提出措施建议、编制评价报告等环节。前期准备是指明确评价对象和范围，收集国内外相关资料。风险辨识和风险分析是指根据评价系统的情况，辨识危险源和安全隐患，确定风险部位，梳理事故发生的链条。划分评价单元和定性定量评价是指在风险辨识和分析的基础上，合理划分评价单元，选择合适的评价方法，对系统发生事故的可能性和严重程度进行评价。提出措施建议是指在风险评价的基础上，有针对性地提出对策建议，控制危险源、消除安全隐患。编制评价报告是指在前期工作的基础上，形成完整的报告，以备参考和查验。

第二节　风险评价方法

一、作业条件危险性评价法

（一）作业条件危险性评价法（LEC）介绍

作业条件危险性评价法（LEC）是对具有潜在危险性的作业环境中的危险源进行半定量评价的安全评价方法，用于评价操作人员在具有潜在危险性的环境中作业时的危险性、危害性。作业条件危险性与三个因素有关，分别是事故发生的可能性（L）、人员暴露于危险环境的频繁程度（E）和事故可能造成的后果（C）。假设作业条件危险性大小用 D 表示，那么风险值 $D=L\times E\times C$（以下写为 $D=LEC$）。D 值越大，说明该系统危险性越大，越需要增加安全措施，控制或消除风险。事故发生的可能性（L）、人员暴露于危险环境中的频繁程度（E）和事故可能造成的后果（C）的取值严重影响作业条件危险性的大小。根据大量工业数据和科学实验，LEC 法中参数取值如表 4-1、表 4-2、表 4-3 和表 4-4 所示。

表 4-1　事故发生的可能性（L）的取值

<table>
<tr><th>事故可能性</th><th>现有风险控制措施</th><th>现有人员技能</th><th>偏差发生率</th><th>分值</th></tr>
<tr><td>完全可以预料</td><td>各类措施均不充分或根本无效</td><td>存在资质缺陷和技能缺陷</td><td>每次作业或每月发生</td><td>10</td></tr>
<tr><td rowspan="2">相当可能</td><td>技术和检测措施均无效，其他措施有效</td><td rowspan="2">存在资质缺陷和技能缺陷</td><td rowspan="2">每季度都有发生</td><td rowspan="2">6</td></tr>
<tr><td>工艺技术和检测性措施有一项无效，且其他控制措施不充分或有无效现象</td></tr>
<tr><td rowspan="3">可能，但不经常</td><td>工艺技术和检测性措施有一项无效，但其他控制措施充分有效</td><td rowspan="3">资质符合要求，存在技能不足现象</td><td rowspan="3">每年都有发生</td><td rowspan="3">3</td></tr>
<tr><td>工艺技术和检测性措施均无法设置，但其他控制措施充分有效</td></tr>
<tr><td>设置了工艺技术和检测性措施，且其他控制措施不充分或有无效现象</td></tr>
</table>

续表

事故可能性	现有风险控制措施	现有人员技能	偏差发生率	分值
可能性小，完全意外	设置了工艺技术和检测性措施且有效，但其他控制措施不充分或有无效现象 设置了工艺技术和检测性措施，但其他措施控制充分有效	资质符合要求，技能满足要求	从未发生或曾经发生但已有效治理	1
很不可能，可以设想	设置了工艺技术和检测性措施并有效，其他控制措施充分有效			0.5
极不可能	设置了工艺技术和检测性措施并有效，其他控制措施充分有效			0.2
实际不可能	设置了工艺技术和检测性措施并有效，其他控制措施充分有效			0.1

表 4-2 人员暴露于危险环境的频繁程度（E）的取值

人员暴露于危险环境的频繁程度	作业环境引发的事故和职业危害	人、机、环、管因素引发的突发性事故	分值
连续暴露	人员连续接触职业危害因素或其他不良环境	3 人以上暴露于危险环境	10
每天工作时间内暴露	人员当班接触职业危害因素或其他不良环境	2～3 人暴露于危险环境	6
每周一次，或偶然暴露	人员每天或每周接触几次职业危害因素或其他不良环境	仅可能伤害作业者个人	3
每月一次暴露			2
每年几次暴露	人员偶尔接触职业危害因素或其他不良环境	现场无人	1
非常罕见的暴露			0.5

表 4-3 事故可能造成后果（C）的取值

能量级别的风险严重性	可能导致事故的伤亡和损失情况	分值
重大	灾难。10 人以上死亡	100
重大	灾难。3～9 人死亡；特别重大火灾；严重职业病；直接经济损失巨大	40
大	非常严重。1～2 人死亡或多人重伤；较大火灾；职业病；直接经济损失严重	15
较大	严重。1 人重伤或多人轻伤；一般火灾；职业禁忌证；直接经济损失较大	7
一般	1 人轻伤；火险；对健康有影响；直接经济损失一般	3
较小	无人员伤亡和火灾；未遂事故或不构成轻伤的事件；无直接经济损失	1

表 4-4　危险性分值（D）

危险等级	危险程度	分值
五级	极其危险，不能继续作业	＞320
四级	高度危险，需立即整改	160～320
三级	显著危险，需要整改	70～160
二级	一般危险，需要注意	20～70
一级	稍有危险，可以接受	＜20

（二）案例分析

某企业运用作业条件危险性评价法对施工现场作业进行了评价，部分结果如表 4-5 所示。

表 4-5　某企业施工现场作业危险性评价表

序号	危险有害因素	可能导致的事故类型	控制措施建议	D=LEC				风险等级
				L	E	C	D	
1	搭设的脚手架不符合标准，使用过程中，可能出现垮塌	高空坠落	搭设/拆除脚手架的作业人员应持有效特种作业人员操作证。严格按照有关标准搭设脚手架。脚手架搭设完毕必须经验收合格方可投入使用，严禁使用未经验收合格的脚手架	10	1	15	150	一般风险
2	焊工以攀爬方式上下脚手架，攀爬过程中可能失手而坠落	高空坠落	上下脚手架，应使用搭设的走道或者使用经检查完好的便携式直梯。使用便携式直梯上下脚手架时，应当有人扶梯或者将直梯绑定在脚手架上。严禁以攀爬方式上下脚手架	3	2	15	90	一般风险
3	人员在脚手架无护栏的平台上作业时，可能发生坠落	高空坠落	应当按照有关标准搭设脚手架、铺设作业平台并在平台临边处设置扶手和护栏。验收脚手架时，同时验收作业平台。焊工在脚手架上必须佩戴经检查合格的安全带，作业时应将安全带可靠地挂在平台的扶手上。脚手架上有人作业时，地面必须设置监护人，防止其他人员进入脚手架下方	6	2	15	180	较大风险

续表

序号	危险有害因素	可能导致的事故类型	控制措施建议	D=LEC				风险等级
				L	*E*	*C*	*D*	
4	焊接火花飞溅、可能引燃下方的可燃物、易燃物	火灾	高空焊接作业必须设置监护人，明确其职责，现场备好适当数量的灭火器材。作业前检查、清理焊接作业下方一定范围内的可燃物、易燃物，不能移走的可燃物、易燃物必须采取遮盖的措施。发现物质被引燃，监护人应立即使用灭火器材灭火；火势有蔓延趋势时，要立即命令脚手架上的作业人员迅速撤离脚手架，报警后按照《火灾专项应急救援预案》执行	6	2	7	84	一般风险
5	在出现焊接火花引燃可燃物、易燃物时，监护人不会使用灭火器灭火	火灾	对有关的人员进行灭火知识与技能和《火灾专项应急救援预案》的培训，使之懂得火灾扑救方法、会报警、会使用灭火器、会火灾逃生。选择的监护人应当认真负责，经过灭火知识与技能和《火灾专项应急救援预案》的培训	10	1	15	150	一般风险
6	作业前未检查起重机升降制动器是否完好，作业过程中吊物出现"溜钩"吊物落下	起重伤害	作业前检查起重机的升降制动器完好有效。发现故障及时修复，保证起重机符合安全技术要求。起重机司机应当掌握"溜钩"应急操作	3	2	15	90	一般风险
7	作业前未检查起重机上升限位是否完好，起吊试验件中出现"冲顶"，吊钩滑轮将钢丝绳卷筒上固定的钢丝绳尾端拉脱，吊物落下	起重伤害	按照国家有关规定，对起重机装设两套上升极限限位装置；作业前检查起重机上升限位装置完好有效。发现故障及时修复，保证起重机符合安全技术要求	3	2	15	90	一般风险
8	选用的卸扣额定起重量不明，在吊运过程中，卸扣超载而变形/拉断，吊物落下	起重伤害	选用的卸扣额定起重量明确，且满足起重作业安全要求。禁止使用额定起重量不明的卸扣	6	2	15	180	较大风险

续表

序号	危险有害因素	可能导致的事故类型	控制措施建议	D=LEC				风险等级
				L	E	C	D	
9	拆除试验件的工装与压力筒封头时，人员在起重机悬吊的封头下作业，遇起重机升降制动器失灵，试验件、封头发生倾斜倒下	起重伤害	在起重机的升降机构上装设 2 套制动器，并保证其完好有效。列入危险作业范围，实行作业审批制	6	1	15	90	一般风险
10	人员进入压力筒内站在试验件的工装上，给试验件挂钩或摘取钢丝绳索时，站立不稳可能掉进试验件与筒内壁之间狭缝	高空坠落	制定这种事故情况的“现场应急处置方案”。设置作业监护人，备好救生索等器材；作业监护人掌握“现场应急处置方案”和技能。作业人员必须系好安全绳方可进入压力筒内进行摘钩/挂钩作业。发生作业人员掉进狭缝内事故时，监护人应当按照既定的“现场应急处置方案”进行救援	6	1	7	42	低风险
11	人员进入压力筒内给试验件挂钩或摘取钢丝绳索时，未挂牢或者未全部取掉，起重机司机未观察清楚便起升，挂钩/钢丝绳索弹出	起重伤害	为地面起重作业人员配备无线对讲机，在起重机司机室安装无线对讲装置，用无线对讲系统进行起重作业指挥。起重机司机必须严格服从地面起重作业人员的指挥	6	1	15	90	一般风险

二、MES 评价法

（一）MES 评价法介绍

MES 评价法原理和 LEC 评价法类似，风险程度（R）是事故发生的可能性（L）与事故后果（S）的组合，即 $R=LS$。事故发生的可能性是人体暴露于危险环境的频繁程度（E）和控制措施的状态（M）的组合，即 $L=ME$，$R=MES$。如果事故没有人员伤亡，仅为财产损失，则 $R=MS$。MES 评价法是 LEC 评价法的进化版，应用范围更广。根据大量文献资料和实际安全评价数据，MES 评价法中参数取值如表 4-6、表 4-7、表 4-8 和表 4-9 所示。

表 4-6 控制措施的状态（M）的取值

分数值	控制措施
5	无控制措施
3	有降低危害的应急措施，有较为完善的预警系统
1	有行之有效的控制措施

表 4-7 人体暴露于危险环境的频繁程度（E）的取值

分数值	暴露于危险环境的频繁程度
10	连续暴露
6	每天工作时间暴露
3	每周一次或偶然暴露
2	每月一次
1	每年几次
0.5	更少的暴露

表 4-8 事故后果（S）的取值

分数值	人员伤害	职业病	财产损失（元）	环境影响
10	多人死亡		10^8 以上	不可控的重大影响
8	1 人死亡	多人有职业病	10^7～10^8	不可控的中等影响
4	永久失能	1 人有职业病	10^6～10^7	不可控的较轻影响
2	需治疗	职业性多发病	10^5～10^6	可控的局部影响
1	轻微伤害	身体不适	10^4 以下	无环境影响

表 4-9 风险程度（R）的分级

风险程度等级	有人身伤害事故 $R=MES$	纯财产伤害事故 $R=MS$
一级	＞180	30～50
二级	90～150	20～24
三级	50～80	8～12
四级	20～48	4～6
五级	＜18	≤3

（二）案例分析

2021 年 11 月 28 日下午 3 时，某厂的李某带领三名工人剪切钢板。李某将作业人员分为两组，在同一机床上同时作业，由李某负责控制脚踏开关。作业进行到 3 时 10 分前后，李某在送钢板时，右手伸进了剪板机的剪切面，并在此时误动了脚踏开关，剪板机瞬间动作，将李某右手食指、中指、无名指剪断。

用 MES 评价法对该事故进行分析评价，结果如表 4-10 所示。

表 4-10 某厂剪切钢板操作过程 MES 分析评价表

因素	控制措施 M	人在危险状态频次 E_1	危险状态出现的频次 E_2	人员伤亡 S_1	职业病 S_2	财产损失 S_3	环境破坏 S_4	危险程度分值 R
机器损伤	有控制措施，2 分	连续暴露，10 分	每年几次出现，1 分	0	0	<10 万元，1 分	无影响，1 分	R_1=44
剪切损伤	可控制，1 分	连续暴露，10 分	每年几次出现，1 分	轻微，1 分	0	<10 万元，1 分	无影响，1 分	R_2=33
操作不当伤害	可控制，1 分	连续暴露，10 分	每年几次出现，1 分	需治疗，2 分	0	<10 万元，1 分	无影响，1 分	R_3=44
触电伤害	可控制，1 分	连续暴露，10 分	更少的出现，0.5 分	需治疗，2 分	0	<10 万元，1 分	无影响，1 分	R_4=42

风险程度 $R=(R_1+R_2+R_3+R_4)/10=16.3$，对照表 4-9，可知风险程度为五级。

通过案例分析可知，MES 评价法有效弥补了 LEC 评价法的缺点，考虑了多种独立因素对事故的影响程度，但同时也容易受到评价人员主观因素的影响。

三、危险性与可操作性分析评价法

（一）危险性与可操作性（HAZOP）分析评价法介绍

1. HAZOP 分析评价法的概念

HAZOP 分析评价法以系统工程为基础，专门用于辨识设计缺陷、工艺过程危害及操作性问题的结构化分析方法，本质是依托专家力量，运用多种方法对工艺图纸和操作规程进行分析。专家组分析生产系统的每个工艺单元（分析节点）的功能，寻找单元内的引导词，通过分析引导词辨识潜在的风险隐患及其偏差，进而分析出现偏差的原因、后果及安全防护措施，最后专家组结合工作实际提出对策建议。HAZOP 分析框架如图 4-1 所示。

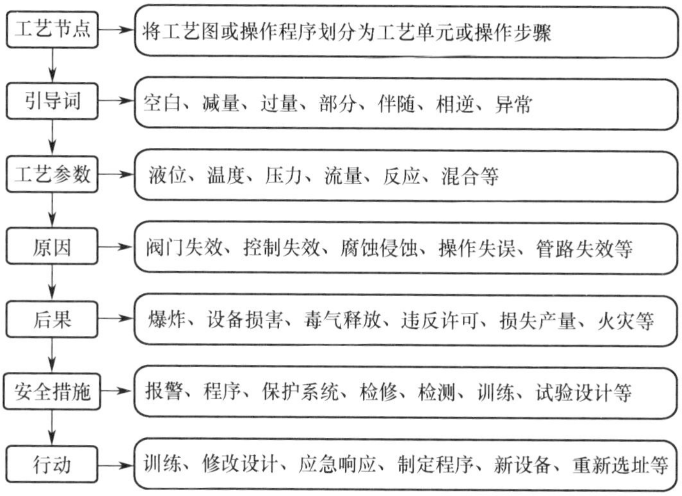

图 4-1　HAZOP 分析框架

2. HAZOP 分析评价法的基本术语

HAZOP 分析过程中，有 10 个关键性术语，分别解释如下。

① 工艺单元：具有确定边界的设备单元，专家组对单元内工艺参数的偏差进行分析。

② 操作步骤：间歇过程中的不连续操作，可能是手动、自动或计算机自动控制的操作。

③ 引导词：用于定性或定量设计工艺指标的简单词语，用于引导识别工艺过程的危险。

④ 工艺参数：与过程有关的物理和化学特性，包括概念性参数（反应、混合、浓度、pH 值）及具体参数（温度、压力、相数及流量等）。

⑤ 工艺指标：确定装置如何按照标准操作而不发生偏差，即工艺过程的正常操作条件。

⑥ 偏差：基于引导词系统地对每个分析节点的工艺参数进行分析后发现的系统偏离工艺指标的情况。

⑦ 原因：发生偏差的原因。

⑧ 后果：偏差所造成的结果。

⑨ 安全措施：为避免或减轻偏差发生时所造成的后果而设计的工程系统或调节控制系统。

⑩ 补充措施：修改设计、操作规程，或者提出需进一步分析研究的建议。

（二）HAZOP 分析评价的过程

HAZOP 分析评价的过程包括 4 个步骤，分别是分析准备、进行分析、编制分析结果文件、行动方案落实。

1. 分析准备

为了用 HAZOP 分析评价法进行准确的分析计算，必须提前确定分析目标和范围、收集必要的资料、明确分析专家组、将资料变成适当的表格并拟定分析顺序、编制专家会议方案、做好 HAZOP 分析评价法的教育培训等准备工作。明确分析目标、确定分析范围、充分考虑评估时的设计状态、评估程序、工厂和邻近工厂关系等，是 HAZOP 分析评价的重要前提。

数据资料是 HAZOP 分析的基础材料，包括项目工作计划、项目管理实施细则、培训材料等管理类资料，还包括工艺仪表流程图、工艺流程图、装置设计工艺包、装置工艺技术规程、装置安全技术规程、装置岗位操作规程、平面布置图、工艺介质数据表等技术类资料。分析对象的数据资料收集齐全后，应变成适当的表格并拟定分析顺序。

HAZOP 专家组的知识储备、技术积累与工作经验是影响分析结果的重要因素。对于大型的复杂工艺过程，专家组一般由 7 人组成，成员具有设计、工艺或工程、操作、维修、仪表、电气、公用工程等专业背景；对于小型的工艺过程，专家组一般由 3 人组成。HAZOP 专家组组长应是全职的小组成员，是设备的管理者，承担明确小组分析评价工作的方向、控制工作进度、实施质量检查和数据审核等职责。

2. 进行分析

进行 HAZOP 分析需将工艺图或操作程序划分为若干工艺单元或操作步骤，专家组针对每个分析节点使用所有引导词依次进行分析，分析得出一系列结果（偏差、原因、后果、安全保护、建议措施）。HAZOP 专家组先在完成一个节点的所有分析结果后再进行下一个节点的分析。

① 划分节点。划分节点时应注意 4 个方面的因素，分别是单元的目的和功能、单元的物料、合理的隔离或切断点、划分方法的一致性。

② 解释工艺单元或操作步骤。专家组在明确分析节点后，全面分析节点的关键参数，如设备的设计能力、温度、压力、结构规格等参数，并确保专家组中的每一个成员都理解设计意图。

③ 确定有意义的偏差。根据引导词法、基于偏差确定方法，结合具体的分

析节点，确定出有实际意义的偏差。

④ 对偏差进行分析。专家组按照确定程序，分析每个工艺单元或操作步骤的偏差，并分析控制偏差或解决危险方法。

3. 编制分析结果文件

HAZOP 分析使用的表格很多，可以采用计算机系统产生表格和报告。HAZOP 专家组在分析过程中完成记录表，及时发布并确认拟采取的措施。对于完成的部分必须清楚地标记。最终报告包括参考术语、工作范围、记录表、确认已经完成的所有分析报告，专家组应提交最终结果和完整的分析报告。

4. 行动方案落实

基于 HAZOP 分析结果，提出改进措施，并通过监督检查推进整改。监督检查的目的主要是审查资料，确保所有提出的建议措施均已得到整改，并满足原评估结果的要求。

（三）HAZOP 分析评价的技巧和方法

1. HAZOP 分析节点划分

为了有效地进行 HAZOP 分析，要先将工艺图或操作程序划分为工艺单元或操作步骤。如果分析节点划分得太小，会加大工作负荷，导致大量的重复工作；如果分析节点划分得太大，会使 HAZOP 分析的结果产生重大偏差，甚至会遗漏部分结果。对于连续的工艺操作过程，HAZOP 的分析节点为工艺单元；对于间歇的操作过程，HAZOP 的分析节点为操作步骤。工艺单元是指具有确定边界的设备单元，操作步骤是指间歇过程的不连续动作。

2. 偏差确定方法

分析节点中的偏差一般由引导词法确定，以正常操作运行的工艺参数为标准值，分析运行过程中工艺参数的变化，这些偏差通过引导词和工艺参数引出。偏差是引导词和工艺参数的组合，常用引导词及其含义如表 4-11 所示。工艺参数一般分为两类，一类是概念性工艺参数，如反应、转化等；另一类是具体工艺参数，如温度、压力等。每个分析节点中的偏差都要进行分析，包括原因、后果、安全保护、建议措施。

3. HAZOP 分析记录表和分析报告

分析记录表是 HAZOP 分析的一个重要组成部分，负责会议记录的人员应根据分析讨论的过程提炼出恰当的结果，虽不必把会议上说的每一句话都记录下来，但必须记录所有重要的信息。通常 HAZOP 会议的记录以表格形式呈现，如表 4-12 所示。

表 4-11　HAZOP 分析常用引导词

引导词	含义	说明
No（空白，无）	对设计意图的否定	设计或操作要求的指标或事件完全不发生
Less（减量）	数量减少	同标准值比较，数值幅小
More（过盘）	数量增加	同标准值比较，数值偏大
Part of（部分）	质的减少	只完成既定功能的一部分
As Well As（伴随）	质的增加	在完成既定功能的同时，伴随多余事件发生
Reverse（相悖）	设计意图的逻辑反面	出现和设计要求完全相反的事或物
Other Than（异常）	完全代替	出现和设计要求不相同的事或物

表 4-12　HAZOP 会议记录表

分析人员：		会议日期：		图纸号：	
序号	偏差	原因	后果	安全保护	建议措施

HAZOP 分析评价法的本质是一种工艺过程危险识别的方法，分析中包括原因、后果、安全保护、建议措施等，HAZOP 原因分析表如表 4-13 所示。

表 4-13　HAZOP 原因分析表

偏差	原因	后果	安全保护	建议措施
偏差 1	原因 1	后果 1 后果 2	安全保护 1 安全保护 2 安全保护 3	措施 1 措施 2 措施 3
	原因 2	后果 1	安全保护 1	措施 1
	原因 3	后果 1	安全保护 1	措施 1

（四）案例分析

2016 年，天津市津南区某精细化工公司的硝化车间发生爆炸事故，导致 10 人死亡、3 人重伤。甲苯一段硝化反应是典型的芳烃硝化反应，释放的热量非常多，如果甲苯在反应的过程中发生了热失控，则可能会直接引发严重事故和后果，硝化反应釜节点示意图如图 4-2 所示。质量达标的混酸从混酸罐转移到硝化反应釜，甲苯从高位槽缓慢滴入硝化反应釜，与混酸反应，产生大量热量，热量由冷却水带出。该事故发生的主要原因是 5 号硝化反应釜在滴加浓硫酸的过程中，没有控制好滴加速度，导致反应釜内反应迅速，热量积聚造成超温爆炸，考虑使用以下几个工艺参数来监控反应釜的运行状况以保证反应安全进行，现对主要反应阶段甲苯一段硝化反应釜进行 HAZOP 分析评价，如表 4-14 所示。

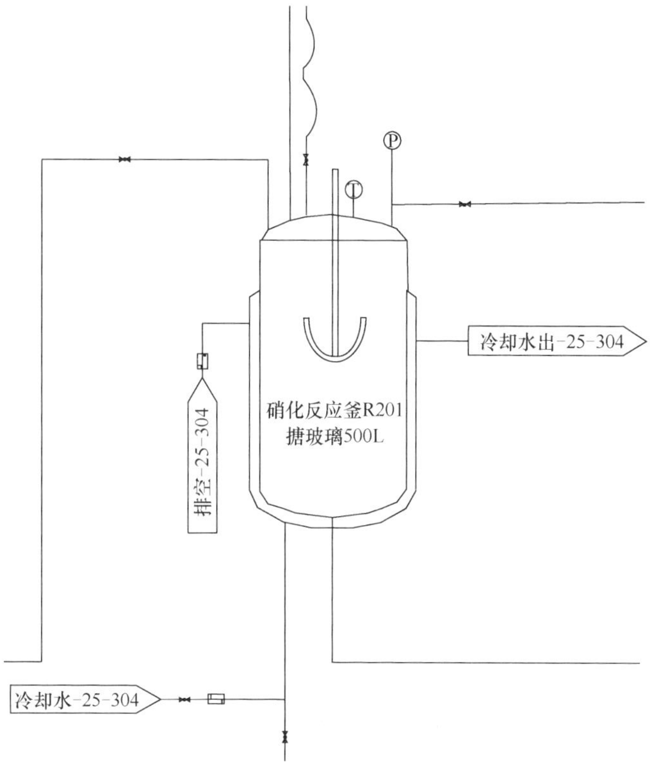

图 4-2 硝化反应釜节点示意图

HAZOP 分析评价法延伸了故障类型与影响分析，向前分析是原因，即事故树分析，向后分析是结果。HAZOP 分析评价法基于引导词进行分析，可以启发思维，让分析有条理，避免了漫无目的的提出问题。HAZOP 对工艺进行分析，工作人员可以控制其状态参数，针对性更强，也可根据表格完善该工艺的操作规程，但是该方法只能定性分析，而且工作量十分大，对每一个工艺参数都要考虑到位，所以只有熟悉甲苯硝化反应工艺的分析人员才能分析得较为详尽，此外，HAZOP 分析过程的参数由分析人员根据工作经验确定，主观性较强。

表 4-14　甲苯一段硝化反应釜 HAZOP 分析评价表

安全评价组可操作性研究			工段：甲苯硝化		日期：	设计者：
			系统：硝化反应釜		代号：	审核者：
			任务：反应过程		页码：	
工艺参数	引导词	偏差描述	可能原因	后果	安全措施	
流量	无	冷却水无流量	① 阀门故障或关闭； ② 给水管线大量泄漏； ③ 给水管路堵塞； ④ 给水泵故障； ⑤ 循环水冷却器出水管道上的调节阀故障并关闭	① 温度过高会导致硝化锅冒黄烟，严重的会使硝化锅冲料，甚至使后续物料无法分离，酸带到后续反应，脱酚不合格，埋下安全隐患； ② 设备内超温超压，设备破裂，发生爆炸事故，腐蚀性化学品泄漏，造成设备损坏，人员中毒或伤亡	① 定期巡检管线、阀门； ② 循环水系统手动阀常开，现场挂牌或上锁； ③ 设备用泵和给水管路定期检修； ④ 硝化反应釜设超温、超压报警、高高报警； ⑤ 设冷却水流量监测器，流量低低报警； ⑥ 硝化反应釜上设安全附件	
		甲苯无流量	① 滴加甲苯的控制阀故障或关闭； ② 管线堵塞； ③ 管道或盛甲苯的高位槽破裂，大量泄漏； ④ 高位槽内无物料	① 目标反应不进行； ② 甲苯泄漏造成人员中毒或伤亡； ③ 甲苯泄漏导致火灾或爆炸，造成人员伤亡	① 定期巡检，检查更换阀门及管线； ② 设甲苯浓度监测报警器； ③ 厂内配备呼吸装置等安全装置； ④ 设甲苯流量检测器	
	过高	甲苯流量过高	① 甲苯的进料调节阀故障开启或全开； ② 甲苯进料流量检测指示故障； ③ 人员误操作	① 甲苯流量过大，造成硝化液呈暗黑色，物料分离不清，脱酚不合格； ② 硝化反应釜内超温超压导致设备破裂，发生爆炸事故，腐蚀性化学品泄漏造成人员中毒伤亡； ③ 污染环境	① 定期巡检，检查更换阀门、流量计及管线； ② 在进料管线上设甲苯流量检测器； ③ 硝化反应釜上设温度、压力高高报警； ④ 硝化反应釜上设安全阀、爆破片等附件； ⑤ 设置喷淋装置； ⑥ 设置紧急停车	
	过低	甲苯流量过低	① 甲苯进料管线泄漏或堵塞； ② 滴加甲苯的控制阀故障； ③ 甲苯进料流量检测故障； ④ 人员误操作	① 达不到设定投料量。产率低，影响精馏生产； ② 造成人员中毒或伤亡； ③ 引发火灾或爆炸，造成人员伤亡	① 甲苯进料管道设冲洗支管，并定期冲洗； ② 定期进行安全检查，及时校正或更换仪表，检查管道及阀门的气密性； ③ 设甲苯气体浓度监测器，浓度高高报警	

续表

工艺参数	引导词	偏差描述	可能原因	后果	安全措施
流量	过低	冷却水流量过低	① 流量仪表故障； ② 给水管线泄漏； ③ 给水管路堵塞； ④ 给水泵故障	① 温度过高会导致硝化锅冒黄烟，严重的会使硝化锅冲料，甚至使后续物料无法分离，酸带到后续反应，脱酚不合格，埋下安全隐患； ② 设备内超温超压，设备破裂，发生爆炸事故，腐蚀性化学品泄漏，造成设备损坏，人员中毒或伤亡	① 定期巡检管线、阀门； ② 循环水系统手动阀常开，现场挂牌或上锁； ③ 设备用泵和给水管路定期检修； ④ 硝化反应釜设超温、超压报警、高高报警； ⑤ 设冷却水流量监测器，流量低低报警； ⑥ 硝化反应釜上设安全附件
温度	过高	硝化反应釜温度过高	① 控制滴加甲苯的阀门故障，加料过快； ② 冷却水给水管线泄漏； ③ 冷却水给水管路堵塞； ④ 冷却水给水泵故障； ⑤ 搅拌装置故障； ⑥ 换热器列管淤塞或有缺陷； ⑦ 仪表和控制器发生故障	① 硝化反应釜内温度、压力升高，罐体爆炸； ② 爆炸后引发物料泄漏喷溅，造成设备损失、人员中毒或伤亡； ③ 反应釜爆炸及火灾造成人员伤亡； ④ 温度过高会导致硝化锅冒黄烟，严重的会使硝化锅冲料，甚至使后续物料无法分离，酸带到后续反应，脱酚不合格，埋下安全隐患； ⑤ 物料泄漏污染环境和水源	① 定期巡检管线、仪表、阀门； ② 设备用泵和给水管路定期检修； ③ 硝化反应釜设超温报警、高高报警； ④ 设冷却水流量监测器，流量低低报警； ⑤ 硝化反应釜上设安全阀、防爆片等附件； ⑥ 设置备用搅拌装置； ⑦ 设置喷淋装置； ⑧ 设置紧急停车
	过低	硝化反应釜温度过低	① 硝化反应器温度检测指示故障； ② 硝化反应器循环冷却水流量过大	反应环境温度低，反应效率低，反应进行缓慢，产量低	① 现场有工作人员，每小时巡检一次，确定保温层及仪表正常； ② 设置反应器温度低低报警
压力	过高	硝化反应釜压力过高	① 控制滴加甲苯的阀门故障，加料过快； ② 冷却水给水管线泄漏； ③ 冷却水给水管路堵塞； ④ 冷却水给水泵故障； ⑤ 搅拌装置故障； ⑥ 换热器列管淤塞或有缺陷； ⑦ 仪表和控制器发生故障	① 硝化反应釜内温度、压力升高，罐体爆炸； ② 爆炸后引发物料泄漏喷溅，造成设备损失、人员中毒或伤亡； ③ 反应釜爆炸及火灾造成人员伤亡； ④ 温度过高会导致硝化锅冒黄烟，严重的会使硝化锅冲料，甚至使后续物料无法分离，剩余酸多与后续反应，脱酚不合格，埋下安全隐患 ⑤ 物料泄漏污染环境和水源	① 定期巡回检查管线、仪表、阀门； ② 设备用泵和给水管路； ③ 硝化反应釜设超压报警、高高报警； ④ 设冷却水流量监测器，流量低低报警； ⑤ 硝化反应釜上设安全阀、防爆片等附件； ⑥ 设置备用搅拌装置； ⑦ 设置喷淋装置； ⑧ 设置紧急停车

续表

工艺参数	引导词	偏差描述	可能原因	后果	安全措施
压力	过低	硝化反应釜压力过低	硝化反应釜破损泄漏	① 物料及产物泄漏造成设备腐蚀； ② 造成人员中毒或伤亡	① 定期巡检反应釜； ② 反应釜设低压报警、低低报警
液位	过高	硝化反应釜液位过高	① 硝化反应器液位检测指示故障； ② 甲苯进料阀门开度过大，进料控制回路故障，或手动阀门开度过大	① 硝化反应器的液位高，损坏设备，出现漫液影响生产； ② 出现淹塔现象，损坏设备，影响生产	① 设液位监测，液位高高报警； ② 定期巡检
	过低	硝化反应釜液位过低	① 硝化反应器液位检测指示故障； ② 甲苯进料阀门开度过小，进料控制回路故障，或手动阀门开度过小； ③ 甲苯进料管线泄漏或堵塞； ④ 硝化反应釜破损泄漏	① 反应过慢，影响后续反应； ② 甲苯泄漏容易造成人员中毒伤亡，也易发生火灾爆炸，造成设备损失和人员伤亡	① 现场安排工作人员，定时巡检； ② 甲苯进料管道设有冲洗支管，并定期冲洗； ③ 设液位检测器，液位低低报警
取样		硝化反应釜出口一硝基甲苯的浓度偏低	① 反应时温度过高，造成硝酸分解； ② 温度过高，生成二硝基甲苯； ③ 混酸组分不合格	产品质量下降，产出率下降	在硝化反应釜出口管线设一硝基甲苯的浓度检测，低低报警，低连锁
泄漏		硝化反应釜泄漏	① 罐内防腐蚀层破损，罐体破裂； ② 罐体设计失误，选材不当； ③ 容器质量不合格； ④ 人员失误，开错阀	① 物料泄漏，腐蚀其他的设备； ② 造成人员中毒或伤亡； ③ 引发火灾或爆炸，造成人员伤亡； ④ 污染环境和水源	① 设硝基甲苯浓度监测器，浓度高高报警； ② 在硝化反应釜上设液位计，液位低低报警； ③ 严格把控罐体的质量； ④ 加强对员工的培训； ⑤ 定期检修检查，进行无损检测
		甲苯高位槽或进料管线泄漏	① 罐体设计不当； ② 容器或管道质量不合格； ③ 人员失误，开错阀	① 造成人员中毒或死亡； ② 引发火灾或爆炸； ③ 污染环境	① 设甲苯浓度监测器，浓度高高报警； ② 厂区配备呼吸器； ③ 配备灭火器，消防栓； ④ 定期检修，进行无损检测； ⑤ 选用高质量的材料和管道； ⑥ 加强对员工的培训，定期进行消防演练

四、道化学分析评价法

（一）道化学分析评价法介绍

火灾与爆炸危险指数由道化学公司提出，是最早开发应用于化工生产系统的综合性评价方法，经过几十年的应用发展，已成为一种单一工艺单元潜在火灾、爆炸损失相对值的综合指数，得到整个化学工业界认可。目前，道化学分析评价法已经更新到了第七版，在不断发展完善的同时，也促进了其他评价方法的产生与改进。

道化学法具有 4 个基本特点。一是基于对物质危险性的评价和对工艺过程危险性的评价，物质的危险性更为基础。二是危险指数反映了系统的最大潜在危险，是系统中物质、工艺取定以后的固有危险因素，基本未涉及生产过程中人和管理的因素。三是所用数据来源于以往的事故统计、物质的潜在能量及现行防灾措施的经验，属于半定量评价方法。四是固有危险因素和安全措施的效能最后都折算为金钱来体现，评价结果一般用于保险行业。

（二）道化学分析评价法的准备

进行道化学分析评价法前，应该收集大量的数据资料，包括评价单元的准确设计方案、工艺流程图、有关装置的更换费用数据等。另外，至少需要准备 4 张表，分别是火灾、爆炸指数（F&EI）表（如表 4-15 所示），安全措施补偿系数表（如表 4-16 所示），生产工艺单元危险分析汇总表（如表 4-17 所示），生产单元危险分析汇总表（如表 4-18 所示）。

表 4-15 火灾、爆炸指数（F&EI）表

<table>
<tr><td colspan="3">国家/地址： 部门： 场所： 日期：</td></tr>
<tr><td>位置：</td><td>生产单元：</td><td>工艺单元：</td></tr>
<tr><td>评价人：</td><td>审定人（负责人）：</td><td>建筑物：</td></tr>
<tr><td>检查人（管理部）：</td><td>检查人（技术中心）：</td><td>检查人（安全和损失预防）：</td></tr>
<tr><td colspan="3">工艺设备中的物料：</td></tr>
<tr><td colspan="2">操作状态：</td><td>确定 MF 的物质：</td></tr>
<tr><td colspan="2">操作温度：</td><td>物质系数（见附录）：</td></tr>
</table>

续表

(1)一般工艺危险	危险系数范围	采用危险系数
基本系数	1.00	1.00
A.放热化学反应	0.30～1.25	
B.吸热反应	0.20～0.40	
C.物料处理与输送	0.25～1.05	
D.封闭单元或室内单元	0.25～0.90	
E.通道	0.20～0.35	
F.排放和泄漏控制	0.20～0.50	
一般工艺危险系数(F_1)		
(2)特殊工艺危险	危险系数范围	采用危险系数
基本系数	1.00	1.00
A.毒性物质	0.20～0.80	
B.负压(<500 mmHg=66661Pa)	0.50	
C.易燃范围内接近易燃范围的操作:惰性化、未惰性化		
a.罐装易燃液体	0.50	
b.过程失常或吹扫故障	0.30	
c.一直在燃烧范围内	0.80	
D.粉尘爆炸	0.25～2.00	
E.压力:操作压力/kPa(绝对)释放压力/kPa(绝对)		
F.低温	0.20～0.30	
G.易燃及不稳定物质量/kg 物质燃烧热 H_c		
a.工艺中的液体及气体		
b.储存中的液体及气体		
c.储存中的可燃固体及工艺中的粉尘		
H.腐蚀与磨损	0.10～0.75	
I.泄漏一接头和填料	0.10～1.50	
J.使用明火设备		
K.热油热交换系统	0.15～1.15	
L.传动设备	0.50	
特殊工艺危险系数(F_2)		
(3)工艺单元危险系数($F_3=F_1F_2$)		
(4)火灾、爆炸指数($F\&EI=F_3MF$)		

表 4-16 安全措施补偿系数表

项目	补偿系数范围	补偿系数	项目	补偿系数范围	补偿系数
(1)工艺控制			c.排放系统	0.91～0.97	
a.应急电源	0.98		d.联锁装置	0.98	
b.冷却装置	0.97～0.99		物质隔离安全补偿系数 C_2		
c.抑爆装置	0.84～0.98		(3)防火设施		
d.紧急切断装置	0.96～0.99		a.泄漏检验装置	0.94～0.98	
e.计算机控制	0.93～0.99		b.钢结构	0.95～0.98	
f.非活泼性气体保护	0.94～0.96		c.消防水供应系统	0.94～0.97	
g.操作规程/程序	0.91～0.99		d.特殊灭火系统	0.91	
h.化学活性物质检查	0.91～0.98		e.洒水火火系统	0.74～0.97	
i.其他工艺危险分析	0.91～0.98		f.水幕	0.97～0.98	
工艺控制安全补偿系数 C_1			g.泡沫灭火装置	0.92～0.97	
(2)物质隔离			h.手提式灭火器和喷水枪	0.93～0.98	
a.遥控阀	0.96～0.98		i.电缆防护	0.94～0.98	
b.卸料/排空装置	0.96～0.98		防火设施安全补偿系数 C_3		
安全措施补偿系数=$C_1C_2C_3$					

表 4-17 生产工艺单元危险分析汇总表

序号	内容	工艺单元单位
1	火灾、爆炸危险指数(F&EI)	
2	危险等级	
3	暴露区域半径	m
4	暴露区域面积	m^2
5	暴露区域内财产价值	百万元
6	破坏系数	
7	基本最大町能财产损失(基本 MPPD)	百万元
8	安全措施补偿系数	
9	实际最大可能财产损失(实际 MPPD)	百万元
10	最大可能停工天数(MPDO)	d
11	停产损失(B1)	百万元

表 4-18　生产单元危险分析汇总表

<table>
<tr><td colspan="3">地区/国家</td><td colspan="2">部门</td><td colspan="3">场所</td></tr>
<tr><td colspan="3">位置</td><td colspan="2">生产单元</td><td colspan="3">操作类型</td></tr>
<tr><td colspan="3">评价人</td><td colspan="2">生产单元总替换价值</td><td colspan="3">日期</td></tr>
<tr><td>工艺单元主要物质</td><td>物质系数</td><td>火灾、爆炸指数（F&EI）</td><td>影响区内财产价值</td><td>基本MPPD</td><td>实际MPPD</td><td>停工天数MPDO</td><td>停产损失（BI）</td></tr>
<tr><td></td><td></td><td></td><td></td><td></td><td></td><td></td><td></td></tr>
</table>

（三）道化学分析评价法的程序

道化学分析评价法的程序如图 4-3 所示。

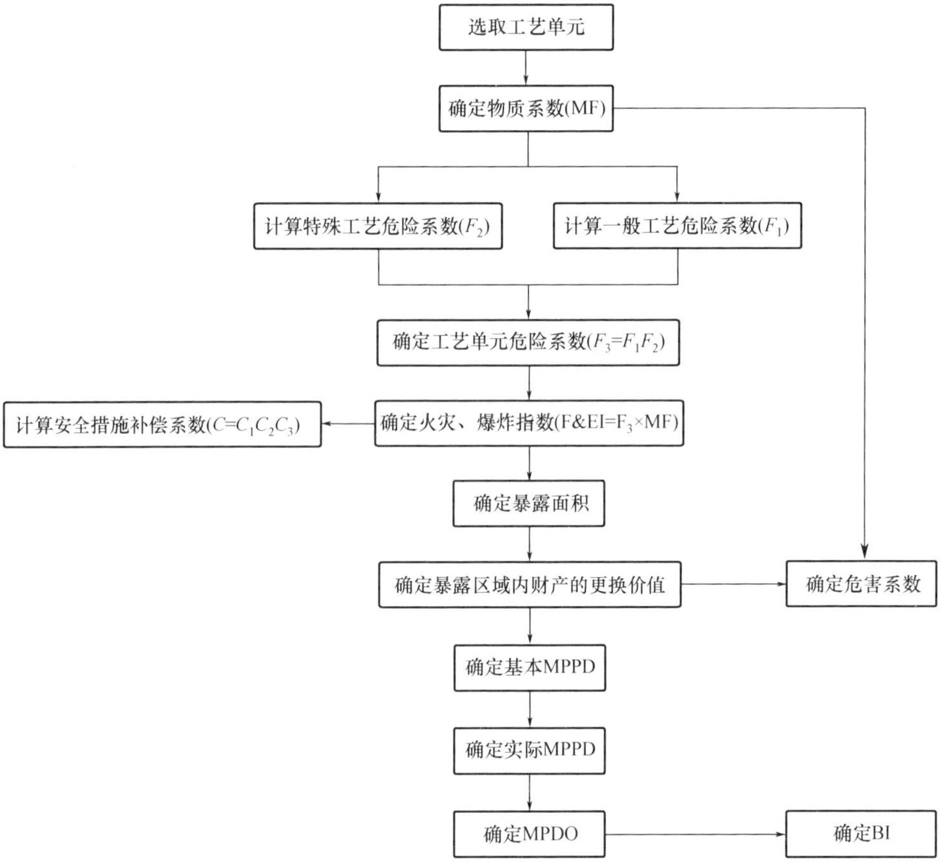

图 4-3　道化学分析评价法的程序

1. 选取评价单元

道化学分析评价法在对化工企业进行评价时，先把单元区分为生产单元和工艺单元。生产单元包括化学工艺、机械加工、仓库、包装线等在内的整个生产设施，工艺单元被定义为工艺装置的任一主要单元，如乳胶厂的原料储罐、反应器等。可见大多数生产单元包括许多工艺单元。在选择评价单元时，主要应考虑潜在化学能，工艺单元中危险物质的数量，资金密度，操作压力和操作温度，导致火灾、爆炸事故的历史资料，对装置操作起关键作用的单元，这些参数的数值越大，则该工艺单元就越需要评价。

2. 确定物质系数（MF）

物质系数（MF）是评价单元危险性的基本数据，是表述物质在由燃烧或其他化学反应引起的火灾、爆炸中所释放能量大小的内在特性，由物质的燃烧性和化学活性确定。道化学分析评价法第七版给出了近 330 种常见化合物的 MF 值，可供直接查用。评价单元中的危险物质为混合物时，应根据各组分的危险性及含量加以确定。如无可靠数据，应该根据单元实际操作过程中存在的最危险物质作为决定物质，确定物质系数，计算单元可能出现的最大危险。

3. 工艺危险系数

计算工艺单元的工艺危险系数 F 时，应选择物质在工艺单元中所处的最危险状态，而且应避免对过程中的危险进行重复计算。计算 F&EI 时一次只评价一种危险。工艺系数分为一般工艺危险系数（F_1）、特殊工艺危险系数（F_2）和单元工艺系数（F_3）。

一般工艺危险系数是确定事故损害大小的主要因素之一，包括放热化学反应、吸热反应、物料处理与输送、封闭单元或室内单元、通道、排放和泄漏控制 6 项内容，如表 4-15 所示。根据各个单元的具体情况得到危险系数后，将各危险系数相加再加上基本系数“1”后即为一般工艺危险系数。特殊工艺危险系数的算法和一般危险工艺系数的算法类似。

单元工艺危险系数（F_3）是一般工艺危险系数（F_1）和特殊工艺危险系数（F_2）的乘积，单元危险系数 F_3 的数值范围为 1～8，超过 8 时按 8 计。

4. 计算火灾爆炸危险指数（F&EI）

火灾、爆炸危险指数（F&EI）用来估计生产过程中发生事故时可能造成的破坏，由物质系数 MF 与工艺危险系数 F_3 相乘得到，即火灾爆炸危险指数 $\text{F\&EI}=\text{MF}\times F_3$。火灾、爆炸危险指数中，反应类型、操作温度与压力、可燃物量等表征了事故发生概率；可燃物的潜能及工艺控制、设备故障，振动或应力疲劳等则反映了导致潜能释放的多少。对照“F&EI 及危险等级”表可知该单元固有的危险等级。依次分为“最轻”“较轻”“中等”“很大”“非常大”五个等级，如表 4-19 所示。

表 4-19　F&EI 及危险等级

危险等级	最轻	较轻	中等	较大	非常大
F&EI 值	1～60	61～96	97～127	128～158	＞159

5. 计算暴露区域面积

暴露区域是指单元发生火灾、爆炸时可能受到影响的区域，是一个以工艺设备的关键部位为中心、以暴露半径为半径的圆。通过已计算出来的 F&EI 乘以 0.84 就可以得到暴露区域半径，由此计算暴露区域面积。事实上，发生火灾爆炸时其影响区域不可能是个标准的圆，但是这个圆仍然可以大致表征影响范围。划分暴露区域时还应考虑防火、防爆隔离等问题。

6. 计算暴露区域内财产的更换价值（RV）

暴露区域内财产价值可由区域内含有的财产的更换价值表确定，财产价值=原成本×0.82×增长系数，系数 0.82 是考虑到有些成本不会在事故时受损，如场地平整、道路、地下管线等。当进行精确计算时此系数也可更改。增长系数由工程预算专家决定。要注意的是，当一个暴露区域内包含另一个暴露区域的一部分时，不能重复计算。

7. 确定危害系数（DF）

危害系数发生火灾、爆炸事故的综合效应，根据 MF 和 F_3 确定，通过“单元危害系数计算图”可以查到对应的 DF。

8. 计算基本最大可能财产损失（基本 MPPD）

指数危险分析方法的一个目的是确定单元发生事故时可能造成的最大财产损失（MPPD）。暴露区域内的财产更换价值与危害系数相乘就是基本最大可能财产损失。即基本 MPPD=RV×DF。

9. 计算安全措施补偿系数（C）

所有的危化企业为了降低自身的危险性，都会制定并实施安全措施，所以在评价过程中要根据采取的安全措施对单元的危险性给以修正。

10. 计算实际最大可能财产损失（实际 MPPD）

实际最大可能财产损失是基本最大可能财产损失与安全措施补偿系数的乘

积，它表示在采取适当的（但不安全理想）防护措施后事故造成的财产损失。如果这些防护装置出现故障，实际最大可能财产损失就会接近基本最大可能财产损失。

11. 估算最大可能工作日损失（MPDO）

最大可能工作日损失是评价停产损失（BI）的必要步骤，停产损失常等于或超过最大可能财产损失。根据道化学分析评价法第七版提供的图表，可由MPPD 结合“最大可能停工天数计算图”并考虑物价等因素修正后可以得到MPDO。

12. 停产损失（BI）

停产损失（BI）计算公式为

$$\mathrm{BI}=\frac{\mathrm{MPDO}}{30}\times \mathrm{VPM}\times 0.70 \tag{4-1}$$

式中，VPM 是每月产值；0.70 是固定成本和利润。

（四）案例分析

1. 案例简介

2018 年 6 月 10 日 23 时 13 分许，中石油中缅天然气输气管道黔西南州晴隆县沙子镇段 K0975-100m 处发生泄漏燃爆事故，造成 1 人死亡、23 人受伤，直接经济损失达 2145 万元。事故大致经过：2018 年 6 月 10 日 23 时，中石油中缅输气管道贵州段 33#～35#阀室光缆中断信号报警；23 时 15 分，管道运行系统报警；23 时 16 分，35#、36#阀室自动截断；23 时 20 分，发现位于晴隆县沙子镇三合村处管道（35#～36#阀室，桩号 K0975-100m 处）发生泄漏并燃爆。造成燃爆点附近晴隆县某项目工地 24 名工人受伤（其中一人经医治无效死亡），部分车辆、设备、供电线路和农作物、树木受损。

2. 案例分析

① 选取工艺单元。

在计算火灾、爆炸危险指数时，从预防损失角度选取对工艺有影响的工艺单元，简称工艺单元。在此工艺中，中石油中缅天然气管道设计压力 10MPa，输送能力为 100 亿 m^3/年，管径为 1016mm。输送能力较大，可看作主要工艺单元。

② 确定物质系数（MF）。

物质系数是表述物质在燃烧或其他化学反应引起的火灾、爆炸时释放能量的大小的内在特性，是一个最基础的数值。输送物质天然气的主要成分为甲烷，闭杯闪点−188℃，标准温度和压力下的沸点为−188℃。N_F=4，N_R=4，对照物质系数取值表，MF=40。

③ 工艺单元危险系数（F_3）。

查阅一般工艺危险系数取值表，将各项数值累积相加，得到 F_1=0.5+0.5+0.35=1.35。查阅特殊工艺危险系数取值表，F_2=0.94+0.3+0.2=1.44。综上，$F_3=F_1\times F_2$=1.944。

④ 计算火灾、爆炸危险指数（F&EI）。

火灾、爆炸危险指数用来估计生产过程中的事故可能造成的破坏。火灾、爆炸危险指数（F&EI）=单元危险系数（F_3）×物质系数（MF）=1.944×40=77.76。对照危险等级表，属于 61～96 等级区间，为较轻危险等级。

⑤ 确定暴露区域面积。

暴露半径 R=77.76×0.84/3.281=19.91m

暴露区域面积 $S=\pi R^2=3.14\times 19.91^2=1244.72\text{m}^2$

⑥ 确定暴露区域财产更换价值（RV）

更换价值=原来成本×0.82×价值增长系数=1500×0.82×1=1230（万元）

⑦ 确定破坏系数（DF）。

由 F_3=1.944＜8，查表 DF=0.7

⑧ 计算基本最大可能财产损失（基本 MPPD）。

基本 MPPD=暴露区域内财产更换价值×危害系数=1230×0.7=861（万元）

⑨ 计算安全措施补偿系数（C）。

工艺控制安全措施补偿系数 C_1=0.98×0.96×0.84×0.9=0.711

物质隔离安全补偿系数 C_2=0.94×0.94×0.91×0.94=0.756

防火措施安全补偿系数 C_3=0.97×0.93×0.94×0.94=0.797

安全措施补偿系数 $C=C_1\times C_2\times C_3$=0.428

F&EI×C=33.281

即在采取适当安全防火、防爆措施后，该工艺单元的火灾爆炸指数降为 33.281，由道化学分析法第七版火灾爆炸指数危险等级表，该工艺单元 F&EI 处于最轻危险等级。

⑩ 确定实际最大可能财产损失（实际 MPPD）。

实际 MPPD=基本 MPPD×安全补偿系数 C=861×0.428=368.508（万元）

⑪ 最大可能工作日损失（MPDO）。

估算最大可能工作日损失（MPDO）是评价停产损失（BI）的必经步骤。

⑫ 估算停产损失（BI）。

$$BI \equiv \frac{MPDO}{30} \times VPM \times 0.7$$

3. 分析结果

① 由暴露面积 S=1244.72m^2 可知，该天然气管道黔西南沙子镇段 K0975-100m 核心区域即周围办公区会受到伤害。

② 由 F&EI=77.86 可知，该天然气管道区为较轻危险等级，在采取适当防护措施后，F&EI 降为 33.281，处于最轻危险等级。

③ 事故会造成一定损失，其中由火灾爆炸造成的直接经济损失为 368.508 万元，由于输气中止所造成的损失 BI 具体数据根据压气站内部的运行状况而定。

④ 经过计算分析，生产经营过程中必须加强安全管理，有效控制风险等级才能把损失降到最低。

五、精细化工反应安全风险评价法

（一）精细化工生产

精细化工是生产精细化学品工业的统称，具有品种多、产量小、更新换代快、附加值高等特点。精细化工是当今化学工业中最具活力的新兴领域之一，生产过程以间歇和半间歇操作为主，工艺复杂多变，自动化控制水平低，现场操作人员多，部分企业对反应安全风险认识不足，对工艺控制要点掌握不足或认识不科学，容易因反应失控导致火灾、爆炸、中毒事故，造成群死群伤。开展精细化工反应安全风险评估、确定风险等级并采取有效管控措施，能提升企业本质安全化水平，有效防范事故发生。

（二）精细化工反应安全风险评价法介绍

一般而言，精细化工反应安全风险评价有 3 种方法。一是单因素反应安全风险评价，依据反应热、失控体系绝热温升、最大反应速率到达时间进行单因素反应安全风险评价。二是混合叠加因素反应安全风险评价，以最大反应速率到达时间作为风险发生的可能性，失控体系绝热温升作为导致风险的严重程度，进行混合叠加因素反应安全风险评价。三是反应工艺危险度评价，依据四个温度参数（工艺温度、技术最高温度、最大反应速率到达时间为 24 小时对应的温度，以及失控体系能达到的最高温度）进行反应工艺危险度评估。

（三）精细化工反应安全风险评价流程

1. 物料热稳定性风险评价

对所需评估的物料进行热稳定性测试，获取热稳定性评价所需要的技术数据，包括物料热分解起始分解温度、分解热、绝热条件下最大反应速率到达时间为 24 小时时对应的温度。根据物质分解放出的热量大小，对物料潜在的燃爆危险性进行评估，分析分解导致的危险性情况，对物料在使用过程中需要避免受热或超温，避免危险事故的发生提出要求。

2. 目标反应安全风险发生可能性和导致的严重程度评价

精细化工工艺过程的热累积度为 100%，利用失控体系绝热温升，按照分级标准，对失控反应可能导致后果的严重程度进行反应安全风险评价；利用最大反应速率到达时间，对失控反应触发二次分解反应的可能性进行反应安全风险评价。综合失控体系绝热温升和最大反应速率到达时间，对失控反应进行复合叠加因素的矩阵评价，判定失控反应风险可接受程度。

3. 目标反应工艺危险度评价

实验测试获取包括目标工艺温度、失控后体系能够达到的最高温度、失控体系最大反应速率到达时间为 24 小时时对应的温度、技术最高温度等数据。在反应冷却失控后，四个温度数值大小排序不同，根据分级原则，对失控反应进行反应工艺危险度评价，形成不同的危险度等级；根据危险度等级，有针对性地采取控制措施。

4. 反应工艺危险度评价

反应工艺危险度指的是工艺反应本身的危险程度，危险度越大的反应，反应失控后造成事故的严重程度就越大。反应工艺危险度评价是精细化工反应安全风险评价的重要内容。

5. 措施建议

综合反应安全风险评价结果，考虑不同的工艺危险程度，建立相应的控制措施，同时考虑厂区和周边区域的应急响应措施。若工艺过程为 1 级危险度，应配置常规的自动控制系统，对主要反应参数进行集中监控及自动调节。若工艺过程为 2 级危险度，在配置常规自动控制系统，对主要反应参数进行集中监控及自动调节的基础上，设置偏离正常值的报警和联锁控制，在非正常条件下有可能超压的反应系统，设置爆破片和安全阀等泄放设施，并设置相应的安全仪表系统。若工艺过程为3级危险度，在配置常规自动控制系统，对主要反应参数进行集中监控及自动调节，设置偏离正常值的报警和联锁控制，以及设置爆破片和安全阀等泄放设施的基础上，还要设置紧急切断、紧急终止反应、紧急冷却降温等控制设施，并设置相应的安全仪表系统。

若工艺过程为4级和5级危险度，尤其是风险高但必须实施产业化的项目，优先开展工艺优化或改变工艺方法降低风险，如通过微反应、连续流完成反应；配置常规自动控制系统，对主要反应参数进行集中监控及自动调节；设置偏离正常值的报警和联锁控制，设置爆破片和安全阀等泄放设施，设置紧急切断、紧急终止反应、紧急冷却等控制设施；开展保护层分析，配置独立的安全仪表系统。对于反应工艺危险度达到5级并必须实施产业化的项目，必须设置在防爆墙隔离的独立空间中，并设置完善的超压泄爆设施，实现全面自控，工作人员必须严格按照安全技术规程和岗位操作规程进行操作。

六、投影寻踪模型

（一）投影寻踪模型介绍

企业生产风险的评价中，从各个角度分析人的误操作和物的不安全状态的原因，形成多个安全评价的指标。这些指标与时间共同组成了时间序列，本质上形成了一个多维的数据集。投影寻踪模型的主要思想是将不好处理的多维数据集的分析计算转换为低维线性模型。该方法属于直接由样本数据驱动的探索型数据处理方式，其基本思想是将高维的数据 $\{\boldsymbol{X}(n,p)\}$ 通过组合投影的方式降维到低维的子空间内，在低维子空间中对数据结构进行分析。投影寻踪模型要求数据样本整体上尽可能散开，局部上尽可能聚集，并通过优化投影指标函数得到能反映出原始高维数据空间结构特征的投影值，从而达到分析和研究高维数据空间的目的。下面介绍投影寻踪模型的三个基本过程：线性投影、投影指标、最佳投影方向。

（二）线性投影

假设数据 $\boldsymbol{X}$ 是用高维数据模式表示的安全评价指标的时间序列样本数据，记为 $n \times p$ 矩阵，n 和 p 分别为样本数据的个数与维度（即指标的个数），构造

秩为 k 的 $p \times k$ 的矩阵 $\boldsymbol{A}$，称为投影矩阵，且满足 $k < p$。$\boldsymbol{Z}$ 为 p 维数据在 k 维空间上的线性投影，则

$$\boldsymbol{Z} = \boldsymbol{X} \times \boldsymbol{A}, \quad \boldsymbol{X} \in \mathbf{R}^p, \quad \boldsymbol{Z} \in \mathbf{R}^k \tag{4-2}$$

假设高维数据 $\boldsymbol{X}$ 服从 F 分布，投影矩阵 $\boldsymbol{Z}$ 服从 F_A 分布，当 $k=1$ 时，矩阵 $\boldsymbol{A}$ 变为向量 $\boldsymbol{a}^{\mathrm{T}}$，称为投影指标。记 F_a 为 $\boldsymbol{A}$ 变为 $\boldsymbol{a}^{\mathrm{T}}$ 时的分布，在投影方向上的一维投影 F_a 的特征函数 φ 可以等价为 F 的特征函数 φ_a 在同方向 $\boldsymbol{a}$ 上的投影，则有

$$\varphi_a(F) = \varphi(F_a) \tag{4-3}$$

式中，φ_a 为 F 的特征函数，φ 表示一维投影 F_a 的特征函数。从上式可以发现，将高维的数据通过投影寻踪方法降维到低维空间后，其特征量仍然保留并且能进行低维表示，这就是投影寻踪模型的基本思想。低维线性投影 $\boldsymbol{Z}$ 的离散化表示为

$$z_i = \sum_{j=1}^{p} a_j x_{ij} \quad (i = 1, 2, \cdots, n; j = 1, 2, \cdots, p) \tag{4-4}$$

（三）投影指标

投影寻踪模型的基本思想是将高维的数据转化到低维空间进行分析，其中起到重要作用的投影指标需要根据实际情况进行定义，目标是使高维数据降维后尽可能少的损失原始数据中保存的信息。因此，投影指标的选择是建立投影寻踪模型的关键步骤。

为解决这个问题，Friedman 等从原始数据的结构角度出发，利用原始数据的整体离散情况和局部密度的乘积建立投影指标函数 $Q(a)$

$$Q(a) = S(a) \cdot D(a) \tag{4-5}$$

在建立投影模型的过程中，要求映射后的低维数据整体上尽可能散开，局部上尽可能聚集，汇聚为多个点或团。因此上式中 $S(a)$ 为类间距，即投影值的标准差，$D(a)$ 为类的密度，即投影值的局部密度。其中，类间距 $S(a)$ 可利用原始样本数的投影特征值方差表示为

$$S(a) = \left[\sum_{i=1}^{n} (z_i - z_a)^2 / (n-1) \right]^{\frac{1}{2}} \tag{4-6}$$

式中，z_a 为 $z = \{z_i\}$，$i = 1, 2, \cdots, n$ 的平均值，$S(a)$ 的数值越大，说明样本数

据越分散。类密度函数 $D(a)$ 可以表示为

$$D(a)=\sum_{i=1}^{n}\sum_{j=1}^{p}(R-r_{ij})\times f(R-r_{ij}) \tag{4-7}$$

式中，R 为局部密度的窗口半径，这个窗口内的数据量不能太少，且样本数据量增加时，窗口内的样本点数不能增加太多。在本文中，取 $R=R_{max}$ 作为窗口半径。r_{ij} 为样本之间的距离，$f(R-r_{ij})$ 为单位阶跃函数，即当 $R-r_{ij}\geqslant 0$ 时，$f(R-r_{ij})=1$；$R-r_{ij}<0$ 时 $f(R-r_{ij})=0$

$$r_{ij}=\left|z_i-z_j\right|,\quad (i=1,2,\cdots,n;j=1,2,\cdots,p) \tag{4-8}$$

（四）最佳投影方向

根据投影寻踪模型的基本思想可以看出，最佳投影方向的确定是低维数据能真实反映高维数据结构和特性的核心步骤，不同的投影方向反映的数据结构不同，而最佳投影方向可以使映射后的低维数据尽可能多地反映高维原始数据内所包含的信息。此外，当数据复杂程度足够高时，可能会出现不同的投影方向，但最佳投影方向一定是能反映出最多原始数据信息的投影方向。

因此，可以通过求投影指标函数最大值的方式估计最佳投影方向（前提是原始数据指标值越大代表风险越高）

$$Q(a)=\max[S(a)\cdot D(a)] \tag{4-9}$$

$$\text{s.t.}\quad \sum_{j=1}^{p}a_j^2=1\quad,\quad -1<a_j<1 \tag{4-10}$$

上式的求解为高位非线性求解问题，计算过程复杂，因此引入粒子群算法对该问题进行计算获取最优解。下面介绍粒子群算法的基本原理。

粒子群算法（PSO）是将每一个粒子看作捕食的鸟，粒子所在的位置代表优化问题的可行解，经过不断迭代，不断改变自己的位置和移动方向，最终接近最优解。由于粒子在运动过程中存在一定随机性，因此，当粒子群距离最优解都比较远的时候，容易造成整个粒子群优化速度放缓并且求得的结果可能不是最有解的问题。针对这个现象，Boyd 和 Richerson 将人们处理问题的方式运用到粒子群算法中，此时，粒子的运动方向不再是朝着最优解方向的随机运动，而是会参考自身的位置信息和粒子群里的最佳位置信息来决定粒子本身的运动方向。因此，在这种情况下，粒子群算法更加突出了粒子间的互相学习、信息

共享的原则。这种处理方式可以减少需要提前设定的参数，在工业生产控制中得到了广泛的应用。

在粒子群算法中，每个粒子在运动的过程中必须遵循以下三个原则：

① 避免碰撞：粒子与粒子之间应当保持一定的间隔，在不断迭代过程中不能发生碰撞，如果两个粒子位置相互接近，需要在下一次迭代过程中分离。

② 速度匹配：粒子群在向目标函数运动的过程中，相邻的粒子之间需要保持相同的速度。

③ 群集中心：粒子不能离开群体，并且粒子应该向临近粒子的平均位置移动，向粒子群的中心位置移动。

假设待求解优化问题的空间维度为D，粒子个数为n，其中第i个粒子的初始位置可以设置为$\boldsymbol{x}_i=(x_{i1},x_{i2},\cdots,x_{in})^{\mathrm{T}}$，初始速度设置为$\boldsymbol{v}_i=(v_{i1},v_{i2},\cdots,v_{in})^{\mathrm{T}}$，当粒子群迭代$t$次后，粒子$i$寻找到的最佳位置记为$\boldsymbol{P}_i(t)=(p_{i1},p_{i2},\cdots,p_{in})^{\mathrm{T}}$，即个体历史的最优解为$\mathrm{Pbest}_i(t)$。而在粒子群中所有粒子所遍历的最好状态为$\mathrm{Gbest}_i(t)$，因此，通过最优化问题来求解时，$\mathrm{Gbest}_i(t)$可以通过如下公式计算得到

$$\mathrm{Gbest}(t)=\min\{\mathrm{Pbest}_1(t),\mathrm{Pbest}_2(t),\cdots,\mathrm{Pbest}_n(t)\} \tag{4-11}$$

基于粒子群算法的速度和位置迭代公式为

$$\boldsymbol{v}_i^j(t+1)=\boldsymbol{v}_i^j(t)+c_1r_1(\mathrm{Pbest}_i^j(t)-\boldsymbol{x}_i^j(t))+c_2r_2(\mathrm{Gbest}_i^j(t)-\boldsymbol{x}_i^j(t)) \tag{4-12}$$

$$\boldsymbol{x}_i^j(t+1)=\boldsymbol{x}_i^j(t)+\boldsymbol{v}_i^j(t+1) \tag{4-13}$$

其中，$i=1,2,\cdots,N$为粒子的编号，$t=1,2,\cdots,T$为迭代次数，$j=1,2,\cdots,D$为原始待求解数据的维度，c_1为算法的进化方向的权重，c_2表示为算法的进化速度的权重。通常情况下c_1和c_2在$[0,2]$选取，它们决定了算法在求解过程中的速度和精度，r_1和r_2为$[0,1]$的随机数。

综上，粒子的速度主要由三部分组成：第一部分是对上一次迭代速度$v(t)$的继承；第二部分是粒子i的最佳位置Pbest_i，它属于粒子自我经验的参考值，在寻找最优解的过程中具有导向作用；第三部分是粒子群的最佳位置Gbest_i，它在粒子个体对最优解的寻找中起极大作用。

七、事故概率分析评价法

（一）事故概率分析评价介绍

企业生产过程中，风险大多随机出现，给安全管理带来了不确定性。利用

概率论与数理统计可以进行有效分析，如安全生产事故发生频率的稳定性、频率与概率的关系等。事故概率分析评价法（PRA）起初主要应用于航空航天领域，随后逐步推广到运输、建筑、能源、化工、军事等其他行业，是一种典型的定量风险评价法。事故概率分析评价法是基于大量试验数据和事故统计分析，依据事故的基本致因因素的发生概率，应用数理统计中的概率分析方法，求取事故基本致因因素的关联度或整个评价系统的事故发生概率。在实际评价过程中，一方面需要运用事故后果预测的模型和方法进行事故后果的预测，另一方面需要对特定对象导致事故的概率进行分析与计算。

（二）事故频率分析

1. 样本空间与随机事件

① 随机现象。

随机现象表面上以偶然性为特征，实际上存在统计规律性，广泛存在于自然现象和社会现象。如抛一枚硬币，在相同的条件下，哪一面朝上是不确定的，但正面朝上的次数大约占到一半。

② 随机试验。

随机试验是指对随机现象进行观察，具有下列 3 个特征：一是试验可以在相同的条件下重复进行；二是每次试验的可能结果至少两个，且在试验之前能明确知道所有可能的结果；三是每次试验前不知道哪个结果会出现。

③ 样本空间。

对同一个对象进行随机试验，若观察的内容不同，样本空间也会不同。如将某班学生的一次考试作为随机试验，若观察的是及格率问题，样本空间为 S_1={及格，不及格}；若观察学生的得分情况，以 5 分制计分，则样本空间为 S_2={0，1，2，3，4，5}。

④ 样本点。

样本点是随机试验的每一个可能的结果，即构成样本空间集合的单个元素，如 S_1 中的及格、不及格，S_2 中的 0、1、2、3、4、5 分别是相应随机试验样本空间的样本点。

⑤ 随机事件。

随机试验样本空间 S 的子集称为此试验的随机事件，用 A、B 等表示。

基本事件：样本空间中的每一个样本点（不能再分解）。

随机事件：由若干个基本事件组合而成。

不可能事件：不含样本点的集合，记为空集。

必然事件：试验的样本空间。

2. 事件的频率与概率

① 事件的频率及性质。

频率，也称频次。随机事件 A，如果在 n 次试验中出现了 n_A 次，则事件 A 在 n 次试验中发生的频率用式（4-14）计算。其中，k 个两两互不相容的事件 A_1，A_2，…，A_n，具有式（4-15）所示的特征函数。

$$f_n(A)=\frac{n_A}{n} \tag{4-14}$$

$$f_n\left(\bigcup_{i=1}^{k}A_i\right)=\sum_{i=1}^{k}f_n(A_i) \tag{4-15}$$

② 概率的统计定义。

如果试验的次数 n 很大时，事件 A 发生的频率 $f_n(A)$ 稳定在某个数值 P 的附近，随着试验次数 n 的增加，其频率在 P 附近摆动的幅度会越来越小，称 P 为随机事件 A 的概率。

随机事件 A 的频率 $f_n(A)$ 在几次试验中表示事件 A 在试验中发生的频繁程度。当 n 较小时，$f_n(A)$ 越没有规律；当 n 不相同时，$f_n(A)$ 的值一般不同；但当 n 足够大时，$f_n(A)$ 会稳定在一个值 P 的附近摆动，n 越大，摆动的区间越小。

③ 概率的公理化定义。

设随机试验 E 的样本空间为 S，若对 E 的每一个事件 A 都赋予一个实数 $P(A)$，称 $P(A)$为事件 A 的概率，对两两互不相容的事件 A_1，A_2，…，A_n，有如下特征

$$P\bigcup_{i=1}^{\infty}A_i=\sum_{i=1}^{\infty}P(A_i) \tag{4-16}$$

④ 古典概率模型。

若随机试验具有以下特点：一是样本空间含有限个基本事件；二是每个基本事件发生的可能性相同，随机试验中的事件 A 发生的概率 $P(A)$的计算公式如式（4-17）所示。

$$P(A)=\frac{k}{n}=\frac{\text{事件}A\text{中所包含的基本事件数}}{\text{样本空间中的基本事件数}} \tag{4-17}$$

（三）事故概率分析评价

1. 致因因素

致因因素是指能够或引起风险事故发生的因素，它是风险事故发生的潜在

原因，是造成损失的内在原因。致因因素可分为实质性致因因素、道德致因因素和心理致因因素。实质性致因因素属于有形因素，指能引起或增加损失概率与损失程度的物质条件，如失灵的刹车系统、易爆物品等。道德致因因素属于无形因素，常常表现为不良企图或恶意行为、故意促使风险事故或损失扩大的行为，如故意不按照操作规程进行作业、提供生产风险的虚假信息等。心理致因因素属于无形因素，指可能引起或增加风险事故发生和发展的心理状态方面的原因，如一时疏忽造成的违章作业等。

2. 事故场景

事故场景就是发生事故的事故链，包括初始事件、一系列的中间事件和后果事件。事故场景的识别必须完整、准确，是进行事故概率分析与预测的基础，也是进行后续定量风险评价的基础。事故场景识别很大程度上依赖于分析人员的经验和知识水平、使用方法的熟练程度及对系统的熟悉程度，同时又要综合运用多种风险分析和评价方法（如事故树分析、故障模式与影响分析、预先危险分析、危险与可操作性研究等），进行事故场景的识别。

3. 事故概率分析评价的步骤

对企业生产系统发生事故的概率进行分析时，分析的时机、范围、程度等具体要求不尽相同。一般包含以下 5 个步骤。

① 研究熟悉系统。

全面熟悉所分析的生产系统，包括系统的设计、运行及其环境等方面的信息。这是进行风险评价、风险管理等工作的基础。

② 分析初始事件。

初始事件是事故场景的出发点。如果初始事件分析不完全，则无法分析出所有的事故场景，因而也就无法得出正确全面的结论。初始事件的鉴别是一项复杂而重要的工作，可以使用风险分析如预先危险性分析等方法。

③ 事件序列分析。

企业生产系统对不同的初始事件存在不同的响应，事件的发展过程及结果也会不一样。因此，必须对企业生产系统进行分析，先对导致事故的事故链进行全面梳理，生成系统的功能事件序列图，然后通过建立事件树进行分析。

④ 初始事件和中间事件概率的评估。

企业生产过程中的每一个事故场景均对应一个事故链。在一个事故链中，初始事件和中间事件都可能由部件或设备的失效而引起。通过对顶事件进行分析，可求出顶事件或中间事件的发生概率。当某些事件不能展开事故树分析或展开分析也难以得到其发生概率时，可以通过相似生产系统的经验数据、测试数据、分析结果，以及可用的通用数据或专家的判断获得。

⑤ 不确定性分析。

运用有关分析方法对生产系统进行分析时，往往存在技术和统计数据方面的不确定性，最终会传导至事件序列的最终事件。所以，需要对最后的结果进行不确定性分析。

（三）事故概率分析评价的不足

1. 评价过程的完整性问题

企业在生产过程中，导致事故发生的因素较多、事故链多且复杂。在实际风险评价过程中，为了准确预测事故，需要全面梳理事故致因链条，且忽略小概率事件。然而，在简化模型和忽略小概率事件过程中，需要全面综合考虑企业生产系统的整体情况，否则评价结果生产实际会有较大差距。

2. 基础数据缺乏及准确性问题

企业安全生产过程中，人的不安全行为对事故的影响较大，如三里岛核电站事故、印度博帕尔毒气泄漏事故等。然而，人的不安全行为对生产系统的影响范围、影响程度难以量化，只能通过历史数据或者类似生产系统的数据加以判断或通过专家研讨进行判断，评价结果的准确性值得商榷。

3. 假设和专家判断方法可靠性问题

企业生产风险评价结果与假设条件、系统建模以及将历史数据代入模型所做的判断等一系列因素有关。大量的数据表明，概率评价能产生 2 个数量级的误差，可能导致最终的定量风险评价结果也存在几个数量级的误差。这类误差并非分析方法的缺陷，而是由于评价对象的描述、假设和使用模式等方面的误差所致的。

4. 表达不确定性问题

在很大程度上，不确定性取决于分析的完整性、建模的准确性以及参数估计的充分性。企业生产风险分析方法和评价模型的不完整性，将会导致风险评价结果的不确定性，需要引入敏感度分析方法进行补充。

5. 对象和评价技术的复杂性问题

企业生产系统日趋复杂且相互渗透，衍生出很多有待解决的新问题。例如，大规模的核安全评价包含了无数个不同的系数，需要不同领域的专家参与。

第三节 风险分层综合评价法

一、风险综合评价法概述

（一）风险综合评价法介绍

风险综合评价法是企业生产目前应用比较广泛的一种方法，是通过全面分析被评价系统、建立评价指标体系、确定权重方法等计算整体风险水平。风险综合评价法一般分为 6 个步骤。一是明确评价对象，评价对象可以为整个企业，也可以为某个生产单元或者具体的一个工作岗位。二是确定风险评价指标体系，指标体系是风险评价的关键，包含定性评价指标和定量评价指标。三是对风险评价指标体系进行无量纲化处理和归一化处理。四是确定评价指标体系的权重，主要分为主管赋权法和客观赋权法。五是确定风险评价的合成方法，计算风险综合评价值。六是确定评价集，基于此进行系统分析和决策。风险综合评价法类型较多，目前使用较多的有层次分析法、多目标决策法、模糊评价法等。

（二）层次分析法

层次分析法（AHP）综合了人们的主观判断，是一种简明实用的定性分析与定量分析相结合的系统分析与评价的方法。层次分析法将需要评价的总目标逐层分解，通过求解判断矩阵特征项目的方法，逐层计算权重，最后加权求和得到总评价值，如图 4-4 所示。层次分析法的优点是利用较少的定量信息使决策的思维过程数学化，从而为多目标、多准则的复杂决策问题提供简便的决策方法。

层次分析法在使用过程中大概分为 5 个基本步骤。一是建立层次结构模型，将复杂问题所涉及的因素分成若干层次，建立多级递阶的层次结构模型（目标层、准则层、方案层）。二是构造成对比较阵，同一层次任意两个因素进行重要性比较，对它们的重要性之比做出判断，给予量化。三是构造判断矩阵，对同属一个层次的各要素以上一级的要素为准则进行两两比较，根据评价尺度确定其相对重要度，据此构建判断矩阵。四是计算权重向量，计算判断矩阵的特征向量，以此确定各层要素的相对重要度。五是一致性检验，通过综合重要度（权重）的计算，按照最大权重原则，确定最优方案。

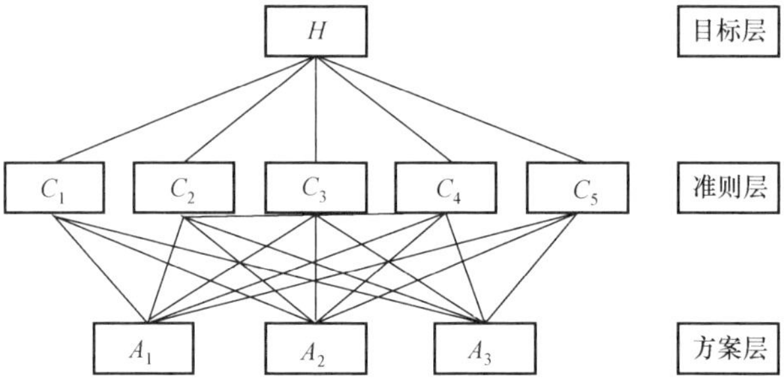

图 4-4　层次分析法示意

（三）多目标决策法

多目标决策法是管理科学的一个重要分支，通过对多个相互矛盾的目标进行科学、合理的选择，做出决策的理论和方法。多目标决策法需要同时考虑相互矛盾的多种目标，但是一般很难使每个目标都达到最优，而是在各种目标之间和各种限制之间寻找一种合理的妥协，达到多目标最优化的过程。多目标决策法常用于多个目标和决策选优的过程，一般用线性加权法进行计算。

（四）模糊评价法

模糊评价法是利用模糊数学对安全信息定量化处理，从而进行综合评价与决策。模糊评价法对企业安全生产信息整体层面进行安全评价，从而得到企业生产系统整体安全值。模糊评价法的步骤一般是先建立模糊评价指标体系、明确指标权重、确定评价等级，然后对每个因素进行单独评价，在此基础上对所有因素进行综合评价。一般而言，评价指标权重以及各个评价指标对评价等级的隶属度是模糊评价法的关键，对评价结果有直接影响。

二、风险分层评价指标体系设计

（一）指标体系设计原则

企业生产系统是一个多系统相互交叉影响的复杂系统，其风险的计算要基于多指标展开。指标是企业安全隐患风险度简化以后的信息，分为定量指标和定性指标[95]。指标体系是由同一类指标通过一定的层级关系组合成的集合。一个规范的、系统的指标体系可以客观真实地反应系统的状态和发展趋势。在对机械制造厂生产系统分析的基础上，设计风险评价模型的指标体系，该指标体系应该是全方位、多层次、多指标的动态体系，在设计过程中应该遵循以下 6 个方面的原则[96,97]。

1. 系统性原则

企业生产系统是一个复杂的动态开发系统，在生产过程中受到多种因素的制约，所以指标的选取应该深入生产一线，从现场安全隐患里面提取，按照指标体系的层次性、相关性进行遴选，构建的企业指标体系要层次明确、条理清楚，便于对企业安全生产进行客观真实的评价。

2. 科学性原则

企业风险评价模型指标的选取要服从企业生产的实际情况，坚持科学性原则，真实反映企业生产过程中主要的安全因素，突出重点，风险评价才具有真实性和客观性。

3. 定性和定量相结合的原则

企业生产系统的复杂性决定了各个指标不可能全部是定量指标，因此，在计算过程中只有采用定量和定性相结合的方式才能全面真实反映企业生产中的安全状态。

4. 静态与动态相结合的原则

企业生产系统不仅包含静态的安全指标，如油库、氧气转运站、特种社保、安全防护设施等，也包含动态指标，如设备老化部件松动、人员违规操作、安全管理松懈、作业过程中危险有害气体浓度、自然天气变化等。在对企业安全生产中的风险进行计算时要注意将动态性指标融入风险评价模型。

5. 全面性原则

企业的宏观风险评价模型指标体系要覆盖企业生产过程中的每个方面、每个过程，但是指标又不能太细、太庞杂。所以，只有选取具有代表性的全面指标才能对生产实践具有指导意义。

6. 独立性原则

企业生产系统是一个多系统相互交合的生产系统，在指标体系构建时要避免重复设置指标的现象出现。

（二）指标体系设计流程

企业宏观风险评价指标体系的构建在宏观风险评价中至关重要，指标体系的设计过程是一个动态的不断完善的过程，如图 4-5 所示。本书将风险分层评价指标体系的设计主要分为 4 个步骤。一是分别从人、机、环、管 4 个方面对企业生产系统的风险因素进行分析。按照指标体系设计原则从 4 个方面对企业生产过程中的风险因素进行逐级分解、提炼、综合，得到初步的指标和层次结构。二是在指标分析提炼的基础上，设计一套调查问卷，对企业生产一线的工人展开问卷调查，全面准确地分析企业生产风险评价指标体系。三是对问卷调查后得到的指标体系进行科学的分析，将重复的指标去掉，最终提炼、总结出一套合理、可行的指标体系。四是对通过问卷、理论分析等确定的企业宏观风险评价模型进行试运行，根据企业生产的实际情况，不断调整具体的指标和指标间的层次，使企业风险评价模型更贴近企业生产实际，风险评价结果更具有实际意义。

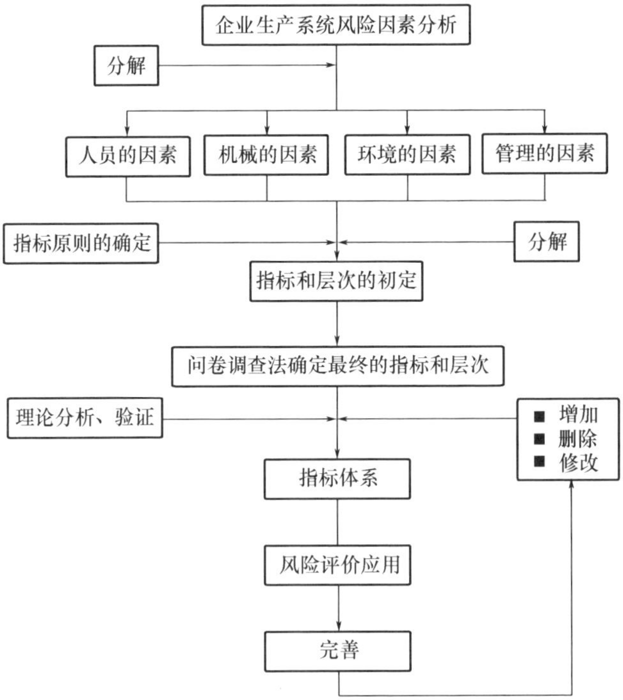

图 4-5　风险分层评价指标体系设计流程

（三）建立风险分层评价指标体系

1. 风险分层评价指标分析

企业生产风险评价指标体系没有统一的标准，根据生产系统的特点，结合风险评价模型进行设计比较合理。在前人研究的基础上，结合企业生产实际情况，从人、机、环、管 4 个方面分层设计风险评价指标体系。企业生产风险评价一般分为 3 层，每个宏观指标下分为若干个中观层面的指标，每个中观层面的指标下面又分为若干个微观层面的指标。

企业生产系统中人、机、环 3 个方面的风险评价指标体系为直接指标体系，“人”子系统的指标为区域内的工作岗位，将工作岗位的不安全行为设为人的不安全行为，进行定量分析；“机”子系统是主要机械设备的安全隐患；“环”子系统是作业区域内的关键环节参数的监测。企业生产系统中管理方面的风险评价指标有的为直接评价指标，有的为间接评价指标；“管”子系统的评价指标也可细分为管人、管机器、管环境的管理制度和措施。

2. 企业宏观风险分层评价指标体系

企业生产过程中，安全管理无处不在，几乎每个作业区域都有管理制度、管理措施、执行力强弱等指标，细分到每个作业区域。因此，企业生产风险评价模型中人、机、环的指标体系（以某机械制造厂为例，仅列出部分主要指标），如表 4-20 所示；企业生产风险评价模型中管理的指标体系（仅列出部分主要指标），如表 4-21 所示。其中，人、机、环方面风险指标可以根据风险矩阵、LEC 评价法、MES 评价法等评价方法计算；管理的风险指标部分可以用风险矩阵和 LEC 评价法进行计算，部分可以用打分法进行半定量的计算。

表 4-20 某机械制造厂生产风险评价模型中人、机、环的指标体系

<table>
<tr><th>宏观风险</th><th>中观风险</th><th>微观风险</th><th>具体工作岗位、机械设备、环境参数</th></tr>
<tr><td rowspan="9">某机械制造厂</td><td rowspan="9">智能制造中心</td><td rowspan="4">人</td><td>动火作业</td></tr>
<tr><td>密闭作业</td></tr>
<tr><td>高空作业</td></tr>
<tr><td>职业健康危害作业</td></tr>
<tr><td rowspan="5">机</td><td>车辆</td></tr>
<tr><td>起重机械及吊索</td></tr>
<tr><td>压力容器</td></tr>
<tr><td>金属切削机床</td></tr>
<tr><td>冲剪压机械</td></tr>
</table>

续表

宏观风险	中观风险	微观风险	具体工作岗位、机械设备、环境参数
某机械制造厂	智能制造中心	机	砂轮机
			空气压缩机
			涂装设备
			工业梯台
			焊接设备
			电气线路
			管道
			风动工具
			装配线
		环	危险有害因素
			照明
			设备安全距离
			安全防护设施
			工厂建筑
	液压件分厂	人	动火作业
			吊装作业
			高空作业
			配电作业
			其他作业
		机	车辆
			起重机械及吊索
			压力容器
			金属切削机床
			冲剪压机械
			砂轮机
			空气压缩机
			实验设备
			焊接设备
			电气线路
			管道
			风动工具
			装配线
		环	危险有害因素
			照明
			设备安全距离
			安全防护设施
			工厂建筑

续表

宏观风险	中观风险	微观风险	具体工作岗位、机械设备、环境参数
某机械制造厂	综合加工分厂	人	动火作业
			吊装作业
			高空作业
			密闭作业
			配电作业
		机	车辆
			起重机械及吊索
			压力容器
			金属切削机床
			冲剪压机械
			砂轮机
			空气压缩机
			涂装设备
			工业梯台
			焊接设备
			电气线路
			管道
			风动工具
			装配线
		环	危险有害因素
			照明
			设备安全距离
			安全防护设施
			工厂建筑
	电镀分厂	人	动火作业
			吊装作业
			配电作业
			临时线作业
		机	车辆
			起重机械及吊索
			压力容器
			电镀设备

续表

宏观风险	中观风险	微观风险	具体工作岗位、机械设备、环境参数
某机械制造厂	电镀分厂	机	工业梯台
			电气线路
			管道
			风动工具
			装配线
		环	危险有害因素
			照明
			设备安全距离
			安全防护设施
			工厂建筑
	金属件分厂	人	动火作业
			吊装作业
			配电作业
		机	车辆
			起重机械及吊索
			压力容器
			金属切削机床
			冲剪压机械
			砂轮机
			空气压缩机
			涂装设备
			工业梯台
			焊接设备
			电气线路
			管道
			风动工具
			装配线
		环	照明
			设备安全距离
			安全防护设施
			工厂建筑

续表

宏观风险	中观风险	微观风险	具体工作岗位、机械设备、环境参数
某机械制造厂	物流中心	人	动火作业
			吊装作业
			临时线作业
			配电作业
		机	车辆
			起重机械及吊索
			压力容器
			打包机
			空气压缩机
			涂装设备
			工业梯台
			焊接设备
			电气线路
			管道
			风动工具
		环	照明
			设备安全距离
			安全防护设施
	下料中心	人	动火作业
			吊装作业
			高空作业
			配电作业
			临时线作业
		机	车辆
			起重机械及吊索
			压力容器
			金属切削机床
			冲剪压机械
			砂轮机
			空气压缩机
			锯床
			数控下料机床
			工业梯台

续表

宏观风险	中观风险	微观风险	具体工作岗位、机械设备、环境参数
某机械制造厂	下料中心	机	焊接设备
			电气线路
			管道
			风动工具
			装配线
		环	危险有害因素
			照明
			设备安全距离
			安全防护设施
			工厂建筑
	热处理分厂	人	动火作业
			高空作业
			配电作业
		机	车辆
			冶金天车
			压力容器
			金属切削机床
			校直机
			砂轮机
			空气压缩机
			工业炉窑
			蘸火油池
			蘸火水池
			工业梯台
			焊接设备
			电气线路
			管道
			风动工具
		环	危险有害因素
			照明
			设备安全距离
			安全防护设施
			工厂建筑
	气体站	人	动火作业
			吊装作业
			配电作业

续表

宏观风险	中观风险	微观风险	具体工作岗位、机械设备、环境参数
某机械制造厂	气体站	机	压力容器
			冲剪压机械
			工业管道
			工业梯台
			焊接设备
			电气线路
			管道
			风动工具
			泄漏监测系统
		环	防爆设施
			照明
			设备安全距离
			安全防护设施
			防雷设施
	加油站	人	吊装作业
			配电作业
		机	起重机械及吊索
			加油机
			油罐
			电气线路
			泄漏监测系统
		环	危险有害因素
			照明
			设备安全距离
			安全防护设施
			防雷设施
	危化库	人	配电作业
			高空作业
			其他作业

续表

宏观风险	中观风险	微观风险	具体工作岗位、机械设备、环境参数
某机械制造厂	危化库	机	车辆
			起重机械及吊索
			防尘设备
			应急救援装备
			工业梯台
			电气线路
			泄漏监测系统
		环	危险有害因素
			照明
			设备安全距离
			堆放距离
			安全防护设施
			工厂建筑
	开关站	人	动火作业
			配电作业
			临时线作业
		机	绝缘工具
			起重机械及吊索
			电气试验设备
			道闸工具
			高低压配电柜
			电气线路
			变压器
		环	危险有害因素
			照明
			设备安全距离
			安全防护设施
			防雷设施
			工厂建筑

续表

宏观风险	中观风险	微观风险	具体工作岗位、机械设备、环境参数
某机械制造厂	污水处理站	人	动火作业
			密闭作业
			配电作业
		机	防爆设备
			起重机械及吊索
			配电柜
			泄漏监测系统
			通风设备
			电气线路
			应急救援装备
		环	危险有害因素
			照明
			设备安全距离
			安全防护设施
			工厂建筑

表 4-21　企业生产风险评价模型中管理的指标体系

宏观指标	中观指标	微观指标	定性/定量
“管”子系统	安全管理制度	安全管理制度标准化	半定量
		安全例会制度	半定量
		安全生产责任制	半定量
		安全管理模式	半定量
		安全检查制度	半定量
		安全投入保障制度	半定量
		安全技术审批制度	半定量
		设备器材使用管理制度	半定量
		主要灾害预防管理制度	半定量
		进入作业区域制度	半定量
		安全操作规程制度	半定量
		安全标志管理制度	半定量
		安全目标管理制度	半定量
		特种作业人员持证上岗率	定量

续表

宏观指标	中观指标	微观指标	定性/定量
“管”子系统	安全管理组织机构	机构运行状态	半定量
		机构办事流程繁简程度	半定量
		机构分工是否明确、合理	半定量
	风险管理	风险管理机构人员组成结构	定量
		安全隐患辨识标准	定量
		安全隐患分类	定量
		风险评价体系	半定量
		安全隐患监测体系	半定量
		预警体系	半定量
		隐患整改率	定量
	应急响应机制	应急管理预防措施	半定量
		应急管理准备措施	半定量
		应急管理响应时间	定量
		应急预案	半定量
		应急演练达标率	定量
		逃生通道是否顺畅	定量
		应急工作事后处理方法	半定量
	安全绩效与奖惩	安全绩效考核体系	半定量
		奖惩制度	半定量
		建立安全风险抵押金管理办法	半定量
		员工奖罚记录	定量
		开展职工岗位技能考核日常化	定量
	安全文化	安全目标是否明确	定量
		明确的安全理念	半定量
		安全文化内涵是否丰富	半定量
		安全文化宣传方式	定量
		安全文化建设体系	半定量
		安全文化氛围	半定量
	安全培训	安全培训制度	半定量
		安全培训内容	半定量
		培训教师是否具有资质	定量
		员工对安全培训重视程度	半定量
		培训结束后考核标准化程度	半定量

续表

宏观指标	中观指标	微观指标	定性/定量
“管”子系统	档案管理	安全生产相关许可证	定量
		特种作业资格证	定量
		营业执照	定量
		安全评价报告	定量
		安全检查表	定量
		环境风险监测报告	定量
		机械设备维修记录	定量
		工伤保险缴费凭证	定量
		重大安全隐患评估报告	定量
		单项工程验收、认证资料	定量
		安全作业规程	定量
		安全检查制度落实率	定量
		员工档案信息	定量
		岗位安全操作规程	定量
		全年重伤人员比率	定量
		全年轻伤人员比率	定量
		职业病人员比率	定量
		亿元产值死亡率	定量

3. 企业中观风险分层评价指标体系

以某制造加工厂的智能制造中心为例，按照人、机、环、管 4 个方面设计企业中观风险分层评价指标体系。智能制造中心“人”子系统风险评价指标体系如表 4-22 所示，智能制造中心“机”子系统的风险评价指标体系如表 4-23 所示，智能制造中心“环”子系统的风险评价指标体系如表 4-24 所示，智能制造中心“管”子系统的风险评价指标体系如表 4-25 所示。

表 4-22 智能制造中心“人”子系统风险评价指标体系

子系统	具体岗位	细化指标
智能制造中心“人”子系统	动火作业	作业前未进行审批
		作业过程中未隔离
		违章操作
		擅离职守
		个人安全防护不足
		作业后未进行清理和检查

续表

子系统	具体岗位	细化指标
智能制造中心“人”子系统	密闭作业	缺少风险告知提示
		缺少有资格有经验的人监管
		未做到“先通风，再检测，后进入”作业
		违章操作
		擅离职守
		个人安全防护不足
	高空作业	作业前未进行审批
		作业人员存在相关职业病
		在不坚固的结构上作业
		未先行撤除或固定可能坠落的物件
		现场无监护人
		个人安全防护不足
		违章操作
		擅离职守
	职业健康危害作业	有毒作业
		粉尘作业
		高温作业
		劳动强度过高

表 4-23　智能制造中心“机”子系统风险评价指标体系

子系统	机械类型	细化指标
智能制造中心“机”子系统	车辆	车辆行驶超速
		电气、仪表、信号等装置失效
		轮胎磨损超标
		轮胎爆胎，超高运输或危险码放运输
		车辆停放在道路或路口
		车辆倒车、掉头时未查明周围情况
		危险地段倒车、掉头
		夜间行驶照明不足
	起重机械及吊索	起重设备及吊索具缺陷
		滑轮安装不合规
		滑轮上的固定螺丝松动或脱落
		吊钩等取物装置检修不及时
		制动器检修不及时

续表

子系统	机械类型	细化指标
智能制造中心“机”子系统	起重机械及吊索	紧停开关、缓冲器等存在缺陷
		信号装置与照明设施不符合规定
		未按要求安装滑线护板
		新装半臂吊急停不灵敏
		滚筒电缆碾压、磨损、老化等
	压力容器	外表面有腐蚀现象
		真空度不够
	金属切削机床	限位、联锁、操作手柄失效
		机床安装线路不合规
		专用工具使用不当
		磨床砂轮不合格
	冲剪压机械	制动器不可靠
		紧急停止按钮安装不合规
		PE 线接触不良
		冲剪压设备胎具质量不合格
		冲剪压设备胎具安装不合规
	砂轮机	托架没有足够的强度和面积
		未按要求安装软垫
		砂轮磨损量超标或超过有效期
		PE 接触不良或连接错误
	空气压缩机	压缩空气管道有腐蚀现象
		压缩空气管道内积存杂物
		空压机安装地点通风不好
		螺杆式压缩机通风口处有杂物
		管道内积碳易爆炸
		周边存放易燃易爆物资
	涂装设备	电器设施未达到防爆要求
		挂装作业挂具不匹配
		危险区域划分不合理
	工业梯台	未做除锈和防腐涂装处理
		斜梯结构件有松脱、裂纹、腐蚀等伤害
		结构件有松脱、裂纹、腐蚀等伤害
		平台、护栏、防滑装置有破损

续表

子系统	机械类型	细化指标
智能制造中心“机”子系统	焊接设备	电焊机的引出线接头
		绝缘破裂导体裸露
		引出线利用设备接作二次回路
		焊钳在使用中绝缘手柄损坏
		焊机绝缘检修不合规
		可燃气体焊接与切割工具连接不牢固
		电弧焊机的一次电缆绝缘不良
		电弧焊机电缆破损
		电弧焊机电缆连接不规范
		结构件焊接立放不合规
	电气线路	低压线路布线不符合安全要求
		低压线路导电性能不符合要求
		线路绝缘、屏护不良
		电杆直立、拉线等不符合要求
		线路相序、线色不正确使用
		采用裸露三相铝母排供电
		在重大安全场所架设临时线路
	管道	工业管道的指示等标志褪色严重
		管网平面布置图未及时更新
		压力管道未定期检验
		管道存在腐蚀、泄漏等现象
	风动工具	砂轮夹紧装置不符合规定
		卡盘与砂轮的接触面不均匀
		砂轮使用中出现裂纹、缺损
		气阀、开关有漏气等现象
		气路存在泄漏、气管老化、腐蚀
		橡胶管存在鼓包或局部漏气现象
		储罐以下的钢管和接头处有泄漏
	装配线	架体强度不够
		构件焊接不牢固
		紧固件没有防振动措施
		高压液体伤人

表 4-24 智能制造中心“环”子系统风险评价指标体系

子系统	环境因素	细化指标
智能制造中心“环”子系统	危险有害因素	易燃易爆品和危险化学品
		酸碱雾气
		重金属雾气
		高温
		粉尘
		噪声
	照明	道路照明亮度不足
		照明设备损坏
	设备安全距离	零部件占用道路及便道
		零部件码放不整齐、超高
		设备间距过短
		设备与墙间距过短
	安全防护设施	灭火设备设施
		防雷装置
		防静电措施
		可燃气体报警器
		漏电保护
		安全防护扶梯，防护栏杆等
		防护罩等隔离、保护装置
		通信设施
		职业健康防护设施
	工厂建筑	房屋漏雨
		物体掉落
		结构变形
		地基塌陷
		安全设施不达标
		裂纹

表 4-25 智能制造中心“管”子系统风险评价指标体系

类型	中观指标	微观指标	管理措施
智能制造中心“管”子系统	人员管理	安全行为管理	员工培训
			持证上岗
			人员不安全行为梳理
			员工行为监督
			奖惩制度

续表

类型	中观指标	微观指标	管理措施
智能制造中心“管”子系统	机械管理	机电设施管理	供电线路布置
			供电系统保护
			设备选型、安装
			供电设备管理
			防爆电器设备管理
			电气设备保护
			设备检修
			设备完好率
			电气设备技术档案
	环境管理	通风管理	车间通风系统
			风量、风速测定
			通风设施管理
			局部通风管理
		防火管理	防灭火基础资料
			防火设备管理
		防尘管理	综合防尘基础资料
			防尘设备管理
	后勤管理	应急与事故管理	应急预案
			急救箱设置
			应急与自救培训
			事故管理
		职业健康管理	职业健康管理制度
			职业危害防治措施
			个体防护
			职业健康监护体系

（四）风险评价指标的预处理

1. 风险评价指标预处理概述

在风险评价指标中，由于量纲及其单位有所不同，如果直接采用风险指标数据进行计算往往会对计算结果造成影响。因此，需要进行数据标准化处理，以解决数据指标之间的可比性，消除量纲的影响。数据标准化处理主要包括指标的一致化、指标的无量纲化两个步骤。原始数据经过数据标准化处理后，各指标即处于同一数量级，适合进行综合对比计算。

2. 指标的一致化

根据取值类型的不同，风险指标可以分为四类：一是极大型指标，即指标数值越大效果越好；二是极小型指标，即指标数值越小效果越好；三是居中型指标，即指标数值越处于中间位置效果越好；四是区间型指标，即指标数值处于某个区间内效果越好。在风险评价指标体系中，如果存在不同类型的风险指标，又没有对其做一致化处理，则计算出来的综合指标就没有评判的标准。所以风险指标的一致化处理对于保证计算结果的准确性是十分必要的。目前，比较常用的处理方法是将其他类型指标都转换为极大型指标。

① 设存在极小型指标 x，则

$$x^* = M - x \quad \text{或} \quad x^* = \frac{1}{x} \quad (x > 0) \tag{4-18}$$

其中，x^*为变换成的极大型指标，M 为 x 的上界。

② 设存在居中型指标 x，则

$$x^* = \begin{cases} 2(x-m) & m \leqslant x \leqslant \dfrac{M+m}{2} \\ 2(M-x) & \dfrac{M+m}{2} < x \leqslant M \end{cases} \tag{4-19}$$

其中，x^*为变换成的极大型指标，M 为 x 的上界，m 为 x 的下界。

③ 设存在区间型指标 x，则

$$x^* = \begin{cases} 1 - \dfrac{q_1 - x}{\max(q_1 - m, M - q_2)} & x < q_1 \\ 1 & q_1 \leqslant x \leqslant q_2 \\ 1 - \dfrac{x - q_2}{\max(q_1 - m, M - q_2)} & x > q_2 \end{cases} \tag{4-20}$$

其中，x^*为变换成的极大型指标，M 为 x 的上界，m 为 x 的下界，$[q_1,q_2]$ 为 x 的理想目标区间。

3. 指标的无量纲化

指标的无量纲化是指采用数学变换的方法来消除原始指标量纲的影响，也称指标的标准化、规范化。为保证计算结果的准确性，避免因数量级的差距导致不合理的计算结果，必须对指标进行无量纲化处理。

在经过一致化处理后，计算模型中所有指标均变换为极大型指标，下面针对极大型指标进行无量纲化。考虑指标 $x_i\ (i=1,2,\cdots,m)$，其观测值为 $\{x_{ij} \mid i=1,2,\cdots n;\ j=1,2,\cdots n\}$，根据标准化处理方法进行无量纲化，如式（4-21）所示。

$$x_{ij}^{*}=\frac{x_{ij}-\overline{x}_i}{S_i} \tag{4-21}$$

式中，S_i、$\overline{x}_i$ 分别为第 i 项指标值的标准差和平均值。

三、风险分层综合评价模型

（一）风险分层综合评价模型指标体系

依据指标体系，建立一个多层次的递阶结构，按照宏观—中观—微观，将风险指标体系分成三个层次。宏观指标为人、机、环、管 4 个指标，中观指标在宏观指标的基础上向下细分，微观指标在中观指标的基础上向下细分。以智能制造中心为例，指标体系结构如图 4-6 所示。

（二）宏观风险评价模型的计算方法

宏观风险评价方法主要有三种：线性加权综合法、非线性加权综合法、逼近理想点（TOPSIS）法。

1. 线性加权综合法

线性加权综合法将单项指标值与权值的乘积进行累加后计算得到，设单项评价值为 $\overline{x}_i$，其对应的权值为 $w_j\ (j=1,2,\cdots,m)$，综合评价值为 y，则

$$y=\sum_{j=1}^{m} w_j x_j \tag{4-22}$$

该方法的特点主要为：各指标之间相互补偿，计算结果不变；权重系数对计算结果的作用比较大；计算简单，可操作性强。

但是，线性加权综合法在指标之间不能完全独立的情况下，会造成各指标间信息的重复而不能客观地反映实际。

2. 非线性加权综合加权法

该方法将单项指标值的权值的幂次方进行累乘计算得到，设单项评价值为

$x_j\ (j=1,2,\cdots,m)$ ，其对应的权值为 $w_j\ (j=1,2,\cdots,m)$，综合评价值为 y，则

$$y=\prod_{j=1}^{m}x_j^{w_j} \tag{4-23}$$

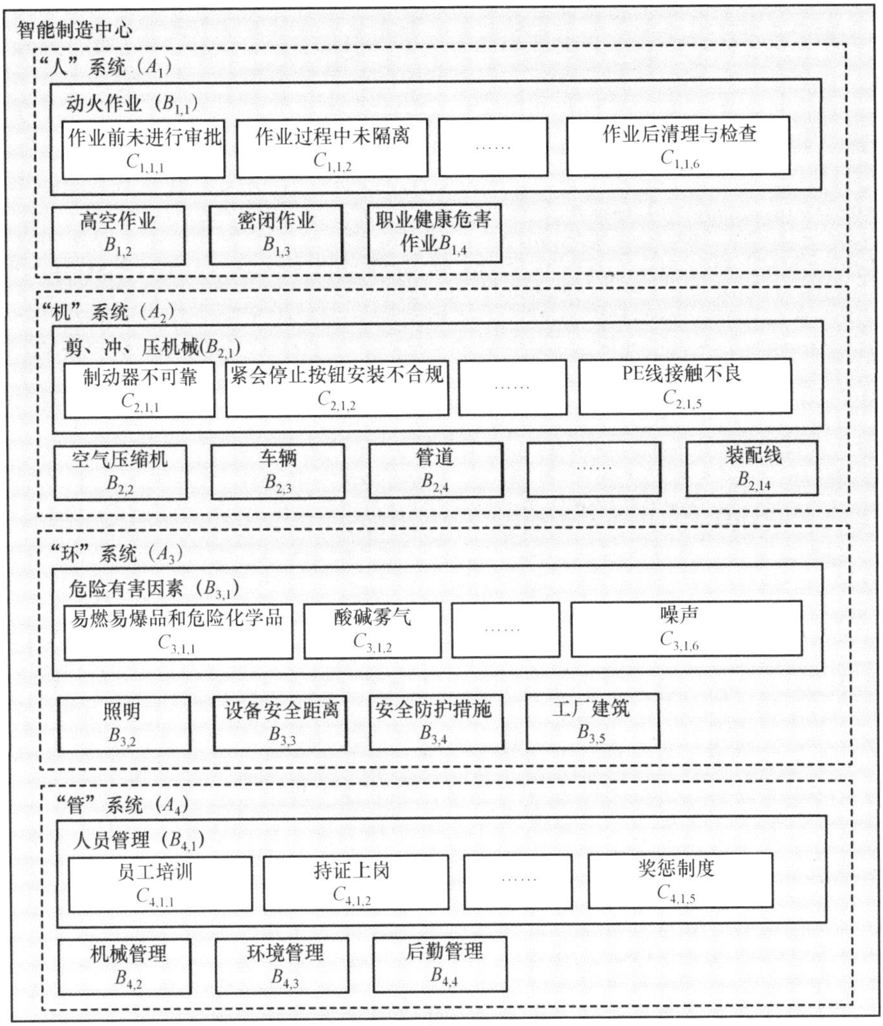

图 4-6 风险分层综合评价模型指标体系结构

非线性加权综合加权法主要特点为：指标数值需大于 0；相比于线性加权综合法，对较小数值的变动有着更强的敏感性。非线性加权综合加权法适用于各指标之间关联性较强的情况。

3. 逼近理想点（TOPSIS）法

该方法的基本思想是，设指标存在一个理想点$(x_1^*,x_2^*,\cdots,x_m^*)$，通过将计算对象$(x_{i1},x_{i2},\cdots,x_{im})$与该理想点进行比较而得到最好的评价对象。定义二者之间的加权距离为

$$y_i=\sum_{j=1}^{m}w_j f(x_{ij},x_j^*),\quad i=1,2,\cdots,n \tag{4-24}$$

其中，w_j为权值，$f(x_{ij}x_j^*)$为x_{ij}与x_j^*之间的某种意义下的距离。

由于企业风险因素具有很强的耦合性，因此，宏观风险评价模型中的算法采用非线性加权综合加权法。基于非线性加权综合加权法，中观指标的计算结果根据相对应的微观指标值计算得到，宏观指标值根据相对应的中观指标值计算得到，最后风险综合计算模型的计算结果由宏观指标值计算得到。由此，将风险区域分割成众多小单元，逐步累积计算得到最终的宏观风险值，将复杂问题变为一个简单问题的迭代过程。下面对宏观风险评价模型中的指标权重值进行分析和确定。

（三）宏观风险评价模型指标权重的分析

指标权重的确定是宏观风险评价模型中非常重要的环节之一，对风险评价的结果有重要的影响。目前，确定权数的方法种类繁多，按照权数确定的依据可以分为主观赋权法和客观赋权法。对于主观赋权法，确定指标权数的基础是对各个指标的主观判断，主要包括德尔菲法、环比评分法、互补评分法、层次分析法、互反式评分法、排序二项系数法、排序对数商法、三点法、加权移动平均法、折扣最小平方法、指数平滑法等。对于客观赋权法，确定指标权数的基础是各个指标的实际值，主要包括熵值法、因子分析法、选择赋权法、变异系数法、秩和比法、等级相关系数法、主分量分析法、相关系数矩阵法、秩和法、双极值距离法、坎蒂雷法、影响矩阵法等。具体分类如表 4-26 所示。

许多学者在研究风险指标体系的过程中，采用的主观赋权法有德尔菲法、层次分析法，主要采用的客观分析方法有熵值法等，还有部分学者将层次分析法与熵值法结合起来进行组合赋权。本书认为，针对企业宏观风险定量计算而言，由于该行业生产具有较强的专业性，且安全管理十分复杂，由专家进行打分的主观赋权法如层次分析法，虽然会由于个人的主观性对计算结果造成影响，但仍然是目前最有效的赋权方法。同时，在使用层次分析法的同时，通过数学方法将其与客观赋权方法进行组合，可以使计算出的权数更加合理，可以进一

步完善企业生产风险指标体系赋权方法的科学性。因此，在分析各种客观分析方法的特点和适用范围的基础上，本书采用层次分析法、熵值法及组合赋权法作为指标权重的确定方法，具体方法如下。

表 4-26 权数分类与赋权方法分类的对应关系

类别	权数分类	赋权方法分类	
主观赋权法	估价权数	比较评分法	层次分析法
		先定性排序 后定量赋权	排序对数商法、排序二项系数法
	可靠性权数	移动平均法	指数平滑法
客观赋权法	比重权数	熵值法	
	变异权数	变异系数法	
	排序权数	秩和比法、秩和法、等级相关系数法	
	距离权数	双极值距离法	
	影响权数	影响矩阵法	
	系统效应权数	主成分分析法、因子分析法、坎蒂雷法	
	独立性权数	相关系数矩阵法	简单相关系数法
			复相关系数法
			偏相关系数法

1. 层次分析法

层次分析法作为一种定性和定量分析相结合的系统分析方法，经常和其他方法结合起来使用，前面章节已有详细介绍，这里直接给出结果：假设在宏观风险评价模型中，应用层次分析法已经求得各指标的权重为 $\boldsymbol{u}_1 = [u_{11}, u_{12}, \cdots, u_{1m}]$。

2. 熵值法

熵值法是根据指标的数值所提供信息量的大小来确定权重的方法，根据信息熵的定义，对于第 i 个被评价对象的第 j 项指标的指标值 $x_{ij} \in [0,1]$（$i = 1,2,\cdots,n$；$j = 1,2,\cdots,m$），它的信息熵为

$$E_j = -\frac{1}{\ln m}\sum_{i=1}^{m} y_{ij} \ln y_{ij} \tag{4-25}$$

当第 j 项指标对结果是等概率作用时，它的信息熵值最大，$E_j = 1$，此时该指标对计算结果不影响，即效用为 0。因此，第 j 项指标的价值取决于它的信息熵 E_j 与 1 的差值，称为第 j 项指标的差异系数

$$D_j = 1 - E_j \tag{4-26}$$

差异系数越大，说明该指标的权重越大，则第 j 项指标的权重系数为

$$u_{2j}=\frac{D_j}{\sum_{j=1}^{n}D_j} \tag{4-27}$$

为方便后面进行组合赋权，设由熵值法生成的权向量为$\boldsymbol{u}_2=[u_{21},u_{22},\cdots,u_{2m}]$。

3．组合赋权法

设风险定量计算的目标 S_i 按第 j 个指标 T_j 进行测度，得到 S_i 关于 T_j 的指标值 $a_{ij},i\in N\ (N=1,2,\cdots,n),\ j\in M\ (N=1,2,\cdots,m)$，矩阵 $\boldsymbol{A}=[a_{ij}]_{n\times m}$ 称为被计算单位 S 对指标集 Q 的评价矩阵。通常，各指标的量纲可能也不同，因此需要对计算矩阵进行无量纲化。本书采用标准化方法进行无量纲化处理，记无量纲化后的计算矩阵为 $\boldsymbol{R}=[r_{ij}]_{n\times m}$。基于将多种赋权方法计算的权值结果进行组合，得到最优的权值结果的思想，对层次分析法生成的权向量 $\boldsymbol{u}_1=[u_{11},u_{12},\cdots,u_{1m}]$ 和熵值法生成的权向量 $\boldsymbol{u}_2=[u_{21},u_{22},\cdots,u_{2m}]$ 进行组合，得到权向量矩阵 $\boldsymbol{U}=[u_{kj}]_{2\times m},k=1,2$，其中 u_{kj} 为第 k 中赋权方法下所得权向量中第 j 个指标的权重，即

$$\boldsymbol{U}=\begin{bmatrix} u_{11} & u_{12} & \cdots & u_{1m} \\ u_{21} & u_{22} & \cdots & u_{2m} \end{bmatrix}_{2\times m} \tag{4-28}$$

且层次分析法和熵值法生成的权向量满足归一化，即

$$\sum_{j=1}^{m}u_{1j}=1,\quad \sum_{j=1}^{m}u_{2j}=1 \tag{4-29}$$

在改进的理想解方法的基础上引入离差函数，基于层次分析法和熵值法的计算结果偏差应越小越好的思想，建立了如下确定指标权重的加权最小二乘法优化模型：

$$\begin{cases} \min\sum_{k=1}^{2}\sum_{i=1}^{n}\sum_{j=1}^{m}(\alpha_k w_j-u_{kj}r_{ij}^2) \\ \text{s.t.}\ \ \sum_{j=1}^{m}w_j=1,\qquad w_j>0,\ j\in M \end{cases} \tag{4-30}$$

其中，$w_j>0,j\in M$ 为组合后的权重，$\alpha_k,k=1,2$ 为 $u_k,k=1,2$ 的权系数，$\sum_{k=1}^{2}\alpha_k=1$。

构造 Lagrange 函数

$$L(w)=\sum_{k=1}^{2}\sum_{i=1}^{n}\sum_{j=1}^{m}(\alpha_k w_j-u_{kj}r_{ij}^2)+2\sum_{j=1}^{m}w_j-1 \tag{4-31}$$

对上式两边求导，由极值存在的必要条件可得模型的最优解

$$w_j = \sum_{k=1}^{2} \alpha_k u_{kj}, \qquad j \in M \tag{4-32}$$

由于没有绝对的优劣标准说明层次分析法和熵值法哪一种方法的权值所占比重更大，即 $\alpha_k, k=1,2$ 的值缺乏统一的客观标准来确定。从另一个角度来说，可以将 α_k 看作 u_k 的可信度的量化表示，引入相对熵的概念，将层次分析法和熵值法的权数计算结果加以组合，通过相对熵计算出两种赋权结果与理论上最优权值之间的距离，计算出两种赋权结果的可信度。

离散形式相对熵的定义：设 $x_i, y_i \geqslant 0, \quad i=1,2,\cdots,n$，且 $1=\sum_{i=1}^{n} x_i \geqslant \sum_{i=1}^{n} y_i$，则称 $h(x,y)=\sum_{i=1}^{n} x_i \ln \frac{x_i}{y_i}$ 为 x 相对于 y 的相对熵。

相对熵的性质：

① $\sum_{i=1}^{n} x_i \ln \frac{x_i}{y_i} \geqslant 0$；

② $\sum_{i=1}^{n} x_i \ln \frac{x_i}{y_i} = 0$ 的充分必要条件是：对于 $i=1,2,\cdots,n$，$x_i = y_i$。

由前面的假设，u_1, u_2 满足归一化的条件，因而可以视为一个离散分布，采用如下方法计算 $\alpha_k, k=1,2$。

定义 u_1, u_2 之间的相对熵为 $h(u_1,u_2)$

$$h(u_1,u_2) = \sum_{l=1}^{m} u_{1l} \ln \frac{u_{1l}}{u_{2l}} \tag{4-33}$$

由相对熵的定义可知，$h(u_1,u_2)=0$，当且仅当 $\forall l \in M$，$u_{1l}=u_{2l}$。因此，相对熵 $h(u_1,u_2)$ 可用于计算两种赋权方法所得权向量 u_1, u_2 的符合程度。依据上述原理，对各种赋权结果进行组合得到组合权重 $d=[d_1,d_2,\cdots,d_m]$ 的问题可以转化为以下的数学规划问题

$$\begin{cases} \min H(d) = \sum_{j=1}^{2} \sum_{i=1}^{m} d_i \ln \dfrac{d_i}{u_{ji}} \\ \text{s.t.} \quad \sum_{i=1}^{m} d_i = 1, \qquad d_i > 0 \ (i \in M) \end{cases} \tag{4-34}$$

对于最优化模型（3.19）有全局最优解 $d^* = [d_1^*, d_2^*, \cdots, d_m^*]$，其中，

$$d_i^* = \frac{\prod_{j=1}^{2}(u_{ji})^{\frac{1}{2}}}{\sum_{i=1}^{m}\prod_{j=1}^{2}(u_{ji})^{\frac{1}{2}}}, \qquad i=1,2,\cdots,m \tag{4-35}$$

先计算 u_1,u_2 与集结权重 $d^*=[d_1^*,d_2^*,\cdots,d_m^*]$ 的贴近度 $h(u_1,d^*)$ 和 $h(u_2,d^*)$，再根据贴近度计算 u_1,u_2 的可信度，贴近度越大，说明其在赋权组合中的作用越大，则此赋权结果的可信度权重可表示为

$$\alpha_i = \frac{h(u_i,d^*)}{\sum_{i=1}^{2}h(u_i,d^*)}, \qquad i=1,2 \tag{4-36}$$

将得到的层次分析法和熵值法的可信度权重 α_1,α_2 带入式（4-32）中即得到指标组合权重 $w_j\ (j\in M)$。

四、宏观风险评价模型应用分析

（一）某机械制造厂风险评价层次划分

中部地区某机械制造厂成立于 1963 年 8 月，隶属于某央企。目前，该厂资产总额为 230 亿元，从业人员 4000 余人。经过数十年艰苦发展，目前已成为集研发、制造、销售、服务于一体的某行业机械设备专业供应商和服务商。部分产品出口俄罗斯、美国、澳大利亚、蒙古国、印度、印度尼西亚、哈萨克斯坦、越南等国家，为我国机械设备制造行业快速发展做出重大贡献。

近年来，该厂坚持立足新发展阶段、贯彻新发展理念、构建新发展格局，始终保持创新驱动发展的核心地位不动摇，实验完成了免喷涂钢板焊接实验、不预热钢板工艺实验等，研发了化学镀、涂料喷涂、纳米涂层等表面防锈、防腐处理等技术，多个实验室、鉴定中心、研发中心获得国家有关部门的认证认可。该厂先后获得国家科技进步奖一等奖 2 项，二等奖 10 项，国家优秀发明专利优秀奖 5 项，省部级科技奖 80 多项；拥有各类专利 500 多项。

该厂是典型的机械设备加工类企业，具有代表性，下面以该厂为例进行应用研究。首先，根据厂区位置分布和生产作业特点，将生产作业区域分为公司（宏观）—分厂/中心（中观）—人、机、环、管（微观）3 个层级。中观包括智能制造中心、液压件分厂、综合加工分厂、电镀分厂、金属件分厂、物流中

心、下料中心、热处理分厂、气体站、加油站、危化库、开关站、污水处理站 13 个区域。微观指标指每个作业区域具体的人员岗位、机械设备、环境因素等。接下来，将以该厂的智能制造中心为例，分层设计评价指标体系，建立相关熟悉模型，并对生产风险进行定量计算。

（二）风险综合定量评价流程

对该机械制造厂智能制造中心进行风险综合定量计算及分级，对比分析模型的计算结果与生产实际情况，验证宏观风险评价模型的有效性和可操作性。根据宏观风险评价模型，首先，运用微观指标的计算方法计算出各微观指标的值；其次，确定微观指标对应的权值，并计算出中观指标；最后，确定宏观指标对应的权值，并计算出总指标 S，如图 4-7 所示。

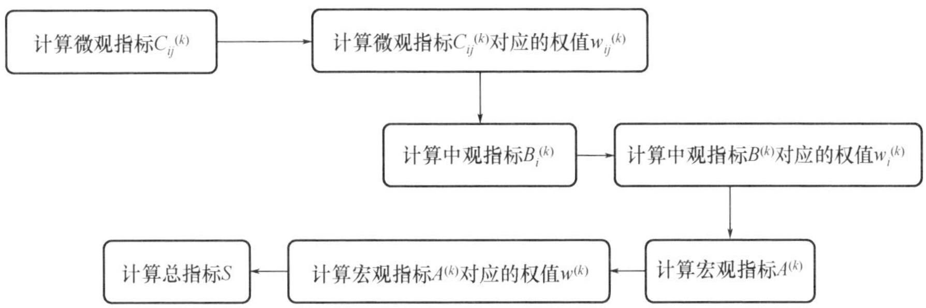

图 4-7　风险综合定量计算模型的计算流程

根据计算结果，划分指标风险等级，如表 4-27 所示。其中，风险等级分为低风险（Ⅳ级）、一般风险（Ⅲ级）、较大风险（Ⅱ级）、重大风险（Ⅰ级）四个等级，低风险表示该项指标的情况较优，其安全生产工作比较全面认真，发生事故的可能性与严重程度都很低；一般风险表示该项指标的情况良好，企业的安全生产工作较好，仍有进一步提高的空间；较大风险表示该项指标的情况一般，可能引起事故，企业的安全生产工作需要加强；重大风险表示该项指标的情况很不好，存在严重的导致事故发生的隐患，企业的安全生产工作需要立即进行加强，找出自身工作中的不足，并立即进行整改。

表 4-27　指标计算结果与风险性等级对应关系

危险性等级	低风险（Ⅳ级）	一般风险（Ⅲ级）	较大风险（Ⅱ级）	重大风险（Ⅰ级）
计算结果	>0.8	0.7～0.8	0.6～0.7	<0.6

（三）智能制造中心风险评价分析

机械制造厂的宏观风险评价模型中指标较多，限于篇幅所限，仅对人、机、环、管子系统宏观指标（ $A^{(1)},A^{(2)},A^{(3)},A^{(4)}$ ）给出计算结果，以“人”子系统中的动火作业这个指标 $B_1^{(1)}$ 为例，详细分析其风险值的计算过程和计算结果。

动火作业中观指标 $B_1^{(1)}$ 包括作业前未进行审批 $C_{11}^{(1)}$ 、作业过程中未隔离 $C_{12}^{(1)}$ 、违章操作 $C_{13}^{(1)}$ 、擅离职守 $C_{14}^{(1)}$ 、个人安全防护不足 $C_{15}^{(1)}$ 、作业后未进行清理和检查 $C_{16}^{(1)}$ 共 6 个微观指标，记为 $B_1^{(1)}\to\{C_{1,1}^{(1)},C_{1,2}^{(1)},\cdots,C_{1,6}^{(1)}\}$ ，设微观指标对应的权重为 $\vec{w}_1^{(1)}=\{w_{1,1}^{(1)},w_{1,2}^{(1)},\cdots,w_{1,6}^{(1)}\}$ ，依据层次分析法计算的权重为 $\vec{u}_{1,1}^{(1)}=\{u_{1,1,1}^{(1)},u_{1,2,1}^{(1)},\cdots,u_{1,6,1}^{(1)}\}$ ，依据熵值法计算出的权重为 $\vec{u}_{1,2}^{(1)}=\{u_{1,1,2}^{(1)},u_{1,2,2}^{(1)},\cdots,u_{1,6,2}^{(1)}\}$ ，则有

$$\vec{w}_{1,2}^{(1)}=\alpha_1\cdot\vec{u}_{1,1}^{(1)}+\alpha_2\cdot\vec{u}_{1,2}^{(1)} \tag{4-37}$$

式中， α_1 和 α_2 分别为 $\vec{u}_{1,1}^{(1)}$ 和 $\vec{u}_{1,2}^{(1)}$ 的可信度权重， $\alpha_1+\alpha_2=1$ 。

依据微观评价指标的计算方法，动火作业中观指标所属的 6 个微观指标经过一致化和无量纲化数学处理后的结果如表 4-28 所示。依据层次分析法计算出的权重值结果如表 4-29 所示。

表 4-28　动火作业的微观指标的计算结果

指标	数值	指标	数值
$C_{1,1}^{(1)}$	0.8	$C_{1,4}^{(1)}$	0.9
$C_{1,2}^{(1)}$	0.7	$C_{1,5}^{(1)}$	0.8
$C_{1,3}^{(1)}$	0.65	$C_{1,6}^{(1)}$	0.7

表 4-29　动火作业微观指标权重值计算结果（层次分析法）

指标	数值	指标	数值
$u_{1,1,1}^{(1)}$	0.1923	$u_{1,4,1}^{(1)}$	0.1473
$u_{1,2,1}^{(1)}$	0.1822	$u_{1,5,1}^{(1)}$	0.1208
$u_{1,3,1}^{(1)}$	0.2229	$u_{1,6,1}^{(1)}$	0.1347

依据熵值法计算出的权重值结果如表 4-30 所示。

依据相对熵计算出的可信度权重如表 4-31 所示。

最后，微观指标权重值计算的结果如表 4-32 所示。

表 4-30 动火作业微观指标权重值计算结果（熵值法）

指标	数值	指标	数值
$u_{1,1,1}^{(1)}$	0.2144	$u_{1,4,1}^{(1)}$	0.1214
$u_{1,2,1}^{(1)}$	0.2077	$u_{1,5,1}^{(1)}$	0.1147
$u_{1,3,1}^{(1)}$	0.2288	$u_{1,6,1}^{(1)}$	0.113

表 4-31 动火作业可信度权重计算结果（相对熵）

评价单元	α_1	α_2
智能制造中心	0.3641	0.6359

表 4-32 动火作业微观指标权重值计算结果

指标	数值	指标	数值
$w_{1,1}^{(1)}$	0.2064	$w_{1,4}^{(1)}$	0.1308
$w_{1,2}^{(1)}$	0.1984	$w_{1,5}^{(1)}$	0.1169
$w_{1,3}^{(1)}$	0.2267	$w_{1,6}^{(1)}$	0.1209

则动火作业中观指标 $B_1^{(1)}$ 由非线性加权综合加权法确定

$$B_1^{(1)} = \prod_{j=1}^{6} (C_{1j}^{(1)})^{w_{1j}^{(1)}} \tag{4-38}$$

计算后得到的结果为 0.7427，属于Ⅲ级，一般风险级别。

将中观指标计算结果重新进行无量纲化后，以此方法由中观指标继续计算得到无量纲化后的人、机、环、管子系统宏观指标（$A^{(1)}, A^{(2)}, A^{(3)}, A^{(4)}$）的计算结果如表 4-33 所示。

表 4-33 智能制造中心人、机、环、管子系统宏观指标计算结果

评价单元	$A^{(1)}$	$A^{(2)}$	$A^{(3)}$	$A^{(4)}$
智能制造中心	0.76	0.73	0.7	0.77

计算后得到智能制造中心总指标 S 的结果为 0.756，都属于Ⅲ级，一般风险级别。

由于所有指标在计算之前都进行了一致性和无量纲化处理，指标的值越高，说明安全生产效果越好。通过计算结果可以看出，从总体上看，智能制造中心的综合风险的计算结果都属于Ⅳ级，低风险级别；人、机、环、管 4 个宏观指

标均属于Ⅳ级，低风险级别。其中，“管”子系统的得分比较高，说明智能制造中心机械设施维护良好，安全管理措施完善，一线生产职工和管理人员的素质都较好。在人、机、环、管 4 个方面，智能制造中心在环境方面的得分都是最低的，这是因为该评价单元内危险化学品等危险源存在较多，产生影响职业健康的酸碱雾气、高温、粉尘、噪声的生产工艺和作业项目较多，本质上存在着危险有害因素。因此，为改善环境方面的问题，需要对生产工艺进行改进，同时提高机械化、智能化作业水平，降低人员暴露在危险有害环境下的时间，从而提高其本质安全水平。

第五章　风 险 预 警

第一节　风险预警概述

一、基础理论分析

（一）基本概念辨析

1. 安全与危险

安全与危险是一对相互对立的概念。安全具有时间和空间的属性，当时间或空间发生变化时，安全的状态就会发生变化，甚至向危险的方向发展。危险是一种绝对的不稳定的状态，安全和危险之间存在此消彼长的现象。企业生产过程中，安全是指人、机、环所受到的损害在可承受的范围之内。

2. 预测与预警

预测是指基于已有信息，按照一定的方法对未来进行推测，以达到提前了解事物或者系统发展的方向、过程和结果的目的，是预警的前提。预警是人们通过经验数据或者理论分析，明确事物或者系统发展过程中突变的临界点，在发生危险前采取措施，控制事物的发展方向，避免事故的发生，或者提前采取措施降低事故发生后的损失程度。企业生产过程中的风险预警是在安全隐患辨识的基础上进行分析、评价，进而判断遇测危险等级，再于此基础上采取预防措施，保证生产系统或者事物向安全的方向发展。

预测与预警具有本质区别，预测是对未来发展方向的判断，预警是对未来发展状态的判断；预测指标覆盖范围全面，预警指标则选取比较关键的指标；预测的结果是一个数值，预警的结果是相应的风险等级，在预警前要设置相应的临界值。因此，预警具有动态性和先觉性，是预测更高级别的表现形式。

（二）理论依据

1. 事故链理论

事故的发生并不是孤立的事件导致的，而是由多种因素共同作用的结果，这些因素相互作用，形成一条或多条事故链，只要斩断事故链上的任一环节，都可以避免事故的发生。该理论说明预防事故的关键是预防关键环节的因素，将这类因素控制或者消除，就可以将事故控制在萌芽状态。

2. 墨菲定律

墨菲定律由美国工程师墨菲提出，他认为只要是有人存在的地方，只要有人担心发生的事情存在，不管发生概率多小，都会发生，而且会出现最不利的局面。该理论说明在企业生产过程中，不管多么小概率的事件都不能掉以轻心，不能存在侥幸心理。

3. 木桶理论

木桶理论是指用木桶来装水，装水的量不是看木桶最长的边有多长，而是看最短的边有多长，该理论也称为“短板效应”。该理论说明在企业风险管理中，不是看生产安全的环节，关键是看安全性较差的环节，这些环节是导致事故的关键所在。

4. 临界性理论

临界性理论认为在复杂系统中的各种元素相互作用，会自发地向自组织状态发展，系统发展到各组织的临界状态时，不管多么小的事件都会引发事故。该理论认为在系统的预警中采取单指标或者综合指标预警时，只要在量上达到临界值就会发生事故，因此关键是找到预警指标的临界值。企业生产系统的人、机、环、管子系统相互作用，只要任何一个子系统达到临界值就有可能引发事故。因此，企业预警必须采用多指标预警，且突出重点。

（三）预警原则

1. 全面性原则

企业生产系统是一个复杂的动态系统，涉及人、机、环、管 4 个方面，任何一个子系统出现缺陷都会影响整个系统的安全。所以，企业风险预警应坚持全面性原则，包含生产过程中的每一个子系统，以便随时发现警情，提前采取预防措施。

2. 动态性原则

企业生产过程是一个动态的开放系统，风险预警要实现超前预警，就必须具有实时、动态的特点，否则预警具有滞后性，不能实现预警的目标。

3. 预防性原则

预防是企业生产风险预警的主要目标，在预防的基础上采取相应的应急措施可以控制事故或者减少事故的损失。如果风险预警系统不能提前得知警情、预防事故的发生，那么风险预警也就失去了意义。

4. 合理性原则

合理性原则主要指企业生产过程中的风险不可能彻底预防和控制，只能在现有的技术和管理的基础上，将风险控制在人们能够接受的范围内，使生产事故不断减少、事故损失不断降低。

二、风险接受准则

（一）基本概念

可接受风险水平是指社会公众主观上对风险水平的接受程度。1974 年，英国就在法律中采用了风险决策领域的最低合理可行（ALARP）准则。1981 年，剑桥大学出版的《可接受风险》（*Acceptable Risk*）一书就可接受风险进行了探讨，认为风险仅仅在生产活动获得利益可以补偿生产活动所带来的损失时才可以被接受。

对于风险分析和风险评价的结果进行判断时，人们通常认为风险越小越好，实际上并非如此。减少风险需要付出代价，无论减小风险发生的概率还是采取防范措施，都要投入资金、技术和劳务等成本。一般的做法是将风险限定在一个合理的、可接受的范围，分析影响风险的因素，经过测算，寻求最佳的投资方案。制定风险可接受准则时，除考虑人员死亡、建筑物损坏和财产损失外，还要考虑环境污染、人体健康等潜在的危险。

（二）确定风险接受准则的原则

1. 合理性原则

只接受生产过程中合理的风险，任何合理的重大风险都应努力降低。

2. 社会性原则

减少对社会造成严重影响的生产事故，降低这类事故发生的概率。

3. 最小化原则

新的生产活动带来的风险（尤其是死亡率）不能比人民日常生活中接触到的其他活动高。

4. 比较性原则

对比分析新的生产系统与现有生产系统的安全水平，确保在新的生产系统风险水平不高于现有生产系统风险水平的前提下进行生产。

（三）风险接受准则的确定

风险接受准则的确定涉及技术、社会、政治、经济以及文化等各种因素，是一个复杂的决策过程。企业生产风险接受准则一般采用 ALARP 准则，即任何工业活动都具有风险，不可能通过预防措施彻底消除风险，必须在风险水平与利益之间做出平衡。

ALARP 准则包括可接受风险上限和可接受风险下限。一旦企业生产风险评价结果超过可接受风险上限，那就是不能接受的风险，生产就不能继续进行。若企业生产风险评价结果处于可接受范围内，则需要采取各种降低风险水平的措施，并进行成本效益分析，据此确定该风险是否可以接受。如果增加风险防范措施后，对降低生产系统的风险水平无显著影响，则认为该风险不可接受。

三、预警基本程序

（一）发现警情

警情是生产系统在运行过程中偏离了原有轨道，可能产生风险甚至导致事故。警情一般分为两种状态，一种是生产系统正常运行，处于相对安全状态，不会发生事故；另一种是生产系统不正常运行，处于相对危险状态，可能造成不同程度的事故和损失。衡量生产系统是否处于安全状态，需要设置预警指标，预警指标的取值需要根据历史经验、政策法规、专家访谈、建模计算等方法获取。通过触发相应机制可知，当警情突破某个临界值，就会启动不同程度的预警。

（二）分析警源

警源是造成警情出现的源头，是导致警情的各种危险有害因素或者安全隐患。根据作用机理可分为直接警源和间接警源，直接警源是直接安全隐患，间接警源是间接安全隐患。根据指标对象的不同，警源可分为内生警源和外部警源。

（三）预测警情

根据“流变-突变”理论，事故的发生大体上是一个从量变到质变的过程，是危险源或者安全隐患达到一定程度后，发生质的变化，触发警情。根据预警指标数据的变化，通过生产经验或者数学方法，可以提前预测警情，在质变前采取有效措施，预防事故的发生或者减少事故造成的损失。

（四）分级预警

企业生产事故的致因链不仅包括直接预警链条，还包括间接预警链条；不仅包括单因素预警，还包括多因素综合预警。企业应该建立一套完整的预警指标体系，进行分层、分区、分级动态预警，实现精准预防，用最小的成本控制事故。

四、综合预警模型

（一）灰色关联度分析模型

企业生产系统比较庞杂，生产过程中部分信息已知、部分信息未知，是一个灰色的系统。运用灰色关联度分析模型是基于时间预测方法，对生产系统中已知的信息数据进行分析，梳理背后的逻辑和规律，对生产系统进行预警。灰色关联度分析模型在预警时不需要对数据进行处理，过程简单，且有效减少人为因素的影响。但是，灰色关联度分析只能适用于线性关系的预警分析，应用范围较窄。

（二）模糊综合评价模型

模糊综合评价模型基于模型数学领域的隶属度理论，通过分析生产系统中人、机、环、管等多个因素之间的相互作用，对模糊信息进行定量处理，分析过程中逐渐由定性转为定量，对生产系统进行综合评价。模糊综合评价模型的评价指标、权重的计算受人的影响较大，导致评价结果有很大的不确定性。

（三）人工神经网络法模型

人工神经网络本质上是一个非线性数据处理系统，能够分析人脑活动，进而模拟其某些功能。人工神经网络最经典的模型是 BP 神经网络，分为输入层、隐藏层和输出层 3 个层级。其中，输入层和输出层是唯一的数据进出口，隐藏层分为多层神经。BP 神经网络中，每一层 BP 神经网络由若干个神经元组成，各神经元按一定的权重相互连接。由于人工神经网络模型具有自适应能力，可以从客观的角度对多指标问题进行评价，可以显著降低权重确定过程中人为主观性带来的不利影响。但是，人工神经网络的劣势同样较为明显，需要大量的训练样本，计算量大且精度不高，因此应用范围有限。

第二节　风险分层分级动态预警分析

一、风险分层分级动态预警体系

根据风险预警的相关理论对企业生产系统进行分析，风险分层分级动态预警体系包括风险预警指标体系、指标监测体系、风险预警准则、风险预警模式、风险预警对策库等。

（一）预警指标体系

风险预警指标体系是指由相互关联的一系列安全指标组成的集合，能够反映生产系统的安全程度，指标体系中的任何一个指标都能够反映生产系统某一方面的生产状态，同时也会与其他预警指标发生相互作用。预警指标可根据实际情况分为动态预警指标和静态预警指标，也可分为直接预警指标和间接预警指标。

（二）指标监测体系

指标监测体系是指用新一代信息技术和产品，定期自动采集企业生产系统的风险信息，包括能够直接通过传感器采集到的直接信息（机械的不稳定状态、危险气体浓度等），也包括通过统计、分析、经验等方式得出的间接信息（生产事故率等）。

（三）风险预警准则

风险预警准则是指预警指标的判别标准或原则，企业结合预警指标的取值范围对生产状态进行准确判断，进而发出不同级别的警报。预警准则的设置标准需要通过历史数据和召开专家座谈会进行确定，避免发生错误报警现象。

（四）风险预警模式

风险预警模式指通过企业生产监控系统，自动采集生产过程中的直接预警信息和间接预警信息，传输到主控制器后进行分类分析和数学判断的模式，根据预警准则从宏观、中观、微观等不同层面进行逻辑判断，实现企业生产风险分层分级风险预警。

（五）风险预警对策库

企业组织行业内的专家、学者、一线工人等不同领域的人才，根据相关法律法规和政策标准等文件，对企业生产过程中的不同警情设计具有可操作性的措施，既包括对企业领导的建议和意见，也包括对基层员工的指导和建议，共同构成风险预警对策库。企业在生产过程中一旦出现警情，通过标准化的预警程序调出宏观、中观和微观不同层面的预警措施，企业上下同步采取相应的措施，共同预防事故的发生或者减少事故造成的损失。

二、直接预警和间接预警

（一）直接预警

企业生产风险预警指标体系包括人、机、环、管 4 个方面。企业生产系统中人、机、环 3 个方面单因素预警指标的取值可以通过风险监测系统直接测出，多因素预警指标可以根据人的不安全行为、机械设备或者环境的不安全状态，综合运用风险评价方法进行定量或者半定量的计算，通过预警逻辑和预警准则直接进行分层、分区、分级动态预警，企业不同层级、不同部门的工作人员同时采取有针对性的措施，提高预警效率。

（二）间接预警

企业生产风险间接预警是指与生产相关的安全（风险）管理、安全文化、奖惩制度、安全培训等管理制度或者措施的预警，预警准则需要通过对生产系统在人、机、环方面的不安全状态进行打分，半定量的获取。企业生产系统中，安全管理不能直接作用于生产，但是可以通过人、机、环系统作用于生产，并且安全管理对安全生产的作用要大于人、机、环系统对安全生产的作用。企业生产中的大部分安全隐患、生产事故都与安全管理的缺陷息息相关，除非天灾人祸。风险预警体系、安全操作规程、风险控制措施都属于安全管理的范畴。因此，安全管理的预警具有滞后性，在发现管理方面的安全隐患后需加强重视，深入分析安全隐患、找出导致隐患的各种因素，尤其是安全管理方面的因素，及时整改，避免发生生产事故。

（三）直接预警和间接预警的关系

企业生产风险直接预警体系和间接预警体系相互交织，共同构成了企业生产过程中“横向倒边、纵向到底”的动态预警体系。企业生产风险预警指标是直接预警和间接预警相互联系的纽带。企业生产过程中的人、机、环预警指标和管理的预警指标既有独立性，也有交叉性。交叉预警指标可以直接对人、机、环或者生产系统进行预警，也可以间接对安全管理进行预警。例如，员工违规操作次数既能直接反映工人的违章情况，也能间接反映工作岗位的操作标准可能不合理或者安全培训可能不到位；生产机械设备的布局合理化既可以对生产作业空间布局进行预警，也可以对安全管理制度不完善或者安全检查不到位进行预警。

三、风险分层分级动态预警响应机制

风险分层分级动态预警响应机制是企业生产风险分层分级动态预警体系中的重要一环，是企业基于生产信息管理系统建立的统一领导、综合协调、分级响应的预警机制。企业生产风险预警分为Ⅳ级、Ⅲ级、Ⅱ级、Ⅰ级，对应的预警级别为正常级别、警告级别、紧急级别、特急级别，分别用蓝色、黄色、橙色、红色表示，如图 5-1 所示。

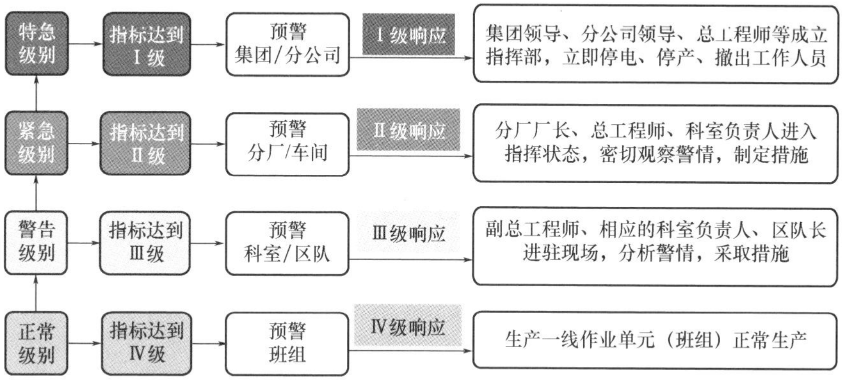

图 5-1 企业生产风险预警响应程序

（一）正常级别

预警指标处于Ⅳ级时，生产处于安全阶段，对应的响应级别是正常级别。企业生产一线作业单元（班组）按照操作规程正常生产，但是仍然要注意对各种安全隐患进行动态监测，预防灾害突然发生。

（二）警告级别

预警指标处于Ⅲ级时，生产处于危险阶段，对应的响应级别是警告级别。这个阶段的一线作业单元仍然可以按照操作规程正常生产，但是副总工程师、科室负责人、区队长应对生产一线发现的安全隐患进行处理，明确隐患责任人、隐患处理方案、隐患整改时间等，同时对工作现场进行跟踪监测，以防危险进一步升级。

（三）紧急级别

预警指标处于Ⅱ级时，生产处于较大危险阶段，对应的响应级别是紧急级别。这个阶段的一线作业单元仍然可以按照操作规程正常生产，但需随时准备停产、撤人。同时，由分厂厂长、总工程师、科室负责人、区队长组成现场指挥小组，对生产一线发现的安全隐患进行处理，制定隐患处理措施，控制事态发展趋势，明确隐患责任人、隐患处理方案、隐患整改时间等，对工作现场进行跟踪监测，以防危险进一步升级。

（四）特急级别

预警指标处于Ⅰ级时，生产处于严重危险阶段，对应的响应级别是特急级别。这个阶段必须撤人、断电、停产，由企业集团领导、分公司经理、总工程师等成立指挥部，邀请外部专家对安全隐患进行会诊，制定整改措施，当作业环境达到正常要求时才能重新开始生产。

四、风险分层分级动态预警分析

风险分层分级动态预警一般包括三个分层，一是风险预警指标分层，二是风险预警区域分层，三是应急响应分层（见第六章）。企业通过风险分层分级动态预警可有效实现预警指标之间、预警区域之间及应急响应之间的联动，提高预警的精准性和应急响应的有效性。

（一）预警指标的层次化

风险分层分级预警指标体系分为人、机、环、管 4 类子系统，每一类子系统中包含微观层面的单一预警指标、中观层面的综合预警指标和宏观层面的综合预警指标，中观和宏观层面的综合预警指标运用数学模型和微观层面的单一预警指标计算得出。风险预警指标从微观向宏观单向传导，宏观、中观和微观预警指标的联动机理如图 5-2 所示。企业生产风险的微观预警指标指生产中的单因素预警指标，运用风险评价方法计算出风险大小，科学设置合理的预警准则（风险触发器），根据企业风险预警逻辑对生产过程进行实时动态预警，如图 5-2 中“环”子系统的Ⅱ级预警和“管”子系统的Ⅰ级预警。企业生产过程中，中观预警指标通过微观预警指标计算得出，“机”子系统的微观预警指标均为Ⅳ级，通过计算其中观预警指标为Ⅲ级；而“环”子系统的微观预警指标均为Ⅱ级，通过预警准则（风险触发器）直接传到上一级预警指标，中观预警指标联动显示为Ⅱ级。企业生产风险预警指标体系，通过科学合理设置不同层级的预警准则，实现分层、分区、分级动态预警，进而实现精准应急，提高响应和救援效率。

（二）预警区域的层次化

根据企业规模大小合理划分预警区域层级，一般划分为 2～4 个层级比较合理。一般大型企业分为宏观、中观和微观三个区域层级，宏观预警通常指企业整体的风险预警，中观预警一般指企业下属分厂、分公司或者车间的风险预警，微观预警指生产系统中具体的作业单元的风险预警。如制造业企业，宏观预警指企业整体预警，中观预警指企业液压件分厂、加工分厂等局部区域预警，微观预警指单一的操作岗位或者机器设备的稳定性等具体单元预警。企业区域分层分级预警和指标分层分级预警是一套有机融合的体系，预警指标将警情从微观到宏观单向传导，宏观层面再将警情和处置措施逐级下发，实现风险分层分级动态预警。

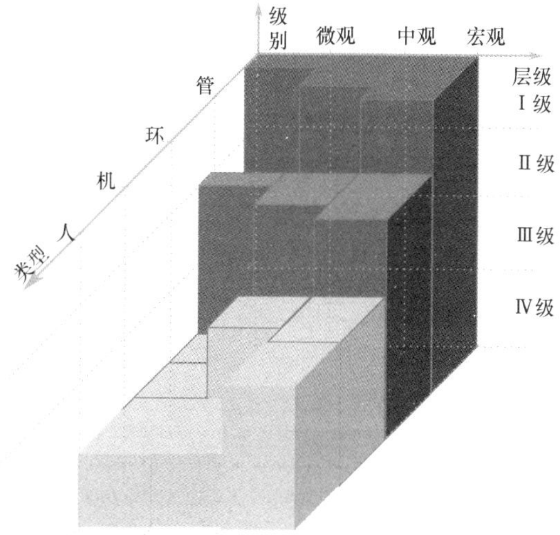

图 5-2 风险预警指标分层联动示意图

第三节 构建风险分层分级动态预警模型

一、风险分层分级动态预警理论模型

风险分层分级动态预警是企业生产风险管理的核心，其指导思想是双重预防机制，理论基础是“流变-突变”理论、触发响应机制，设计理念是本质安全化和精细化管理理念，运行过程实现全流程、分层次、分阶段闭环管理，动态预警的基础是生产风险监测系统的监测数据。风险分层分级动态预警系统在企业内部循环的同时和外界进行及时的沟通与交流，接受政府机关的监督、检查，接受社会大众和团体的监督，根据实际情况及时完善预警体系。企业生产风险分层分级动态预警理论模型如图 5-3 所示。

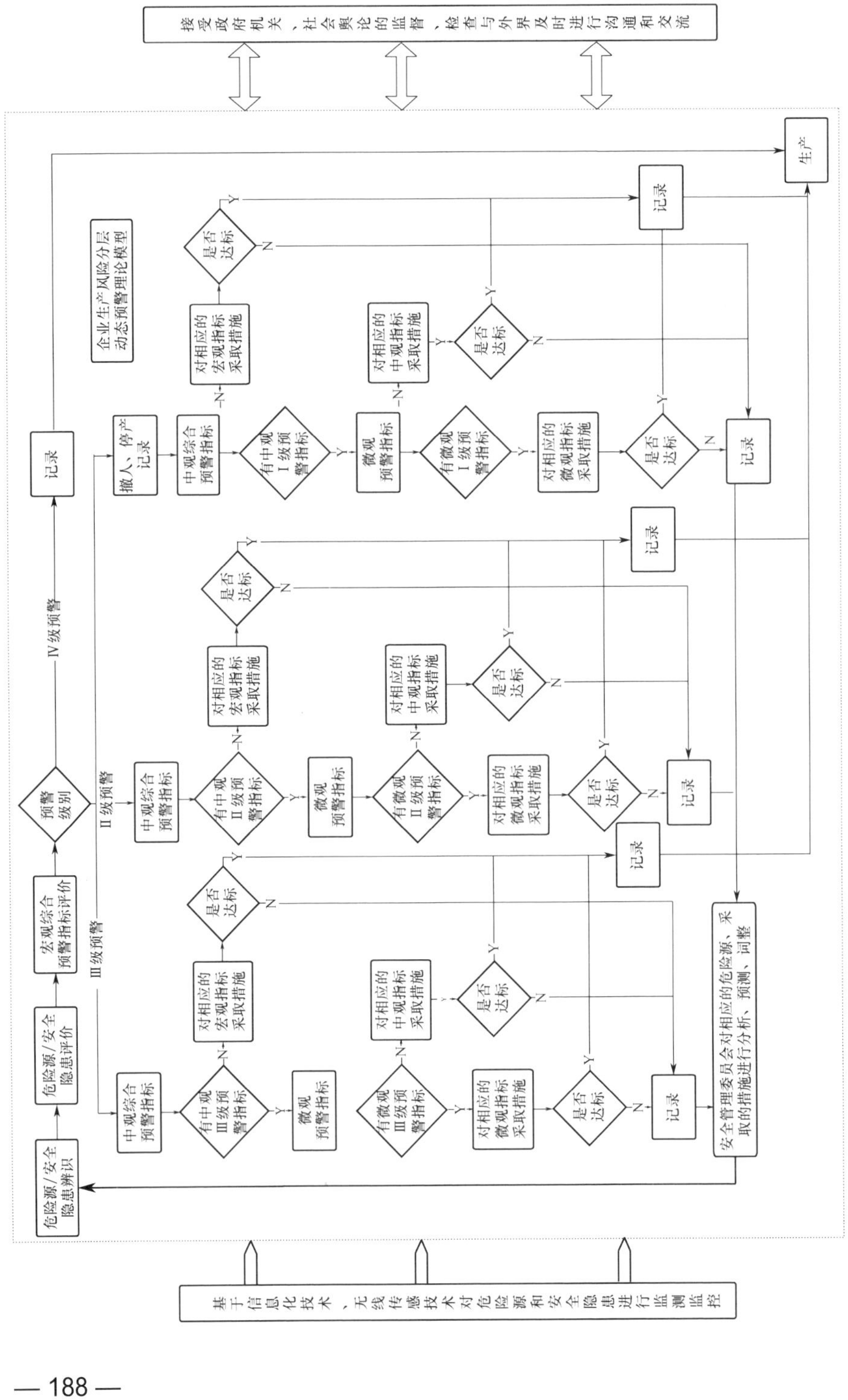

图 5-3 企业生产风险分层分级动态预警理论模型

企业生产风险分层分级动态预警的逻辑是：基于风险预警监测系统采集生产过程中的各种风险数据，通过风险评价模型对各种风险数据进行定量或者半定量计算，根据预警准则（风险触发器）判断宏观风险预警级别。宏观预警指标处于Ⅳ级预警（安全级）时可继续进行生产作业。宏观预警指标处于Ⅲ级、Ⅱ级预警时则在中观预警指标中进行查找，若找到与宏观预警指标级别一致的中观预警指标，则按照相同的方法继续在微观预警指标中进行查找；若没有找到与宏观预警指标级别一致的中观预警指标，则对该宏观预警指标包括的所有中观预警指标进行与宏观预警指标级别一致的预警，采取具有针对性的应急响应措施。企业宏观预警指标处于Ⅰ级预警时，要第一时间把区域内的所有工作人员撤退到安全区域，再逐级排查警情。从宏观层面排查到微观层面的过程中，企业采取相应的预警措施，如果风险降低到安全级则继续生产，否则需要经过安全委员评审，重新进行辨识、分析，形成企业生产风险分层分级动态预警的闭环管理体系。

企业生产风险分层分级动态预警体系运行过程中，企业应随时对相关警情、措施、采取措施的后果进行记录，并且对采集到的数据进行分类统计、存储，运用大数据处理技术对数据进行分析、预测，为风险预警体系的完善和优化提供数据支撑。

二、风险分层分级动态预警指标体系

（一）风险分层分级动态预警指标体系的建立原则

风险评价指标体系和风险预警指标体系是既有联系又有区别的两个指标体系。风险评价指标体系是对生产过程中的风险因素进行整理、分类、汇总后提炼出来的指标体系；风险预警指标体系是指生产过程中能够集中反映企业主要风险的指标体系。从以上定义可以看出，风险评价指标和风险预警指标具有一致性，风险预警指标是从风险评价指标中筛选出来的能够集中反映企业生产状况的指标体系。

风险评价指标体系和风险预警指标体系的区别除了数量和范围，还体现在动态性和静态性上，风险评价指标包含动态指标和静态指标，不考虑动态指标和静态指标的比例问题，而风险预警指标则以动态指标为主，主要反映企业生产过程中的动态风险预警。风险评价指标定量计算是一个时间段进行一次计算，反映企业整体的安全状态，预警指标的计算实时进行，反映生产过程中动态的安全形势。因此，构建企业生产风险分层分级动态预警指标体系应该遵循以下4个方面的原则。

1. 综合性原则

企业生产过程中影响安全的因素众多，对所有风险预警指标进行衡量不仅数量多、计算量大，而且不能突出预警的重点指标。因此，风险预警指标要有适当比例的综合预警指标，综合预警指标能够反映所代表子系统的综合安全信息，从子系统的宏观方面进行预警。

2. 合理性原则

通过事故致因理论对企业生产事故进行分析，得出人、机、环3个方面的危险源或安全隐患是引发事故的主要因素，管理是导致人、机、环出现风险的综合因素，这四个方面的预警指标具有自然属性和社会属性。因此，指标的度量要将定量和半定量相结合，预警准则需做到科学数据和传统经验相结合。

3. 特殊性原则

企业生产风险预警在考虑全面性、综合性的同时也要注意特殊性。通过对生产过程中的事故分析发现，对于同一个事故，导致事故的原因却未必相同。因此，指标体系中要考虑到特殊性指标的存在和相应的预防措施。

4. 可行性原则

风险预警指标的一个表现是选取要考虑到指标度量的方便性，风险预警指标在长期生产中表现较为稳定，具有波动性的指标不能进入风险预警指标体系。风险预警指标可行性的另一个表现是指标要具有定量性，当风险预警指标不能定量计算时需进行定量化处理（通过组织召开专家座谈会，用专家经验和传统经验进行打分，得出相对数据）。

（二）风险预警指标的级别设置

根据“流变-突变”理论，安全生产中的各个子系统或者安全隐患的风险积累到一定程度就会发生突变，导致生产事故。因此，需要对风险预警指标进行全面研究分析，找到其发生突变的临界值，设置不同的预警区间、预警级别，并据此采取针对性的措施。本书在参考我国相关法律法规和国外有关风险预警级别的资料后，将风险预警指标设置为四个级别，其中Ⅳ级预警用蓝色标明，表示安全阶段，事故不容易发生；Ⅲ级预警用黄色标明，表示危险阶段，事故有可能发生；Ⅱ级预警用橙色标明，表示较大危险阶段，事故比较容易发生；

Ⅰ级预警用红色标明，表示严重危险阶段，事故几乎会发生。企业生产风险分层分级动态预警指标等级设置如表 5-1 所示。

表 5-1 企业生产风险分层分级动态预警指标等级设置

预警级别	事故发生的概率	备注
Ⅰ	几乎会发生	严重危险
Ⅱ	比较容易发生	较大危险
Ⅲ	有可能发生	危险
Ⅳ	不容易发生	安全

企业生产风险分层分级动态预警指标的预警区间和预警级别采用两种方式进行设置。

一是通过行业标准进行设置。企业生产过程中的自然灾害在法律法规中有所规定，这种类型的指标可以定量化计算或者监测，可按照法律法规中的规定进行设置。环境具体参数的预警和机械设备部分参数的预警可以采用这种方式进行设置。

二是通过经验标准进行设置，除行业标准外还有经验标准，如生产过程中人的不安全行为、安全管理的实施效果等，需要对专家、作业人员进行访谈、打分。人员（岗位）预警、部分机械设备预警、安全管理的预警可以采用这种方式进行设置。在打分的过程中，企业一线作业人员打分的比例要超过 50%，因为他们对生产现场熟悉，所打的分数最具有说服力。将同一个指标的所有分数求平均值作为该指标的得分，同时确定该指标的预警级别。

本书将预警指标（包括企业整体的预警值、具体一个车间的预警值等）所求得的均分进行归一化处理后，设风险值 0.8 以上为Ⅳ级预警，属于安全阶段；风险值 0.7～0.8 为Ⅲ级预警，属于危险阶段；风险值 0.6～0.7 为Ⅱ级预警，属于较大危险阶段；风险值 0.6 以下为Ⅰ级预警，属于严重危险阶段。

（三）风险分层分级动态预警指标体系的构建

风险分层分级动态预警指标体系的建立过程是先建立宏观预警指标，再建立中观预警指标，逐级往下细分，保证预警指标的层次性和全面性。宏观预警指标的建立过程中，查考了大量的资料，经过总结分析得出：有的专家将宏观层面指标（一级指标）设为企业整体风险预警状况；有的专家将宏观层面指标（一级指标）设为人员、机电设备、供电设备、危险有害环境、自然环境条件、安全管理制度、安全文化、信息等因素。本书认为将宏观层面指标设为企业整体风险预警，过于笼统，没有将宏观层面的预警警情细化。另外，企业整体的安全状况适用于宏观风险评价，指出一段时期的整体安全状况，预警的宏观层面不宜以企业整体的安全状况作为一个综合指标。有些专家设置十几个宏观层面指标，也不利于宏观风险预警，如生产中的设备设为机械设备和供电设备，有些设备是自带电源的，这类设备应该属于哪一类存在争议；此外，宏观层面指标设置过多就成了中观层面指标，不利于后期对预警进行分类处理。因此，企业风险宏观预警指标为人、机、环、管 4 个综合指标。中观层面指标的人具体细化到工作场景；机械设备细化到每台大型的关键机械设备；环境细化到作业过程中具体的环境参数；管理细化到制度、检查、整改、应急演练、培训等方面。

综上所述，根据企业生产系统的特点，结合企业生产风险预警指标建立的原则，在多个企业现场调研的基础上，建立了企业生产风险分层分级动态预警指标。预警指标体系中宏观预警指标为人、机、环、管 4 个综合指标。中观预警指标是宏观预警指标的下一级细分，其中“人”子系统中的主要作业类型有 4 类；“机”子系统中的主要机械设备有 14 类；“环”子系统的主要环境指标有 30 项；“管”子系统的主要规章制度、管理条例有 65 项。微观预警指标是中观预警指标的进一步细分，如基于工作岗位的人的不安全行为、机械设备的主要风险因素、环境的危险有害因素的进一步细分、具体的管理制度等。

本书以某机械制造厂的智能制造中心为例，对区域风险分层分级动态预警展开研究。智能制造中心的主要作业类型包括动火作业、高空作业、密闭作业和职业健康危害作业 4 类；以动火作业为例进一步细分，其不安全行为包括作业前未进行审批、作业过程中未隔离、违章操作、擅离职守、个人安全防护不足、作业后未进行清理和检查，如表 4-22 所示。智能制造中心的主要机械设备包括车辆、起重机械及吊索、压力容器、金属切削机床、冲剪压机械、砂轮机、空气压缩机、涂装设备、工业梯台、焊接设备、电气设备、管道、风动工具、装配线；以冲剪压机械为例进一步分析微观的危险因素包括制动器不可靠、紧急停止按钮安装不合规、PE 线接触不良、冲剪压设备胎具质量不合格、冲剪压设备胎具安装不合规，如表 4-23 所示。智能制造中心的主要环境因素有危险有害因素、照明、设备安全距离、安全防护设施、工厂建筑；中观环境指标的细分完全按照作业规程和其他相关的法律法规进行，如表 4-24 所示。中观管理指标包括人员管理、机械管理、环境管理、后勤管理；对人员管理进一步细分，主要包括员工培训、持证上岗、人员不安全行为梳理、员工行为监督、奖惩制度，如表 4-25 所示。

三、风险分层分级动态预警数学模型

（一）风险分层分级动态预警数学模型的建立思路

风险分层分级动态预警数学模型的建立思路与风险评价模型相同，是基于建立的指标体系，并确定权值和综合性预警指标的计算模型。但是，预警数学模型与风险评价模型的不同之处在于，预警数学模型要具有动态性，因此预警数学模型所选取的指标与风险评价模型略有不同。同时，预警数学模型要具有在异常情况出现后及时做出判断并进行预警的能力，因此需要设定一定的阈值，当微观指标超过阈值后，通过计算将预警结果逐级传导到中观指标和宏观指标，做出判断并进行预警。对于不同的微观指标，其所选取的阈值不同。出于模型建立的考虑，将阈值判断与权值确定相结合，通过建立动态权值的方法实现阈值判断。

在企业综合预警数学模型的研究中，人、机、环 3 个子系统与事故预防有直接的关系，属于安全生产风险直接预警的范畴，而“管”子系统与事故预防有间接的关系，属于安全生产风险间接预警的范畴。由于人、机、环、管 4 个子系统中的微观指标的类型差别很大，且不同子系统中的微观指标对宏观预警情况的影响程度和方式均不同，虽然各子系统是基于统一的思路建立的数学模型，但在模型的处理上不能用一个统一的公式描述企业综合预警数学模型，因此，下面以某机械制造厂的智能制造中心为例，按照风险直接预警数学模型和风险间接预警数学模型的分类，分别说明人、机、环、管 4 个子系统的预警数学模型的建立过程。

（二）风险直接预警数学模型的建立

风险直接预警数学模型分为“人”子系统风险预警数学模型的建立、“机”子系统风险预警数学模型的建立和“环”子系统风险预警数学模型的建立，下面依次进行分析。

1. “人”子系统风险预警数学模型的建立

本例中“人”子系统风险预警指标体系包括 1 个宏观指标、4 个中观指标，每个中观指标下面有若干个微观指标，如图 5-4 所示。通过分析“人”子系统的中观和微观指标可知，“人”子系统中的中观、微观指标都是估测不同作业类型下员工产生不安全行为的某一方面的因素，各中观、微观指标需要结合在一起才能起到对“人”子系统进行综合预警的作用。因此，综合指标计算采用乘积方法，设被评价系统为 S，系统 S 中包含 m 个属性（$m>1$），记为 $x_1,x_2,\cdots,x_m$，根据标准化后的指标值，仍用 x_i 表示，相应的权值为 w_i，则对评价系统 S，有

$$S=\prod_{i=1}^{m}x_i^{w_i},\ i=1,2,\cdots,m \tag{5-1}$$

式中，w_i 为 x_i 对应的权值。

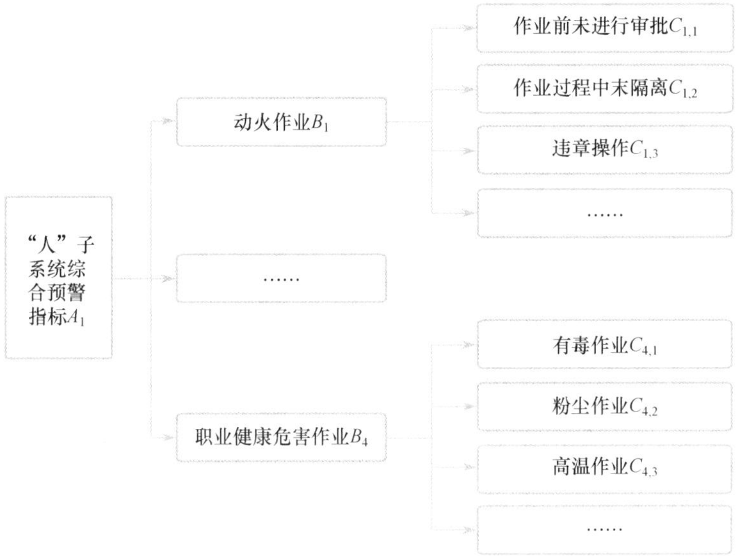

图 5-4 “人”子系统风险预警指标结构图

在“人”子系统风险预警数学模型中，与风险评价模型的不同之处在于，预警数学模型需要在系统处于不安全状态时及时发出警报，并可根据预警数学模型找出产生不安全状态的原因，这就需要在系统 S 的属性 x_i 发生变化，出现不安全状态的情况下，预警数学模型实现类似于“熔断”的功能。而静态权值是固定的，使得式（5-1）无法实现报警的功能。因此，引入动态权函数 $w_i(x_i),(i=1,2,\cdots,m)$ 代替 x_i 对应的权值 w_i，则式（5-1）变为

$$S=\prod_{i=1}^{m}x_i^{w_i(x_i)}(i=1,2,\cdots,m) \tag{5-2}$$

式中，$w_i(x_i)$为对应的权值。

设 x_i 的取值范围为$[a_I,b_i]$，首先根据熵值法计算出 x_i 对应的基础权值 w_i，熵值法的计算过程已在第三章进行描述，此处不再赘述。设 α_i 为动态权函数的

阈值，当 $\alpha_i < x_i \leqslant b_i$ 时，$w_i(x_i) = w_i$，当 $\alpha_i \leqslant x_i \leqslant d_i$ 时，采用指数型分布函数，则 $w_i(x_i)$表达式为

$$w_i(x_i) = \begin{cases} w_i \cdot e^{\left(\frac{x_i-\alpha_i}{\sigma_i}\right)^2}, & a_i \leqslant x_i \leqslant \alpha_i \\ w_i, & \alpha_i < x_i \leqslant b_i \end{cases} \tag{5-3}$$

式中，σ_i 为调节参数，$\sigma_i \in (0,1)$。

由式（5-3）可知，当 $\alpha_i < x_i \leqslant b_i$ 时，x_i 指标处于安全状态，$w_i(x_i)$ 保持基础权值不变；当 $\alpha_i \leqslant x_i \leqslant d_i$ 时，x_i 指标存在风险，$w_i(x_i)$ 随 x_i 指标值的降低而升高，使得 $x_i^{w_i(x_i)}$ 显著降低。当出现系统性风险，一个或多个微观指标降低到一定程度时，S 即低于阈值，触发报警。

在企业“人”子系统风险预警数学模型中，基于熵值法计算出微观指标$\{C_{11},C_{12},\ldots,C_{1m}\}$的基础权值，随着指标的变化利用动态权函数不断计算动态权值，并计算这些微观指标对应的中观指标 B_1 的结果，确定中观指标 B_1 的危险性等级。用同样的方法计算出其他中观指标 B_2，B_3，B_4 的危险性等级，最终利用$\{B_1,B_2,B_3,B_4\}$计算出“人”子系统综合预警指标 A_1 的危险性等级，实现各层次上的预警功能及逐级追溯源头的功能。

2. “机”子系统风险预警数学模型的建立

本例中“机”子系统风险预警指标体系包括 1 个宏观指标、14 个中观指标、每个中观指标下面有若干个微观指标，如图 5-5 所示。通过分析“机”子系统的中观和微观指标可知，“机”子系统中的中观、微观指标按照设备类别（车辆、起重机械和吊索、压力容器、冲剪压机械等）进行分类，各中观、微观指标比较独立，与同级其他指标之间的关联性较低。因此，依据“木桶原理”，以结果的最低值作为模型结果，根据标准化后的指标值，设被评价系统为 S，系统 S 中包含 m 个属性（m>1），记为 $x_1, x_2, \cdots, x_m$，根据标准化后的指标值，仍用 x_i 表示，相应的权值为 w_i，则对评价系统 S，有

$$S = \min\left(\left(\frac{x_i - a_i}{b_i - a_i}\right)^{w_i}\right), \qquad i = 1, 2, \cdots, m \tag{5-4}$$

式中，w_i 为 x_i 对应的权值，a_i、b_i 分别为 x_i 的最小值、最大值。

在“机”子系统风险预警数学模型中，与风险评价模型的不同之处在于，预警数学模型需要在系统处于不安全状态时及时发出警报，并可根据预警数学模型找出产生不安全状态的原因，这就需要在系统 S 的属性 x_i 发生变化，出现

不安全状态的情况下，预警数学模型实现类似于“熔断”的功能。而静态权值是固定的，使得式（5-4）无法实现报警的功能。因此，引入动态权函数 $w_i(x),(i=1,2,\cdots,m)$ 代替 x_i 对应的权值 w_i，则式（5-4）变为

$$S=\min\left(\left(\frac{x_i-a_i}{b_i-a_i}\right)^{w_i(x_i)}\right),\qquad i=1,2,\cdots,m \tag{5-5}$$

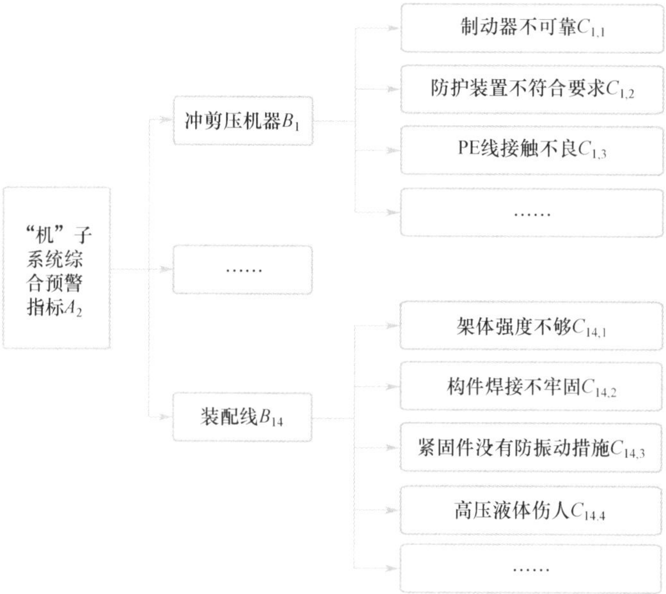

图 5-5　“机”子系统风险预警指标结构图

设 x_i 的取值范围为$[\alpha_i,b_i]$，根据熵值法计算出 x_i 对应的基础权值 w_i。α_i 为动态权函数的阈值，当 $\alpha_i<x_i\leqslant b_i$ 时，$w_i(x_i)=w_i$，当 $\alpha_i<x_i\leqslant d_i$ 时，采用指数型分布函数，则 $w_i(x_i)$表达式为

$$w_i(x_i)=\begin{cases} w_i\cdot e^{\left(\frac{x_i-\alpha_i}{\sigma_i}\right)^2}, & a_i\leqslant x_i\leqslant\alpha_i \\ w_i, & \alpha_i<x_i\leqslant b_i \end{cases} \tag{5-6}$$

式中，σ_i 为调节参数，$\sigma_i\in(0,1)$。

由式（5-6）可知，当 $\alpha_i<x_i\leqslant b_i$ 时，x_i 指标处于安全状态，$w_i(x_i)$ 保持基础权值不变；当 $\alpha_i<x_i\leqslant d_i$ 时，x_i 指标存在风险，$w_i(x_i)$ 随 x_i 指标值的降低而升高，使得 $x_i^{w_i(x_i)}$ 显著降低。当某个设备出现风险隐患时，该设备所对应的一个或多个微观指标降低到一定程度，S 即低于阈值，触发报警。

在企业“机”子系统风险预警指标体系中，基于熵值法计算出微观指标$\{C_{11},C_{12},\cdots,C_{1m}\}$的基础权值，随着指标的变化利用动态权函数不断计算动态权值，并计算这些微观指标对应的中观指标 B_1 的结果，确定中观指标 B_1 的危险性等级。用同样的方法计算出其他中观指标 $B_2,B_3,\cdots,B_{14}$ 的危险性等级，最终利用$\{B_1,B_2,\cdots,B_{22}\}$计算出“机”子系统综合预警指标 A_2 的危险性等级，实现各层次上的预警功能及逐级追溯源头的功能。

3. “环”子系统风险预警数学模型的建立

本例中“环”子系统风险预警指标体系包括 1 个宏观指标、10 个分指标，如图 5-6 所示。

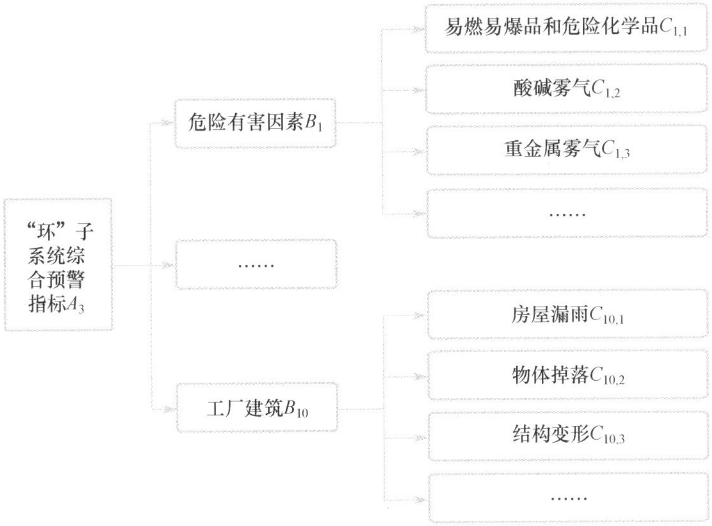

图 5-6 “环”子系统风险预警指标结构图

通过分析“环”子系统的分指标可知，“环”子系统中的分指标按照作业环境的主要参数如危险化学品浓度、酸碱雾气环境、粉尘等进行分类，各分指标具有独立对事故风险做出预警的能力。因此，依据“木桶原理”，以结果的最低值作为模型结果，根据标准化后的指标值，设被评价系统为 S，系统 S 中包含 m 个属性（$m>1$），记为 $x_1,x_2,\cdots,x_m$，根据标准化后的指标值，仍用 x_i 表示，相应的权值为 w_i，则对评价系统 S，有

$$S=\min\left(\left(\frac{x_i-a_i}{b_i-a_i}\right)^{w_i}\right),\qquad i=1,2,\cdots,m \tag{5-7}$$

式中，w_i 为 x_i 对应的权值，a_i、b_i 分别为 x_i 的最小值、最大值。

在“环”子系统风险预警数学模型中，与风险评价模型的不同之处在于，预警数学模型需要在系统处于不安全状态时及时发出警报，并可根据预警数学模型找出产生不安全状态的原因，这就需要在系统 S 的属性 x_i 发生变化，出现不安全状态的情况下，预警数学模型实现类似于“熔断”的功能。而静态权值是固定的，使得式（5-7）无法实现报警的功能。因此，引入动态权函数 $w_i(x),(i=1,2,\cdots,m)$ 代替 x_i 对应的权值 w_i，则式（5-7）变为

$$S=\min\left(\left(\frac{x_i-a_i}{b_i-a_i}\right)^{w_i(x_i)}\right),\qquad i=1,2,\cdots,m \tag{5-8}$$

设 x_i 的取值范围为 $[\alpha_i,b_i]$，根据熵值法计算出 x_i 对应的基础权值 w_i。设 α_i 为动态权函数的阈值，当 $\alpha_i<x_i\leqslant b_i$ 时，$w_i(x_i)=w_i$，当 $\alpha_i<x_i\leqslant d_i$ 时，采用指数型分布函数，则 $w_i(x_i)$表达式为

$$w_i(x_i)=\begin{cases} w_i\cdot e^{\left(\frac{x_i-\alpha_i}{\sigma_i}\right)^2}, & a_i\leqslant x_i\leqslant\alpha_i \\ w_i, & \alpha_i<x_i\leqslant b_i \end{cases} \tag{5-9}$$

式中，σ_i 为调节参数，$\sigma_i\in(0,1)$。

由式（5-9）可知，当 $\alpha_i<x_i\leqslant b_i$ 时，x_i 指标处于安全状态，$w_i(x_i)$ 保持基础权值不变；当 $\alpha_i<x_i\leqslant d_i$ 时，x_i 指标存在风险，$w_i(x_i)$ 随 x_i 指标值的降低而升高，使得 $x_i^{w_i(x_i)}$ 显著降低。当某个设备出现风险隐患时，该设备所对应的一个或多个微观指标降低到一定程度，S 即低于阈值，触发报警。

在企业“环”子系统风险预警数学模型中，首先基于熵值法计算出微观指标 $\{C_{11},C_{12},\cdots,C_{1m}\}$ 的基础权值，随着指标的变化利用动态权函数不断计算动态权值，并计算这些微观指标对应的中观指标 B_1 的结果，确定 B_1 的危险性等级。其次用同样的方法计算出其他中观指标 $B_2,B_3,\cdots,B_{14}$ 的危险等级。最终利用 $\{B_1,B_2,\cdots,B_{10}\}$ 计算出“环”子系统综合预警指标 A_3 的危险性等级，实现各层次上的预警功能及逐级追溯源头的功能。

（三）风险间接预警数学模型的建立

风险间接预警一般指管理子系统的预警。“管”子系统风险预警指标体系包括 1 个宏观指标、4 个中观指标，如图 5-7 所示。通过分析“管”子系统的中观和微观指标可知，“管”子系统中的分指标都是企业安全产生管理中的某一方面的因素，各分指标需要结合在一起才能起到对“管”子系统进行综合预

警的作用。因此，综合指标计算采用乘积方法，设被评价系统为 S，系统 S 中包含 m 个属性（$m>1$），记为 $x_1,x_2,\cdots,x_m$，根据标准化后的指标值，仍用 x_i 表示，相应的权值为 w_i，则对评价系统 S，有

$$S=\prod_{i=1}^{m}x_i^{w_i},\ i=1,2,\cdots,m \tag{5-10}$$

式中，w_i 为 x_i 对应的权值。

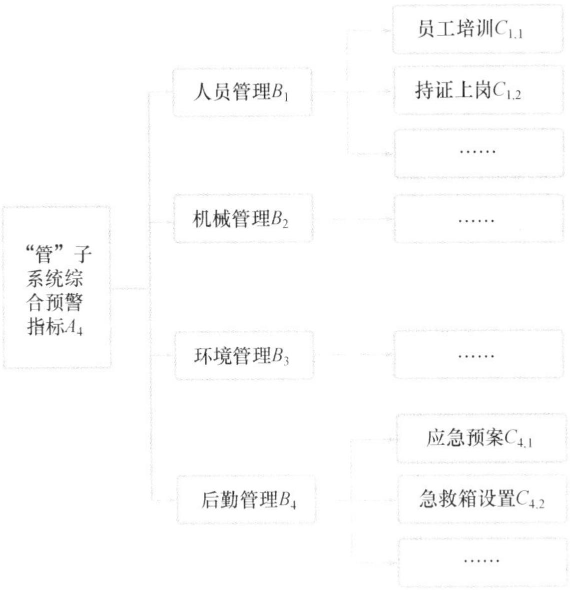

图 5-7 “管”子系统风险预警指标结构图

在“管”子系统风险预警数学模型中，与风险评价模型的不同之处在于，预警数学模型需要在系统处于不安全状态时及时发出警报，并可根据预警数学模型找出产生不安全状态的原因，这就需要在系统 S 的属性 x_i 发生变化，出现不安全状态的情况下，预警数学模型实现类似于“熔断”的功能。而静态权值是固定的，使得式（5-10）无法实现报警的功能。因此，引入动态权函数 $w_i(x),(i=1,2,\cdots,m)$ 代替 x_i 对应的权值 w_i，则公式（5-10）变为

$$S=\prod_{i=1}^{m}x_i^{w_i(x_i)},\ i=1,2,\cdots,m \tag{5-11}$$

式中，$w_i(x_i)$为对应的权值。

设 x_i 的取值范围为$[a_i,b_i]$，根据熵值法计算出 x_i 对应的基础权值 w_i。设 α_i 为动态权函数的阈值，当 $\alpha_i<x_i\leqslant b_i$ 时，$w_i(x_i)=w_i$，当 $\alpha_i\leqslant x_i\leqslant d_i$ 时，采用指数型分布函数，则 $w_i(x_i)$表达式为

$$w_i(x_i)=\begin{cases} w_i \cdot e^{\left(\frac{x_i-\alpha_i}{\sigma_i}\right)^2}, & a_i \leqslant x_i \leqslant \alpha_i \\ w_i, & \alpha_i < x_i \leqslant b_i \end{cases} \tag{5-12}$$

式中，σ_i 为调节参数，$\sigma_i \in (0,1)$。

由式（5-12）可知，当 $\alpha_i < x_i \leqslant b_i$ 时，x_i 指标处于安全状态，$w_i(x_i)$ 保持基础权值不变；当 $\alpha_i \leqslant x_i \leqslant d_i$ 时，x_i 指标存在风险，$w_i(x_i)$ 随 x_i 指标值的降低而升高，使得 $x_i^{w_i(x_i)}$ 显著降低。当出现系统性风险，一个或多个微观指标降低到一定程度时，S 即低于阈值，触发报警。

在企业“管”子系统风险预警指标体系中，基于熵值法计算出分指标$\{C_{11}, C_{12},\cdots,C_{1m}\}$的基础权值，随着指标的变化利用动态权函数不断计算动态权值，并计算这些微观指标对应的中观指标 B_1 的结果，确定 B_1 的危险性等级。用同样的方法计算出其他中观指标 B_2,B_3,B_4 的危险等级，最终利用$\{B_1,B_2,B_3,B_4\}$计算出“管”子系统综合预警指标 A_4 的危险性等级，实现各层次上的预警功能及逐级追溯源头的功能。

四、风险分层分级动态预警模型应用分析

某机械制造厂智能制造中心包括工人、机械设备、环境三个直接预警宏观指标，以及管理这一间接预警宏观指标。智能制造中心预警模型包括预警指标体系和预警数学模型的建立。智能制造中心的预警指标先从企业整体预警指标体系中筛选，然后进行现场调研确定最终的预警指标。

（一）智能制造中心“人”子系统预警数学模型应用分析

智能制造中心人员系统预警指标包括动火作业、密闭作业、高空作业、职业健康危害作业，如图 5-8 所示。中观指标的考核从微观指标展开，主要是每个作业环境相应岗位上人的不安全行为。

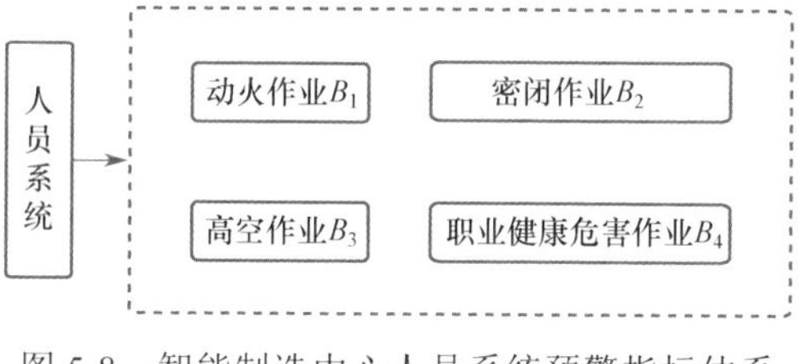

图 5-8 智能制造中心人员系统预警指标体系

建立人员系统预警指标体系，将人员系统作为宏观指标 A_1，动火作业、高空作业、密闭空间作业、高温作业等作为中观指标 $B_i(i=1,2,3,4)$，每一项中观指标的微观指标记为 $C_{ij}(i=1,2,3,4, j=1,2,\cdots,n)$。依据表 4-22“人”子系统风险评价指标体系、逐级计算预警指标结果。由于篇幅所限，中观指标计算以动火作业为例给出计算过程，其他中观指标直接给出结果，宏观指标计算方法与中观指标相同，直接给出结果。设动火作业指标 B_1 的微观指标 C_{1j} 的结果为 x_{1j}，根据熵值法计算出 C_{1j} 所对应的基础权值 $w_{1j}(j=1,2,\cdots,6)$。由于经过了标准化处理，x_{1j} 的取值范围为[0,1]，设权函数阈值 $\alpha=0.9$，调节参数为 0.5，则 C_{1j} 所对应的动态权函数 $w_{1j}(x_{1j})$ 为

$$w_{1j}(x_{1j})=\begin{cases} w_{1j}\cdot e^{\left(\frac{x_{1j}-\alpha}{\sigma}\right)^2}, & 0\leqslant x_{1j}\leqslant\alpha \\ w_{1j}, & \alpha<x_{1j}\leqslant 1 \end{cases} \tag{5-13}$$

动火作业指标 B_1 的结果为

$$B_1=\prod_{j=1}^{6} x_{1j}^{w_{1j}\left(x_{1j}\right)} \tag{5-14}$$

动火作业中观指标对应的微观指标结果及基础权值如表 5-2 所示。

表 5-2 动火作业中观指标对应的微观指标结果及基础权值

指标	x_{1j}	w_{1j}	指标	x_{1j}	w_{1j}
C_{11}	0.83	0.2085	C_{14}	1	0.1238
C_{12}	0.9	0.1974	C_{15}	0.8	0.1294
C_{13}	0.8	0.2197	C_{16}	0.8	0.1212

计算可得动火作业中观指标 B_1 的计算结果为 0.8482，对应预警等级为Ⅳ级。先依次计算出其他中观指标 $B_i(i=1,2,3,4)$，再根据此方法利用中观指标计算出人员系统宏观指标 A_1 的结果为 0.7824，对应预警等级为Ⅲ级。

（二）智能制造中心“机”子系统预警数学模型应用分析

智能制造中心机械系统预警指标包括起重机械及吊索、车辆、压力容器、冲剪压机械等，如图 5-9 所示。智能制造中心机械设备的预警属于直接预警的范畴。

建立机械系统预警指标体系，将机械系统作为宏观指标 A_2，冲剪压机械、起重机械及吊索、压力容器等作为中观指标 $B_i(i=1,2,\cdots,14)$，机械设备对应的

微观指标，记为$C_{ij}(i=1,2,\cdots,14, j=1,2,\cdots,n)$。依据表 4-23“机”子系统风险评价指标体系，逐级计算预警指标结果。由于篇幅所限，中观指标计算以冲剪压机械为例给出计算过程，其他中观指标直接给出结果，宏观指标计算方法与中观指标相同，直接给出结果。设冲剪压机械指标B_1的微观指标C_{1j}的结果为x_{1j}，根据熵值法计算出C_{1j}所对应的基础权值$w_{1j}(j=1,2,\cdots,5)$。由于经过了标准化处理，x_{1j}的取值范围为[0,1]，设权函数阈值$\alpha=0.9$，调节参数为 0.5，则C_{1j}所对应的动态权函数$w_{1j}(x_{1j})$为

$$w_{1j}(x_{1j})=\begin{cases} w_{1j}\cdot e^{\left(\frac{x_{1j}-\alpha}{\sigma}\right)^2}, & 0\leqslant x_{1j}\leqslant\alpha \\ w_{1j}, & \alpha<x_{1j}\leqslant 1 \end{cases} \tag{5-15}$$

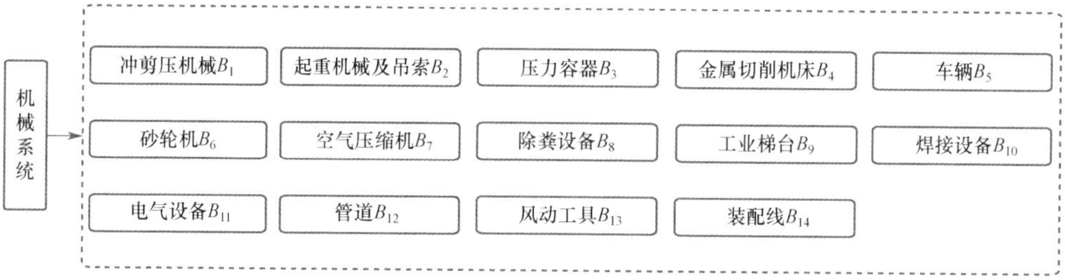

图 5-9　智能制造中心机械系统预警指标体系

冲剪压机械指标B_1的结果为

$$B_1=\min\left((x_{1j}-0)^{w_{1j}(x_{1j})}\right),\qquad j=1,2,3,4,5 \tag{5-16}$$

冲剪压机械中观指标对应的微观指标结果及基础权值如表 5-3 所示。

表 5-3　冲剪压机械中观指标对应的微观指标结果及基础权值

指标	C_{11}	C_{12}	C_{13}	C_{14}	C_{15}
x_{1j}	0.8	0.9	0.9	0.9	0.8
w_{1j}	0.1833	0.194	0.2342	0.1843	0.2042

计算可得冲剪压机械中观指标B_1的计算结果为 0.8598，对应预警等级为Ⅳ级。先依次计算出其他中观指标$B_i(i=1,2,\cdots,14)$，再根据此方法利用中观指标计算出机械系统宏观指标A_2的结果为 0.9046，对应预警等级为Ⅳ级。

（三）智能制造中心“环”子系统预警数学模型应用分析

智能制造中心环境系统预警指标包括危险有害因素、照明、设备安全距离、

安全防护措施、工厂建筑等，如图 5-10 所示。智能制造中心环境预警属于直接预警的范畴。

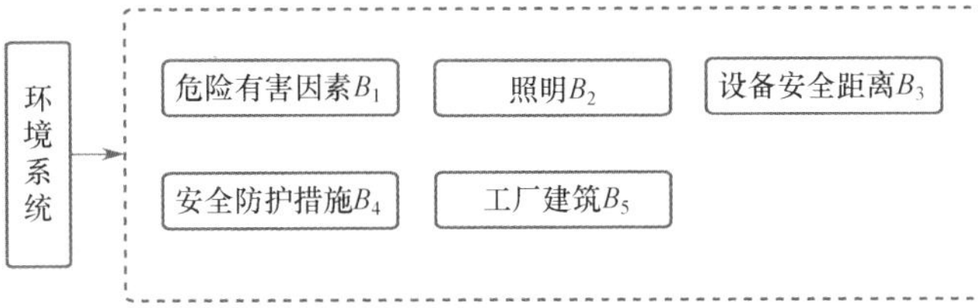

图 5-10　智能制造中心环境系统预警指标体系

建立环境系统预警指标体系，将环境系统作为宏观指标 A_3，危险化学品浓度、酸碱雾气环境、重金属雾气环境、高温环境等作为中观指标 $B_i(i=1,2,\cdots,5)$。依据表 4-24“环”子系统风险评价指标体系，依据中观指标计算预警指标结果。设中观指标的值为 x_i，根据熵值法计算出 B_i 所对应的基础权值 w_i。由于经过了标准化处理，x_i 的取值范围为[0,1]，设权函数阈值 $\alpha=0.9$，调节参数为 0.5，则 B_i 所对应的动态权函数 $w_i(x_i)$ 为

$$w_i(x_i)=\begin{cases} w_i\cdot e^{\left(\frac{x_i-\alpha}{\sigma}\right)^2}, & 0\leqslant x_i\leqslant\alpha \\ w_i, & \alpha<x_i\leqslant 1 \end{cases} \tag{5-17}$$

环境系统预警指标 A_3 的结果为

$$A_3=\min\left((x_i-0)^{w_i(x_i)}\right),\qquad i=1,2,\cdots,5 \tag{5-18}$$

环境系统预警指标对应的中观指标结果及基础权值如表 5-4 所示。

表 5-4　环境系统预警指标对应的中观指标结果及基础权值

指标	B_1	B_2	B_3	B_4	B_5
x_i	0.8	0.75	0.9	0.85	0.9
w_i	0.2004	0.1979	0.2190	0.1960	0.1867

计算得出环境系统宏观指标 A_3 的结果为 0.8384，对应预警等级为第Ⅳ级。

（四）智能制造中心“管”子系统预警数学模型应用分析

智能制造中心管理系统预警指标包括安全管理机构设置、安全管理规章制度、安全管理执行、人员培训，如图 5-11 所示。各指标按照智能制造中心现状进行打分，属于间接预警的范畴。

图 5-11　智能制造中心管理系统预警指标体系

建立管理系统预警指标体系，将管理系统作为宏观指标 A_4，安全管理机构设置、安全管理规章制度、安全管理执行、人员培训作为中观指标 $B_i(i=1,2,3,4)$。依据表 4-25“管”子系统风险评价指标体系，逐级计算预警指标结果。管理系统预警指标对应的中观指标结果及基础权值如表 5-5 所示。

表 5-5　管理系统预警指标对应的中观指标结果及基础权值

指标	B_{11}	B_{12}	B_{13}	B_{14}
x_{1j}	0.85	0.8	0.85	0.8
w_{1j}	0.2182	0.3345	0.1637	0.2836

宏观指标 A_4 的计算公式为

$$A_4=\prod_{i=1}^{4}x_i^{w_i(x_i)} \tag{5-19}$$

利用中观指标计算出管理系统宏观指标 A_4 的结果为 0.8187，对应预警等级为Ⅳ级。

第六章 应 急 管 理

第一节 应急管理体系

一、突发事件应急管理

（一）突发事件概述

根据《中华人民共和国突发事件应对法》定义，突发事件是指突然发生，造成或者可能造成严重社会危害，需要采取应急处置措施予以应对的自然灾害、事故灾难、公共卫生事件和社会安全事件。如2002年非典型肺炎疫情、2008年“5·12”汶川大地震、2015年“8·12”天津滨海新区爆炸事故等都是突发事件。

按照突发事件的发生过程、性质和机理，突发事件主要分为四类：一是自然灾害，指由自然因素导致的突发事件，主要包括水旱灾害、气象灾害、地震灾害、地质灾害、海洋灾害和森林草原火灾等。二是事故灾难，指由人类活动或者人类发展所导致的计划之外的事件或事故，主要包括工矿商贸等企业的各类安全事故、交通运输事故、公共设施和设备事故等。三是公共卫生事件，指由病菌病毒引起的大面积疾病流行等事件，主要包括传染病疫情、群体性不明原因疾病、动物疫情以及其他严重影响公众健康和生命安全的事件。四是社会安全事件，指由人们主观意愿产生，危及社会安全的事件，主要包括恐怖袭击事件、经济安全事件和涉外突发事件等。

（二）突发事件应急管理

突发事件应急管理作为一门新兴的学科，没有公认的标准定义，一般有广义和狭义两种描述。广义的突发事件应急管理是指针对可能发生或已经发生的突发事件，为了实现减少突发事件的发生概率或降低其可能造成的影响，达到优化决策的目标，基于突发事件的可能性、影响程度、演变机理进行的一系列有计划、有组织的管理。它涵盖突发事件发生前、中、后的各个过程，包括为应对突发事件而采取的事发前预先防范措施、事发中采取的应对行动、事发后采取的各种善后措施。

狭义的突发事件应急管理是指针对已经发生的突发事件，为了降低其可能造成的影响，达到优化决策的目标，在全面分析突发事件演变机理的基础上，进行的一系列有计划、有组织的活动，主要集中在突发事件发生后的阶段，包括事发后采取的应对行动、减少损害的防范措施，注重发生后的即时响应、指挥和控制，具有明确的指向性。

二、我国应急管理体系

2003 年以来，我国应急管理体系逐步完善，建立起以应急预案为核心，应急体制、机制、法制并行的“一案三制”的应急管理框架。

（一）应急预案

应急预案指面对突发事件（如自然灾害、重特大事故、环境公害及人为破坏）的应急管理、指挥、救援计划等。应急预案一般包括应急组织管理指挥系统、应急工程救援保障体系、应急相互支持系统、应急保障供应体系、应急队伍等模块内容。根据《中华人民共和国突发事件应对法》（以下简称《突发事件应对法》）要求，应急预案应当根据本法和其他相关法律法规，针对突发事件的性质、特点和可能造成的社会危害，具体规定突发事件应急管理工作的组织指挥体系与职责，明确突发事件的预防与预警机制、处置程序、应急保障措施以及事后恢复与重建措施等内容。

根据《突发事件应对法》等法律法规，我国应急预案体系分为综合应急预案、专项应急预案、现场处置方案三种类型。综合应急预案是从总体上阐述事故的应急方针、政策，应急组织结构及相关应急职责，应急行动、措施和保障等基本要求和程序，是应对各类事故的综合性文件。专项应急预案是针对具体的事故类别、危险源和应急保障而制定的计划或方案，是综合应急预案的组成部分，应按照应急预案的程序和要求组织制定，并作为综合应急预案的附件。专项应急预案应制定明确的救援程序和具体的应急救援措施。现场处置方案是针对具体的装置、场所或设施、岗位所制定的应急处置措施，现场处置方案应具体、简单、针对性强。现场处置方案根据风险评估及危险性控制措施逐一编制，做到事故相关人员应知应会，熟练掌握，并通过应急演练，做到迅速反应、正确处置。

应急预案主要包括 8 个模块的内容，如表 6-1 所示。

表 6-1　应急预案主要内容

序号	模块	内容
1	总则	编制预案的目的、工作原则、编制依据、适用范围等
2	组织指挥体系及职责	明确各组织机构的职责、权利和义务，以突发事故应急响应全过程为主线，明确事故发生、报警、响应、结束、善后处理处置等环节的主管部门与协作部门；以应急准备及保障机构为支线，明确各参与部门的职责
3	预警和预防机制	信息监测与报告，预警预防行动，预警支持系统，预警级别及发布
4	应急响应	分级响应程序（原则上按一般、较大、重大、特别重大四级启动相应预案），信息共享和处理，通信，指挥和协调，紧急处置，应急人员的安全防护，群众的安全防护，社会力量动员与参与，事故调查分析、检测与后果评估，新闻报道，应急结束等
5	后期处置	善后处置、社会救助、保险、事故调查报告和经验教训总结及改进建议
6	保障措施	通信与信息保障，应急支援与装备保障，技术储备与保障，宣传、培训和演习，监督检查等
7	附则	有关术语、定义，预案管理与更新，国际沟通与协作，奖励与责任，制定与解释部门，预案实施或生效时间等
8	附录	相关的应急预案、预案总体目录、分预案目录、各种规范化格式文本、相关机构和人员通讯录等

（二）应急体制

党的十八大后，国家改革完善应急管理体制，组建应急管理部，把原来分散在 11 个部门的 13 项职责和 5 个国家指挥协调机构的职责，集中由一个部门负责，推动形成统一指挥、专常兼备、反应灵敏、上下联动、平战结合的中国特色应急管理体制。根据机构改革“三定”方案，应急管理部主要负责自然灾害和事故灾难两大类突发事件的应急管理工作。2019 年年底，省级及以下政府组建新的应急管理厅（局），机构建设、人员转隶、职能调整等工作基本完成。

改革强化了应急工作的综合管理、全过程管理和力量资源的优化管理，增强了应急管理工作的系统性、整体性、协同性，初步形成统一指挥、专常兼备、反应灵敏、上下联动的中国特色应急管理体制。国家建立统一领导、综合协调、分类管理、分级负责、属地管理为主的应急管理体制。同时，体制改革也建立了以国家综合性消防救援队伍为主力、专业救援队伍为协同、军队应急力量为突击、社会力量为辅助的中国特色应急救援队伍体系。

（三）应急机制

应急机制始终贯穿于应急准备、初级反应、扩大应急和应急恢复等应急活动，应急救援的运行机制众多，关键是建立统一指挥、分级响应、属地为主和公众动员等机制。

统一指挥是应急指挥的最基本原则。应急指挥部是应急救援工作的最高指挥部门，无论指挥工作采用的是集中指挥还是现场指挥、场外指挥或是场内指挥，都必须实行统一指挥的模式。尽管应急救援活动涉及单位的行政级别高低和隶属关系不同，但都必须在应急指挥部的统一组织协调下行动，有令则行，有禁则止，统一号令，步调一致。

分级响应是应急处置机制的灵活性体现。它是指在突发事件初级响应到扩大应急的过程中实行分级响应的机制。分级响应可更有效地调配资源应对扩大化的事件事态。扩大或提高应对级别的主要依据是事故灾难的危害程度、影响范围和控制事态能力，而后者是升级的最基本条件。扩大应急救援主要是提高指挥级别、扩大应急范围等。

属地为主是“第一反应”思想的具体表现。属地应对能够第一时间在现场调动周边应急资源进行事件处置，有效遏制事发状态。在国家的整个应急救援体系中，地方政府和地方应急力量是开展事故应急救援工作的主力军，地方政府应充分调动地方的应急资源和力量开展应急救援工作。现场指挥以地方政府为主，部门和专家参与，充分发挥企业的自救作用。

公众动员机制是应急机制的基础，也是整个应急体系的基础，是指在应急体系的建立及应急救援过程中要充分考虑并依靠民间组织、社会团体以及个人的力量，营造良好的社会氛围，使公众都参与到救援过程中，人人都成为救援体系的一部分。建立健全组织和动员人民群众参与应对事故灾难的有效机制，增强公众的防灾减灾意识，能够在条件允许的情况下发挥公众的应对作用。

（四）应急法制

2003 年之前，我国的应急管理体系呈现分散化。2003 年之后，我国的应急管理体系已经与现代法治、现代管理理念接轨，进而开始构建我国独有的应急管理体系，逐步建立和完善了我国应急管理的法律体系框架。《突发事件应对法》是我国第一部应对各类突发事件的综合性法律，标志着我国确立了规范各类突发事件应对的基本法律制度。

2008 年之后，我国更加重视应急管理法规体系的构建，一些应急管理相关的法律法规中的部分条款、有关国际公约和协定、突发事件应急预案有力地补充了我国应急管理法规体系。各地方人民政府据此颁布了适用于本行政区域的地方性法规、地方规章和法规性文件，逐步形成了一个以《突发事件应对法》为核心的应急管理法规体系，如表 6-2 所示。

表 6-2　我国应急管理法律体系基本情况

突发事件	类别	法规名称
自然灾害	法律	《防沙治沙法》《防震减灾法》《森林法》《气象法》等
	法规	《破坏性地震应急条例》《人工影响天气管理条例》《防汛条例》《蓄滞洪区运用补偿暂行办法》《森林防火条例》《森林病虫害防治条例》《草原防火条例》等
事故灾难	法律	《建筑法》《消防法》《海上交通安全法》《放射性污染防治法》等
	法规	《危险化学品安全管理条例》《海上交通事故调查处理条例》《铁路运输安全保护条例》《电力监管条例》《特种设备安全监察条例》《防治海岸工程建设项目污染损害海洋环境管理条例》《水污染防治法实施细则》《矿山安全法实施条例》《国务院关于特大安全事故行政责任追究的规定》《建设工程质量管理条例》《道路运输条例》《防止拆船污染环境管理条例》《民用爆炸物品管理条例》《生产安全事故报告和调查处理条例》《放射性同位素与射线装置安全和防护条例》等
公共卫生事件	法律	《传染病防治法》《传染病防治法实施办法》《进出境动植物检疫法》《动物防疫法》《国境卫生检疫法》等
	法规	《重大动物疫情应急条例》《突发公共卫生事件应急条例》《植物检疫条例》《国境卫生检疫法实施细则》等
社会安全事件	法律	《民族区域自治法》《预备役军官法》《领海及毗连区法》《专属经济区和大陆架法》《价格法》等
	法规	《信访条例》《企业劳动争议处理条例》《行政区域边界争议处理条例》《退伍义务兵安置条例》《军人抚恤优待条例》《中央储备粮管理条例》等

三、安全生产应急管理

（一）安全生产应急管理的内容

安全生产应急管理是指政府及其他公共机构、企业在安全生产事故的事前预防、事发应对、事中处置和善后管理过程中，通过建立必要的应对机制，采取一系列必要措施，保障公众生命财产安全，促进社会和谐健康发展的有关活动。按照安全生产事故的预防、预警、发生和善后四个发展阶段，安全生产应急管理可分为事故预防与应急准备、事故监测与预警、事故应急处置与救援、事后恢复与重建四个部分。

（二）安全生产应急管理的特点

安全生产应急管理与自然灾害、公共卫生事件和社会安全事件等突发事件相比，是一项长期而艰巨的工作，具有系统性和长期性的特点。

1. 系统性

安全生产应急管理是一个复杂的系统工程。从时间序列看，安全生产应急管理在事前、事发、事中及事后四个阶段都有明确的目标和内涵，贯穿于预防、准备、响应和恢复的各个阶段。从涉及部门看，安全生产应急管理涉及安全生产监督管理、消防、卫生、交通、物资、市政、财政等部门，以及新闻媒体、志愿者组织、企业等诸多社会团体或机构；从涉及领域看，涉及工业、交通、通信、信息、管理、心理、行为、法律等领域；从应急对象看，种类繁多，涉及各种类型的事故灾难；从管理架构看，涉及应急法制、体制、机制、保障系统；从管理层次看，涉及国家、省、市、县及企业应急管理。

2. 长期性

安全生产事故的偶然性和不确定性，往往会给安全生产应急管理工作带来消极的影响，这种影响表现在两个方面。一是侥幸心理，相关人员主观认为或寄希望于安全生产事故不会发生，对应急管理工作关注不够，而应急管理工作在事故灾难发生前又不能带来看得见、摸得着的实际效益，这使得安全生产应急管理工作无法得到应有的重视；二是麻痹心理，经过长时间的应急准备，重大事故却一直没有发生，易滋生麻痹心理而放松应急工作要求，降低警惕性，若此时突然发生重大事故，则会导致应急管理工作前功尽弃。

（三）安全生产应急管理的目标

安全生产应急管理的目标有三点。

1. 高效防控事故风险

通过科学的安全生产应急管理，进一步完善安全风险分级管控与隐患排查治理机制，可以提高多灾种和灾害链综合监测水平、增强风险早期感知识别和预报预警能力、增强城乡基础设施防灾能力，有效遏制危险化学品、矿山、交通运输、建筑施工、火灾等重特大安全事故，防范生产安全事故应急处置引发次生环境事件，及时准确上报灾害事故信息。

2. 充分应对风险巨灾

通过科学的安全生产应急管理，有效布局综合救援、专业救援、航空救援力量，应急救援效能显著提升，全面加强应急预案、应急通信、应急装备、应急物资、应急广播、紧急运输等保障能力。

3. 合理配置应急要素资源

通过科学的安全生产应急管理，实现科技资源、人才资源、信息资源、产业资源配置更趋合理高效，建立规模合理、素质优良的创新型应急人才队伍，提高应急管理科技信息化水平。

第二节 应急救援

一、应急响应

根据安全生产事故灾难的可控性、严重程度和影响范围，应急响应实行分级响应。安全生产应急救援接警响应程序如图 6-1 所示。

基层生产经营单位如果发生特大安全生产事故，应第一时间组织实施救援，并按照分级响应的原则，报上级企业、企业主管部门、当地政府有关部门及当地安全生产应急救援指挥中心。上级企业接到事故报警后，利用企业内部应急资源开展应急救援工作，同时向企业主管部门、政府部门报告事故情况。基层政府有关部门接到报警后，立即组织当地应急救援队伍开展事故救援工作，同时向省级政府部门报告事故情况。省级政府部门接到特大安全生产事故的险情报告后，立即组织救援并上报国务院安委会办公室。

生产经营单位所在地安全生产应急救援指挥中心接到报警后，立即组织应急救援队伍开展事故救援工作，同时向省级安全生产应急救援指挥中心报告。省级安全生产应急救援指挥中心接到特大安全生产事故的险情报告后，立即组织救援并上报国家安全生产应急救援指挥中心和相关国家级专业应急救援指挥中心。国家安全生产应急救援指挥中心接到事故险情报告后通过智能接警系统立即响应，根据事故的性质、地点和规模，启动相关预案，通知相关的国家级专业应急救援指挥中心、相关专家和区域救援基地进入应急待命状态，开通信息网络系统，随时响应省级应急中心发出的支援请求，建立并开通与事故现场的通信联络及图像实时传送。

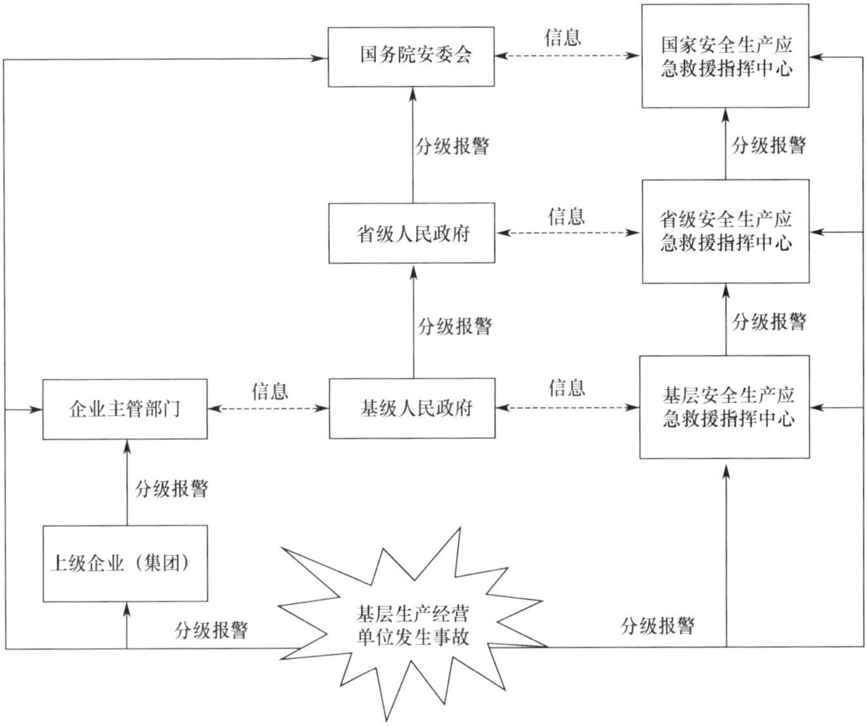

图 6-1　安全生产应急救援接警响应程序

在报警与接警过程中，各级政府部门与各级安全生产应急救援指挥中心之间要及时进行沟通联系，共同参与生产事故应急救援活动，确保能够快速、高效、有序地控制事故发展态势，降低影响、减少损失。

二、应急处置

（一）应急处置决策依据

应急处置人员到达事故现场后，必须尽快掌握现场的准确信息，快速进行事故现场评估，在此基础上开展精准救援。现场评估包括以下 6 个方面。

一是评估事故性质。事故发生后，先判断事故性质。例如，在对有爆炸发生的事件进行现场控制时，必须在现场评估事故是意外事故，还是人为破坏。如果是人为破坏，就需要在处置时对现场进行仔细勘查，注意发现和收集证据，有针对性地开展处置工作。

二是评估现场潜在危害。进行应急处置时，必须对现场潜在的危害进行实时监测和评估，避免二次事故的发生。例如，爆炸事故中可能存在未爆炸的危险物质，对这些物质的处置决定了应急工作的最终效果。一般应通过搬运、冷却等方法防止其发生爆炸。对无法搬走的危险物品，除采取必要的措施进行保护外，还必须安排有经验的人员对其进行实时监控，一旦发现爆炸苗头，应及时通知所有人员撤离。

三是评估所需应急资源。通过对现场情景及处置难度的评估分析，准确调动相应的人力和物力资源参与现场处置，是应急处置快速有效的重要保障。以地铁事故应急处置为例进行分析，1995 年发生在东京的沙林毒气袭击事件造成了多人死伤，在处置过程中，防化、洗消、医疗急救等力量是必不可少的，而破拆和消防力量则基本没有用武之地，但是在 2005 年 7 月 7 日伦敦地铁爆炸事件现场处置中，破拆和消防力量却必不可少。

四是评估人员伤亡情况。人员伤亡情况不仅决定着事故的规模与性质，而且是安排现场救护的主要考虑因素。当人员伤亡的数量超出地方政府的应急能力时，必须及时请求上一级政府应急资源的支持。现场人员伤亡情况评估主要包括伤亡人数、伤员主要伤情、需要采取的措施及需要投入的医疗资源等。

五是评估经济损失和社会影响。应急处置现场对经济损失的评估包括直接经济损失和间接经济损失。例如，“9 • 11 恐怖袭击事件”对纽约相关产业造成了冲击，据专家估算，恐怖袭击事件发生后纽约至少损失了 46000 个就业机会；印度尼西亚巴厘岛的连环爆炸袭击事件对当地旅游业造成了严重的冲击，直接影响到当地居民的收入和生活水平。

六是评估周围环境。应急处置时必须随时注意周围环境和条件对处置工作的影响。对事发现场周围环境与条件的评估包括对空间、气象、处置工作的可用资源及特点的评估等。例如，火灾的发展蔓延与火场的气象条件有密切的关系，但即使同是火灾，房屋建筑物火灾和森林火灾中气象条件的重要性也不相同。

（二）应急处置基本方法

在生产事故应急处置过程中，为了防止事故的进一步蔓延，需要做出一系列的应急安排，减少人员伤亡与财产损失。事故现场控制方法可分以下 4 种。

一是警戒线控制法。在重特大事故现场或其他相关场所，根据事故的性质、规模、特点等不同情况或需要，应安排保卫人员等应急参与人员实施警戒保护。对于范围较大的事故现场，应从其核心现场开始，向外设置多层警戒线。例如，重庆开县的井喷事故中，公安机关就设置了三层封锁线。

二是区域控制法。区域控制建立在现场概览的基础上，即在不破坏现场的前提下，在现场外围对整个事故发生环境进行总体观察，确定重点区域、重点地带、危险区域和危险地带。现场区域控制遵循的原则是先重点后一般、先危险后安全、先外围后中心。

三是遮盖控制法。在事故处置现场，有些物证需要用干净的塑料布、帆布和草席等物品进行遮盖，起到防风、防雨、防日晒以及防止无关人员随意触碰的作用。应急处置时，一般不使用遮盖控制法，防止遮盖物沾染某些微量元素，影响取证以及后续的化学物理分析结果。

四是定位控制法。根据现场大小和破坏程度等情况，首先，按区域和方位对现场进行区域划分，如长条形、矩形、圆形和螺旋形等形式；其次，每一划分区域指派若干现场处置人员，用色彩鲜艳的小旗对死伤人员、重要物体、重要物证和重要痕迹进行定点标注；最后，根据现场应急处置的需要，开展后续工作。

（三）应急处置工作内容

事故的现场处置需要根据事故类型、特点和规模做出相应安排，一般包括以下 7 个方面的内容。

一是设置警戒线。警戒线一般分为内围警戒线和外围警戒线。内围警戒线指根据现场危险源的威胁范围和与事故原因调查的相关证据散落范围，圈定事故或事件的核心区域，只允许医疗救护人员、警察、消防人员、应急专家或专业的应急人员进入，开展各项控制和救助工作。外围警戒线主要指按照救援处置工作需求进行划分，是处置工作顺利开展的必要空间，无关人员（包括媒体工作人员）一般不应进入此区域。有些重特大事故处置现场，在核心区和处置区之间设置三层警戒线，作为二线处置力量的集结区域和现场指挥部所在地。

二是组织与协调应急队伍。根据事故应急预案，不同事故由不同的部门牵头负责，并由相关部门予以协调和支持。各个部门在处置工作中分工协作，具有较为明确的任务和职责。在事故发生后，由牵头部门组织各部分应急处置人员赶赴现场并开展工作，并在现场的出入通道设置引导和联络人员安排后续人员。各应急处置组织的带队领导应组成现场指挥部，统一协调现场的应急人员与其他应急资源。

三是调集应急物资。专用设备、工具与车辆一般由各专业救援队伍提供，对于一些特殊和所需数量较多而现场数量不足的设备、工具与车辆可以通过媒体向社会征募，同时也可以向有关方面请求支援。大型现场救援和工程抢险装备，应由政府应急办公室与相关企业签订应急保障服务协议，每年由政府提供一定的设备维护、保养补助费用，紧急情况下政府应急办公室可代表当地政府直接调用。

四是安全疏散现场人员。一般分为临时紧急疏散和远距离疏散。临时紧急疏散必须兼顾疏散的速度和秩序，一味强调疏散速度，疏散过程中混乱的秩序可能造成人群的相互拥挤和踩踏、车流的阻塞现象，造成群死群伤。远距离疏散必须事先进行疏散规划，通过分析危险源的性质和事故的严重程度与危害范围，确定危险区域的范围，并根据区域人口统计数据，确定处于危险状态和需疏散的人员数量。

五是现场交通管制。通过交通管制，封闭可能影响现场处置的道路，开辟救援专用路线和停车场，疏导现场围观人群，保证事故现场的交通快速畅通；组织专业队伍，尽快恢复被毁坏的公路、交通干线、地铁、铁路、空港及有关设施，保障交通路线的畅通。

六是维护现场治安秩序。事故发生后，应由当地公安机关负责现场与相关场所治安秩序的维护，为整个应急处置过程提供相关的秩序保障。事故发生地政府及有关部门、社区组织也要积极发动和组织社会力量开展自救互救，主动维护秩序，防止有人利用现场混乱之机，实施抢劫、盗窃等犯罪行为。

七是管理现场信息和新闻媒体。现场处置中，加强对现场信息和新闻媒介的管理，通过在警戒线外设立新闻联络点，安排专门的新闻发言人，适时召开新闻发布会等方式处理好与媒介的公共关系，利用媒介实现应急指挥中心与社会公众、政府有关部门以及不同领域专家之间的沟通互动，降低事故造成的社会影响。

三、应急恢复

应急恢复是指生产事故得到初步控制后，政府、社会组织和公民为使生产、工作、生活、社会秩序和生态环境尽快恢复到正常状态而采取的措施或行动。当应急处置阶段结束后，从紧急情况恢复到正常状态需要时间、人员、资金和正确的指挥，这时对恢复能力的预先估计变得很重要。

应急恢复从应急救援工作结束时开始，重要的恢复工作主要包括现场警戒和安全、事故调查、法律问题的解决、损失状况评估、保险与索赔、安全和应急系统恢复、员工救助、工艺数据收集以及公共关系维护等。决定恢复时间长短的因素包括事故造成损失的程度，完成恢复所必需的人力、财力和技术是否足够，相关法律、法规体系是否完善，其他影响因素（天气、地形等）。

（一）灾后恢复管理

遭遇生产事故后，生产生活的恢复需要一个过程，其间的管理具有较大的挑战性，企业需要专门组建一个小组或行动队来执行恢复工作。灾后恢复工作组一般由负责人、工程人员、维修人员、生产人员、采购人员、环境人员、健康和安全人员、人力资源人员、公共关系人员、法律人员等组成，根据事故的严重程度确定规模。

企业应该根据应急预案和相关规定，提前选定和培养企业灾后恢复阶段的管理人员、采购人员、技术人员等，使他们在事故应急救援结束后迅速发挥作用。灾后恢复阶段的管理人员根据工作需要，全面协调恢复小组的工作，准确分配任务、确定责任，实时监督设备检修和测试，定期检查使用的清洁方法，加强内外沟通交流。

（二）灾后恢复要点

生产事故灾后恢复要点一般包含以下 7 个方面。

一是加强现场警戒和安全。应急救援结束后，还需要开展一些后续工作（事故调查组继续调查事故原因、工程技术人员继续抢救可以使用的设备、保险公司确定损坏程度等），应当继续保持现场警戒，用鲜艳的彩带或其他设施隔离事故现场，企业安保人员应加强管理，防止无关人员进入隔离区。当受破坏区域的污染程度或危险性较大，可能会对相关人员造成危害时，企业应采取一定的安全措施来减少或避免可能的危害，包括发放个人防护设备、通知所有工作人员受破坏区的安全限制等。

二是救助伤亡员工。企业应当根据事故实际情况，向员工提供充分的医疗救助，提供现金预付、薪水照常发放、削减工作时间和咨询服务等方面的救助，按有关规定对伤亡人员的家属进行安抚，对有财产损失的员工进行经济补助等。

三是评估损失状况。灾后恢复负责人应快速组建灾后评估小组，成员包括工程、技术、采购、财务、人事等。灾后损失评估和初步恢复生产密切相关，因而需要监察部门对评估工作进行监督。长期的房屋建设和复杂的重建工程，需要委托给专业的第三方机构进行重建和管理。损失评估完成后，评估小组应进行核对，分派专人或专门部门负责需要立即修理或恢复的项目，财务部门和采购部门配合其开展工作。

四是收集工艺数据。收集事故工艺数据对于调查事故的原因和预防类似事故发生非常重要。事故发生后，生产和技术人员应收集所有可能导致事故以及事故期间的工艺数据，如危险物质的存量、事故前的工艺状况、操作人员观察到的异常情况等。

五是调查事故原因。调查主要集中在事故如何发生以及为何发生等方面，主要是找出操作程序、工作环境或安全管理中需要改进的地方，避免事故再次发生。一般情况下，需要成立事故调查组。事故调查组应按照《生产安全事故报告和调查处理条例》（国务院令第 493 号）等规定调查和分析事故。调查小组必须在事故调查报告中详细记录调查结果和建议。

六是维护公共关系。灾后恢复过程中，工作组需要与公众或其他风险承担者进行公开对话，风险承担者包括地方应急管理官员、邻近企业、其他社区人员、企业员工、顾客以及供应商等。公开对话可采用新闻发布会、电视和电台广播等方式向公众、员工和其他相关组织介绍情况，也可以组织相关人员参观视察企业。此外，企业还应该定期向员工和所在社区通报恢复工作的最新进展，其主要目的是采取必要措施避免或减少此类事故再次发生的可能性，并保证公众所有受损财物都将会得到妥善赔偿。

七是维护商业关系。事故发生后相关人员应将有关的事故情况立即通知顾客和供货商，这样可使事故对顾客和供货商的影响减小到最低程度。处理商业关系的首要任务是确定本企业现有供货量或完成的产品量，以及可供调剂的其他企业的供货量或完成的产品量、产品运输的资源、恢复生产的时间等。企业销售部门应该通知所有顾客关于事故的影响，如企业不能满足顾客的需求，尽快临时安排其他供货商向顾客提供产品。

（三）应急后评估

应急后评估是指应急处置工作结束后，为了进一步完善应急预案，提高企业应急能力，对各阶段应急工作进行的总结和评估。企业在事故处置完成后，通过对应急工作的分析和总结，对应急预案和应急救援过程进行评估，在此基础上进一步提高应急能力。此外，企业还可以通过桌面推演、实战模拟演练等不同形式的预案演练解决企业内部门之间、企业同地方政府有关部门之间、企业同周边单位和社区之间的协同配合等问题，增强应急预案的科学性、可行性和针对性，提高快速应急响应能力、应急救援能力和协同作战能力。

第三节 应 急 准 备

一、应急准备概述

应急准备是应急管理工作的基本实践活动，是平时为消除事故隐患、遏制事故危机、有效应对事故灾难而进行的组织、物质、技能和精神等准备。每当发生重大险情或事故后，社会和公众关注的焦点往往是应急处置与救援的成效，而决定应急处置与救援成效的关键因素是平时的应急准备水平。广义的应急准备是指企业为有效应对突发事件在平时所做的一切工作，包括制定应急预案、配备应急物资、准备应急队伍、建立应急机制、演练应急预案、开展应急教育培训等内容。狭义的应急准备是指应急物资配备及布局。

（一）应急物资类型

根据应急救援设备和物资的用途，参考国家发展改革委发布的《应急物资分类及产品目录》，可以将应急救援设备和物资分为13个大类，如表6-3所示。根据应急救援设备和物资的来源，应急救援设备和物资也可以分为内部资源和外部资源，小规模企业主要依赖外部资源进行应急救援工作，规模较大的企业可根据实际情况适当储备大量应急物资。

表6-3 应急救援设备和物资按用途分类

类别	用途说明
救援运输类	窒息、呼吸中毒、食物中毒等
生命救助类	外伤处理、高空坠物、水灾、掩埋等
生命支持类	窒息、呼吸中毒、食物中毒等
防护用品类	卫生防疫、化学放射污染、消防、爆炸等
临时食宿类	饮食、饮用水、食品、住宿、卫生等
污染清理类	防疫、垃圾清理、污染清理、消毒杀菌药等
动力燃料类	发电、配电、气源、燃料用品等

续表

类别	用途说明
工程设备类	岩土、水工、通风、起重、机械、牵引、消防等
照明设备类	工作照明、场地照明等
器材工具类	起重、破碎紧固、消防、声光报警、观察等
通信广播类	无线通信、广播等
交通运输类	公路、桥梁、水上、空中等
工程材料类	防水防雨抢修、临时建筑构筑物、防洪等

（二）应急资源配备原则

① 种类齐全。企业根据风险评估结果，梳理各类安全生产事故所需的应急物资，按照清单进行储备。

② 数量充足。企业应根据生产事故类型和等级，储备充足的应急物资。

③ 资源共享。企业在储备应急物资前，应与当地政府、周边企业进行充分沟通，对一些通用性很强的应急物资可通过签订协议、共同出资、共同储备，发生生产事故后共享应急物资。

④ 质量可靠。企业定期检查、更新应急物资，对于变质、失效、数量不足的应急物资及时更新补充，确保物资能用、够用。

（三）应急资源布局的影响因素

① 时间因素。企业储备应急物资时要先考虑救援时间，应急物资储备场所必须保证以最短时间到达事故发生地。时间因素主要包含三个方面的内容，一是应急物资存放位置具有可达性，应急物资存放位置之间相连，与各重要建筑物应当有道路，便于人员和车辆进出，且保证道路和路口的畅通；二是企业的路网结构，企业内部拥有各种建筑物、生产设备，需要考虑事故发生地和应急物资储备地之间的最短路径，及用时最快路径；三是应急物资运输时间，考虑车辆或人员在厂区内运输应急物资的移动速度。

② 经济因素。企业储备应急物资一般要考虑经济成本，应急物资存放位置的数量越少，企业的建设费用就越少。但由于需要考虑时间因素，因此应急物资存放位置的选址数量应该既能满足救援时间的要求，又能使建设应急站的总费用最少。

③ 风险因素。企业在风险评估的基础上，按照生产事故类型、等级排列优

先级，以此为依据储备应急物资，可提高应急救援的有效性和经济性。

二、应急物资储备模型分析

企业安全生产事故种类多、危害大，为了有效应对突发事故，各类大型企业平时都会储备一定数量的应急物资。目前，专家学者对企业应急物资储备进行了大量研究，建立了各类数学模型，下面对常用的几种应急物资储备模型进行分析。

（一）最大覆盖模型

最大覆盖模型主要用于研究在设施数目一定的情况下，如何布局才能使它们覆盖尽可能多的需求者；或者在设施的覆盖率一定的前提下，通过怎样的布局可以使设施的数量最少。当突发事件发生时，企业可能没有充足的应急资源满足应急需求，应在限定的应急资源基站数量、特定的距离条件下，尽可能能满足的需求。但是在实际决策中，该模型不能明确覆盖到哪些需求点，使用中有局限性，尤其是在大型生产企业里面不能兼顾多种应急需求。

（二）位置集合覆盖模型

位置集合覆盖模型是整数线性规划模型，考虑了建立服务设施的成本，是可以识别覆盖所有需求点的最有效配置模型。在给定的应急条件下，通过建立目标方程，计算在给定时间内满足所有需求的最小设施建设成本。如果每个设施建设费用相同，那么目标方程可求得修建设施的费用最小值。位置集合覆盖模型的缺陷是没有考虑需求的规模，不论需求多大，都可以被设施点满足，可能会导致系统资源耗费大。

（三）P 中心模型

P 中心模型可以求解网络中的绝对中心点，给定需建立的应急设施数，如何选择应急设施的地点，满足任何应急地点发生事故时，应急服务设施能在最短的时间内到达应急地点进行服务。将 P 中心模型运用到企业应急物资储备选址中，前提是考虑所有的厂房、设施应急需求，决策目标是在确定 P 个应急设施的前提下，使需求点到设施点的加权最大距离最小。P 中心模型一般用在学校、医院等场景中。

（四）P 中值模型

P 中值模型是在 N 个可能的地点中选取 P 个地点建立储备仓库，使得总加权距离最小。P 中值模型可同时决定储备仓库的位置与服务范围，模型的目标为追求总加权距离最小。启发式算法是求解 P 中值问题的常用方法，能在合理的计算成本下求得近似最优解。目前比较常用的算法还有神经网络法、遗传算法等。

企业应急物资储备模型还有备用覆盖模型、无容量限制设施选址模型、有容量限制设施选址模型、概率选址模型等。这些模型都假设突发事件以确定的频率发生，而在实际生产中，突发事件具有突发性和不确定性，所以每个需求点发生突发事件具有随机性。

三、应急物资布局优化模型

企业现有的应急物资储备模型具有部分局限性，本小节将从假设条件入手进行建模，优化现有算法，并以某石化企业为例进行分析。

（一）假设、目标与限制条件

① 假设条件。一是只考虑生产人员从生产建筑物到应急物资存放位置的行走距离，行走速度为 4.5km/h；二是应急预案要求的最长到达时间为 3 分钟，则生产建筑物到应急物资存放位置的最短路径不大于 225m；三是生产人员只沿道路行走，且道路和出入口畅通，不考虑道路延迟因素；四是生产人员经过培训，只会沿最短路径前往应急物资存放位置；五是生产建筑物本身可以作为应急物资存放位置。

② 目标。应急物资存放位置的选址数量最少。

③ 限制条件。每个生产建筑物到应急物资存放位置的最短路径不大于 225m。

（二）建立应急物资布局优化模型

建立应急资源布局优化模型需要先从企业厂区分布图中抽象出无向图，沿路径确定步长后确定应急资源存放位置的所有可能选址点。针对每个生产建筑物，获取路径上所有满足到该生产建筑物最短路径的最大值小于限制条件的可能选址点，那么这些选址点中（包括生产建筑物本身）必然有一个可能选址点被确认为选址点。进一步将所有生产建筑物的情况整合在一起，就可以确认出选址点数量最少的情况。因此，该问题可以被转化为一个 0～1 线性规划问题，具体模型为：

设企业厂区共有 m 个生产建筑物记为 A_j，根据选定步长沿路径划分后，有 n 个可能选址点记为 V_i，每个可能选址点的建设费用（权重）设为 c，则目标函数为

$$\min f = \sum_{i} c_i V_i + \sum_{j} c_j A_j \tag{6-1}$$

由于每个生产建筑物对应的选址点中必须有一个会被确定为选址点，则有限制条件

$$\text{s.t.}\begin{cases} \sum_{i=1}^{n} a_{ij}V_i + a_{ij}A_j \geqslant 1, \quad j=1,2,\cdots,m \\ V_i \in \{0,1\} \\ A_j \in \{0,1\} \end{cases} \tag{6-2}$$

且

$$a_{ij} = \begin{cases} 1, & \text{可能选址点}\, i, j\, \text{在建筑物}\, j\, \text{的范围内} \\ 0, & \text{其他} \end{cases}$$
$$V_i = \begin{cases} 1, & \text{可能选址点}\, V_i\, \text{被选为存放位置} \\ 0, & \text{其他} \end{cases} \tag{6-3}$$
$$A_j = \begin{cases} 1, & \text{可能选址点}\, A_j\, \text{被选为存放位置} \\ 0, & \text{其他} \end{cases}$$

c_i、c_j 为应急资源存放位置的建设费用，假设各位置的建设费用均相同。

应急资源布局优化模型为应急资源的合理分布提供了前提条件。在确定应急资源存放位置后，可以根据每个应急资源存放位置对应的生产建筑物的预先危险性评估结果确定该应急资源存放点需要存放的应急资源的种类和数量。消防车等大型应急救援设备和物资无法分散的每个应急资源存放位置，则建议选取最接近厂区中心的应急资源存放位置进行存放。

（三）应急资源配备清单

根据应急资源的用途和企业的实际情况，可以将应急资源分为公共类、消防类、环保类，如表 6-4 所示。

表 6-4　应急资源分类

应急资源类型	应急资源子类型	应急设备、物资名称
公共类	检测类	气体检测仪等
	防护用品类	雨鞋、雨衣、安全帽等
	照明设备类	应急灯、手电等
	通信类	对讲机等
	其他	强磁堵漏板、沙袋等
消防类	检测类	热成像仪等
	器械类	消防水带、灭火毯等
	车辆类	消防车、应急车等
	其他	呼吸器、动力锯等
环保类	检测类	气体检测仪等
	防护类	防毒面具、口罩等
	物理清洁类	吸油棉等
	化学药剂类	油污清洁剂等
	其他	告知牌等

（四）案例分析

本部分以某石化企业厂区为案例，对应急资源布局优化模型进行分析。为了对厂区应急物资分布问题进行建模，需要对厂区内部主要装置、建筑物进行编号，如表 6-5 所示，抽象出各部分之间的路径情况如图 6-2 所示。

表 6-5　厂区内部主要装置、建筑物编号情况

编号	装置或建筑物名称	编号	装置或建筑物名称
A1	总变电所	A9	循环水厂及变配电间
A2	空分设施	A10	锅炉房
A3	聚丙烯仓库	A11	装置预留地
A4	生产管理办公楼	A12	污水处理厂
A5	聚丙烯装置	A13	重整、柴油加氢原料区
A6	连续重整、柴油加氢联合装置	A14	气分原料丙烯罐区
A7	连续重整、柴油加氢联合装置	A15	液化气罐区
A8	干气脱硫联合装置	A16	甲醇 MTBE 罐区

单位：m

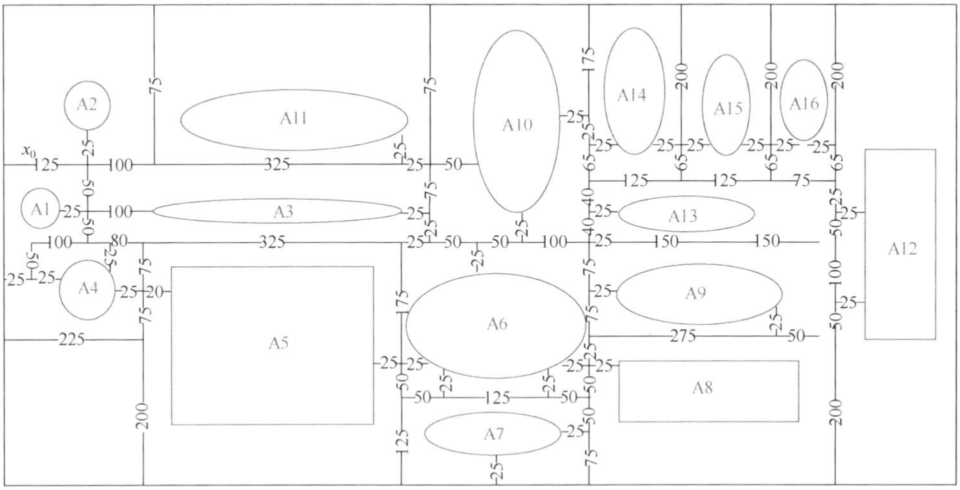

图 6-2 某石化企业厂区内部建筑物的分布情况

假设人步行的速度为 4.5km/h，当紧急情况发生时，要求职工可以在 3 分钟以内到达最近的应急救援物资仓库，那么可以得出建筑物到达应急资源存储位置的最短距离不超过 225m。为计算应急资源布局的选址方案，在图 6-2 的基础上，以 X_0 为起点，沿道路以 25m 为步长设定一个点，分别记为 1，2，3，…，181，如图 6-3、图 6-4 所示。

单位：m

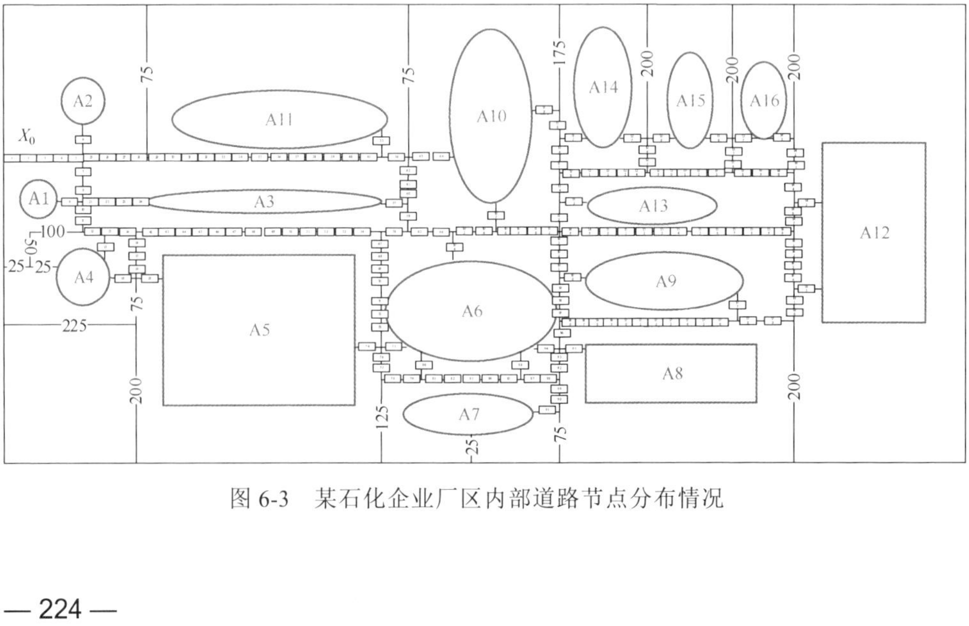

图 6-3 某石化企业厂区内部道路节点分布情况

根据建筑物到应急资源存储位置之间距离的限制条件，可以计算出每个建筑物对应的允许布局的节点，如表 6-6 所示。

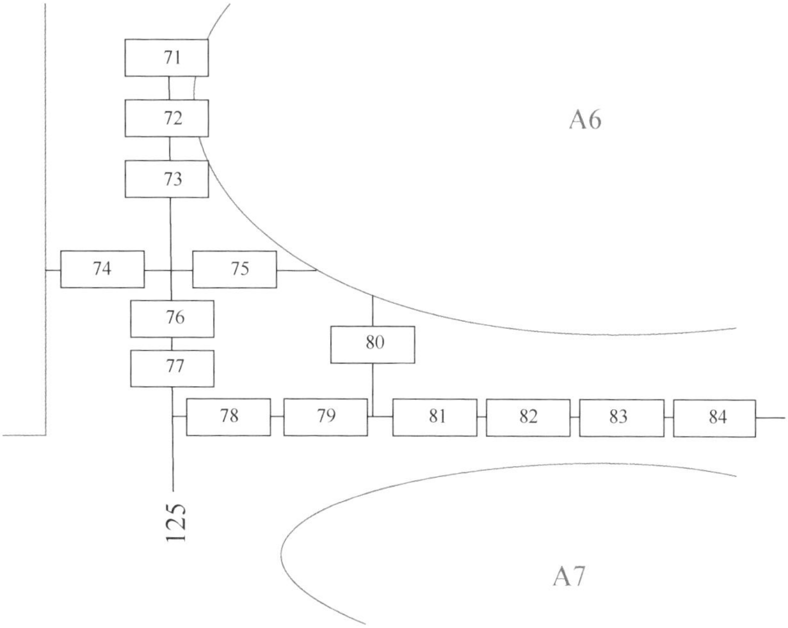

图 6-4 某石化企业厂区内部道路节点分布情况（局部放大）

表 6-6 厂区内部主要装置、建筑物与应急资源存储位置的对应关系

编号	对应路径节点
A1	9、8、7、5、4、3、2、1、6、A2、25、26、27、28、29、30、21、22、23、24、A3、10、11、12、15、A4、13、14、16、17、18、42、43、44
A2	6、5、4、3、2、1、25、26、27、28、29、30、31、32、7、8、9、A1、21、22、23、24、A3、10、11、12、13、14、16、42、15、A4
A3	24、23、22、21、9、A1、10、11、12、15、A4、13、14、8、7、6、A2、5、4、3、25、26、27、57、60、61、62、63、64、A10、56、55、A11、41、40、39、38、59、65、66、104、A6、105、106、107、108、109、110、58、54、53、52、51、50、49、67、68、69、70、71、72
A4	15、12、11、10、9、A1、8、7、5、4、3、25、26、27、6、A2、21、22、23、24、A3、13、14、16、17、18、42、43、44、45、46、47、19、20、A5
A5	20、19、A4、18、17、16、14、13、15、12、11、10、42、43、44、45、46、74、75、76、77、78、79、80、A6、81、82、83、84、73、72、71、70、69、68、67、54、58

续表

编号	对应路径节点
A6	75、74、A5、76、77、78、79、80、81、82、83、84、85、86、87、88、89、90、91、A7、92、93、94、95、A8、96、97、98、99、100、A9、101、102、103、111、112、148、73、72、71、70、69、68、67、54、58、104、66、65、59、57、A3、105、106、107、A10、108、109、110、60、61、62、63、64、56、55、41、113、114、149
A7	91、90、89、88、87、86、A6、85、84、83、82、92、93、94、95、A8、96、97、98、99、166、167、168
A8	95、94、93、92、96、A6、89、90、91、A7、88、87、86、85、84、83、82、166、167、168、169、170、171、172、97、98、99、100、A9、101、102、103、112、111、148
A9	97、98、99、100、166、167、168、169、170、171、172、173、174、175、176、177、178、179、180、181、165、A12、164、163、162、161、101、102、103、106、107、108、109、110、111、112、113、A13、114、120、121、122、115、116、117、148、149、150、151、152、96、95、94、A6、A8、93、92、87、88、89、90
A10	64、63、56、55、A11、41、40、39、38、37、36、62、61、60、57、A3、59、58、54、53、67、68、66、65、104、105、A6、106、107、108、109、110、111、148、149、150、151、112、113、A13、114、120、121、115、116、103、102、101、100、99、119、118、117、A14、122、123、124
A11	34、35、36、37、38、39、40、41、55、56、63、64、A10、62、61、60、57、A3、59、65、66、105、104、58、54、53、67、68
A12	145、146、147、160、159、158、157、156、155、161、162、163、164、144、141、142、143、A16、140、139、138、134、135、136、137、A15、133、132、131、130、165、181、180、179、178、177、A9、176、175、174、173
A13	113、112、148、149、150、151、152、153、154、155、111、110、109、108、107、A10、106、105、104、66、103、102、101、100、A9、99、98、97、96、166、167、114、115、116、117、A14、118、119、120、121、122、123、124、125、126、129、130
A14	117、118、119、A10、116、115、114、113、A13、112、111、110、109、108、148、149、150、151、120、121、122、123、124、125、129、127、128、126、A15、130、131、132、133、134、138
A15	128、127、A14、126、125、129、130、131、132、133、124、123、122、121、120、115、114、136、137、A16、135、134、138、139、140、141、142、143、144、145、A12、146、147
A16	124、125、129、130、131、132、133、134、135、136、137、138、139、140、141、142、143、144、145、A15、A12、146、147、158、159、160、161、162、163

根据前面建立的应急资源布局优化模型，使用 LINGO 计算得到至少需要

建立 3 个应急资源存放站点：{A3，A6，130}，如图 6-5 所示。每个应急资源存放站点能够覆盖到的厂区内部建筑物如表 6-7 所示。

单位：m

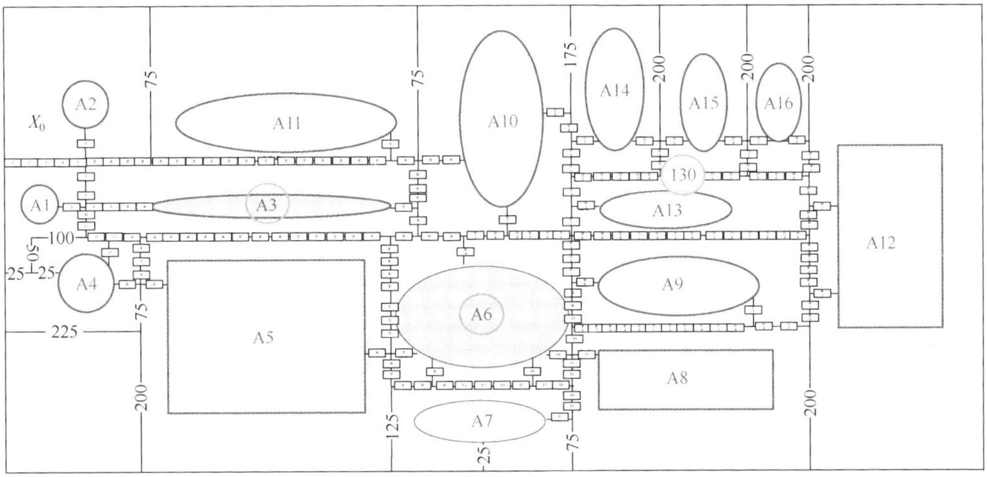

图 6-5　应急资源存放站点

表 6-7　应急资源存放站点与厂区内部建筑物的对应关系

存放站点	能够覆盖到的厂区建筑物
A3	A1、A2、A3、A4、A6、A10、A11
A6	A3、A5、A6、A7、A8、A9、A10
130	A12、A13、A14、A15、A16

第四节　应 急 演 练

一、应急演练概述

（一）应急演练基本概念

企业应急演练是指企业根据生产事故应急预案和相关文件，组织下属单位、相关单位和周边社区等，模拟应对突发事件的一种实践活动。首先，企业应结合生产实际，明确应急演练目的，根据季节条件、资源情况、生产条件合理确定应急演练方式。其次，企业应围绕演练目的，精心策划演练内容，科学设计演练方案，周密组织演练活动，制订并严格遵守有关安全措施，确保演练参与人员及演练装备设施的安全。最后，企业在应急演练结束后要加强对演练效果的评估、考核，总结推广应急处置经验，及时整改应急演练过程中发现的问题。

（二）应急演练作用

企业应急演练有以下 4 个方面的作用。

一是检验应急预案的有效性。通过开展应急演练，查找应急预案中存在的漏洞，进而对应急预案遗漏或不完善部分进行补充调整，提高应急预案的实用性和可操作性。

二是检验应急准备的完善性。通过开展应急演练，检查企业在应对突发事件时所需的应急队伍、物资、装备、人员能力等方面的情况，发现不足或遗漏并及时予以调整补充，提高应急准备能力。

三是检验应急队伍响应能力。通过开展应急演练，提高企业应急指挥人员、综合支撑人员、一线处置人员等参与人员对应急预案的熟悉程度，增加其临场应对、现场处置能力。

四是检验应急机制的协调性。通过开展应急演练，进一步明确企业相关部门和人员的职责任务，理顺应急指挥层级关系，完善应急准备、响应和处置等机制。

（三）应急演练类型

企业应急演练按组织形式可分为桌面演练和实战演练。桌面演练是指演练参演人员利用地图、沙盘、流程图、计算机模拟、视频会议等辅助手段，针对事先假定的演练情景，讨论和推演应急决策及现场处置的过程。桌面演练能使相关人员熟悉应急预案中所规定的职责和程序，提高其指挥决策和协同配合能力。桌面演练通常在室内完成，主要应用在应急预案编制完成后的评估阶段或演练条件不完善的情况下。实战演练是指企业利用应急处置涉及的设备和物资，针对事先设置的突发事件情景及其后续的发展情景，通过实际决策、行动和操作，完成真实应急响应的过程，目的是检验和提高相关人员的临场组织指挥、队伍调动、应急处置技能和后勤保障等应急能力。实战演练通常要在具体的演练现场完成，企业应当根据实际情况适时进行实战演练。

企业应急演练按内容可分为单项演练和综合演练。单项演练是指只涉及应急预案中特定应急响应功能或现场处置方案中单项应急响应功能的演练活动，注重对一个或少数几个参与单位（岗位）的特定环节和功能进行检验。综合演练是指涉及应急预案中多项或全部应急响应功能的演练活动。注重对多个环节和功能（特别是对不同单位之间应急机制和联合应对能力）进行检验。

按目的与作用划分，应急演练可分为检验性演练、示范性演练和研究性演练。检验性演练是指为检验应急预案的可行性、应急准备的充分性、应急机制的协调性及相关人员的应急处置能力而组织的演练。示范性演练是指为向观摩人员展示应急能力或提供示范教学，严格按照应急预案规定开展的表演性演练。研究性演练是指为研究和解决突发事件应急处置的重点、难点问题，试验新方案、新技术、新装备而组织的演练。

二、应急演练组织

企业应根据实际情况，并依据相关法律法规和应急预案的规定，制订年度应急演练规划，按照“先单项后综合、先桌面后实战、循序渐进、时空有序”的原则，合理规划应急演练的频次、规模、形式、时间、地点等。企业应急演练应在相关预案确定的应急领导机构或指挥机构领导下组织开展。由相关单位领导成立演练领导小组，小组通常下设策划部、保障部和评估组，对于不同类型和规模的演练活动，其组织机构和职能可以适当调整。

企业应急演练领导小组负责应急演练活动全过程的组织领导，审批决定演练的重大事项。演练领导小组组长一般由演练组织单位或其上级单位的负责人担任，副组长一般由演练组织单位或主要协办单位负责人担任，小组其他成员一般由各演练参与单位相关负责人担任。在演练实施阶段，演练领导小组组长、副组长通常分别担任演练总指挥、副总指挥。

策划部负责应急演练策划，演练方案设计、演练实施的组织协调、演练评估总结等工作。策划部设总策划、副总策划，下设文案组、协调组、控制组、宣传组等。总策划一般由演练组织单位具有应急演练组织经验和突发事件应急处置经验的人员担任，是演练准备、演练实施、演练总结等阶段各项工作的主要组织者。文案组主要负责制订演练计划、设计演练方案、编写演练总结报告以及演练文档归档与备案等，其成员应具有一定的演练组织经验和突发事件应急处置经验。协调控制组负责在演练实施过程中，在总策划的直接指挥下，向演练人员传送各类控制消息，引导应急演练进程按计划进行，与演练涉及的本单位有关部门之间及外部相关单位的沟通协调，其成员一般为企业的行政、外事等部门人员。宣传组负责整理演练信息、组织新闻等，一般由演练组织单位及参与单位宣传部门的人员组成。

保障部负责调集演练所需物资装备，购置和制作演练模型、道具，准备演练场地，维持演练现场秩序，保障运输车辆，保障人员生活和安全保卫等。保障部一般由企业后勤、财务、办公室等部门人员组成。

评估组负责设计演练评估方案、编写演练评估报告，对演练准备、组织、实施及其安全事项等进行全过程、全方位评估，及时向演练领导小组、策划部和保障部提出意见建议。评估组一般由企业内部具有演练评估经验和突发事件应急处置经验的人员及外部专家组成。

参演人员承担具体演练任务，针对模拟事件场景做出应急响应行动。桌面演练可使用虚拟代号或模拟道具替代参加演练的单位人员。参演队伍由应急预案中规定的相关部门工作人员组成。

三、应急演练准备

（一）制订演练计划

应急演练文案组制订演练计划，经策划组审查后报演练领导小组批准。演练计划主要包括 5 个方面的内容。一是演练目的，指明确举办应急演练的原因、演练要解决的问题和期望达到的效果等；二是演练需求，指在对事先设定事件的风险及应急预案进行认真分析的基础上，确定需调动的演练人员、需锻炼的技能、需检验的设备、需完善的应急处置流程和需进一步明确的职责等；三是演练范围，指根据演练需求、经费、资源和时间等条件确定演练事件类型、等级、地域、参演机构及人数、演练方式等；四是演练日程，指安排演练准备与实施的日程计划，包括各种演练文件编写与审定的期限、物资器材准备的期限、演练实施的日期等；五是演练经费，指根据实际情况编制演练经费预算，明确演练经费筹措渠道。

（二）编制演练方案

应急演练方案由文案组编写，通过评审后由演练领导小组批准，必要时还需按照有关规定报上级主管单位同意并备案。应急演练方案一般包括 4 个方面的内容。

一是演练目标。演练目标应简单、具体、可量化、可实现，描述清楚需完成的主要演练任务及其预期效果。一次演练一般有多项演练目标，每项演练目标都要在演练评估中有相应的评估项目，并在应急演练中予以实施，进而评估判断该目标的实现情况。

二是演练情景与实施步骤。演练情景设定不仅是为演练活动提供初始条件，还是为后续一系列演练活动情景的引导基础。演练情景编写主要包括演练场景概述和演练场景清单。演练场景概述要对应急演练活动的具体场景进行说明，说明突发事件类别、预计发生的时间地点、发展速度、强度与危险性、影响范围、人员和物资分布、已造成的损失、后续发展预测、气象及其他环境条件等。演练场景清单要明确演练过程中各场景的时间顺序和空间分布情况。演练场景清单的编制逻辑关联依赖于演练情景事件的发展规律、控制消息和演练人员收到控制消息后应采取的行动情况。

三是评估标准与方法。演练评估是通过观察、体验和记录演练活动，比较演练实际效果与目标之间的差异，总结演练成效和不足的过程。根据演练目标的不同，可以用选择项、主观评分、定量测量等方法对演练进行评估。演练评估一般需提前设计评估表，内容包括演练目标、评估方法、评价标准和相关记录项等，有时采用专业评估软件等工具进行评估。

四是演练方案文件。演练方案文件是指导演练实施的详细工作文件。根据演练类别和规模的不同，演练方案可以编为一个或多个文件。编为多个文件时可包括演练人员手册、演练控制指南、演练评估指南、演练脚本等，分别发给演练相关人员。对涉密应急预案的演练或不宜公开的演练内容，还要制订保密措施。

（三）演练方案评审

应急演练评估组组建专家评审组，对文案组制订的演练方案进行评审，确保演练方案科学可行，保障应急演练工作顺利进行。

（四）演练动员

在演练开始前，企业应当组织应急演练动员会，进行演练动员和培训，确保所有演练参与人员掌握演练规则、演练情景和各自在演练中的任务。演练参与人员都要经过应急基本知识、演练基本概念、演练现场规则等方面的培训。控制人员要进行岗位职责、演练过程控制和管理等方面的培训；评估人员要进行岗位职责、演练评估方法、工具使用等方面的培训；参演人员要进行应急预案、应急技能及个体防护装备使用等方面的培训。

（五）应急演练保障

应急演练应该有明确的保障措施，包括人员、经费、场地、物资、通信、安全等方面的保障。

① 人员保障。演练参与人员一般包括演练领导小组、演练总指挥、总策划、文案人员、控制人员、评估人员、保障人员、参演人员、模拟人员等，有时还会有观摩人员等其他人员。

② 经费保障。企业每年根据应急演练规划编制应急演练经费预算，纳入年度财务预算，并按演练需要及时拨付经费。

③ 场地保障。根据演练方式和内容，企业应通过现场勘查选择合适的演练场地。桌面演练一般可选择会议室或应急指挥中心等作为演练场地；实战演练应选择与实际情况相似的地点，并根据需要设置指挥部、集结点、接待站、供应站、救护站、停车场等。

④ 物资保障。根据应急演练需要，企业应当准备信息材料、物资设备、通信器材和情景模型等；信息材料主要包括各种文件的纸质文本、演示文档、图表、地图、软件等；物资设备主要包括各种应急抢险物资、防护装备、特种车辆、办公设备、录音摄像设备等；通信器材主要包括固定电话、移动电话、对讲机、计算机、无线局域网和其他配套器材等；情景模型主要包括搭建必要的模拟场景及装置设施。

⑤ 通信保障。应急演练过程中应急指挥机构、总策划、控制人员、参演人员、模拟人员等之间要有及时可靠的信息传递渠道。根据演练需要，可以采用多种公用或专用通信系统。

⑥ 安全保障。在进行大型或高风险演练活动时，企业应当按规定制定专门应急预案，并根据需要为演练人员配备个体防护装备，购买商业保险。

四、应急演练实施

（一）演练指挥与行动

演练总指挥负责演练实施全过程的指挥控制。当演练总指挥不兼任总策划时，一般由总指挥授权总策划对演练过程进行控制。应急总指挥应按照演练方案要求，指挥各参演队伍和人员，开展对模拟演练事件的应急处置行动，完成各项演练活动。演练控制人员应充分掌握演练方案，按总策划的要求，熟练发布控制信息，协调参演人员完成各项演练任务。参演人员根据指令，按照演练方案规定的程序开展应急处置行动，完成各项演练活动。

（二）演练过程控制

桌面演练过程控制。总策划应以口头或书面形式，提出一个或若干个问题。参演人员针对总策划提出的问题，根据应急预案及有关规定，讨论应采取的行动。在角色扮演或推演式桌面演练中，总策划按照演练方案发出消息，参演人员接收到事件信息后，通过角色扮演或模拟操作，完成对应的应急处置行动。

实战演练过程控制。在实战演练中，总策划按照演练方案向控制人员发出控制消息，控制人员向参演人员和保障人员传递控制消息。参演人员和保障人员接到信息后，按照发生真实事件时的应急处置程序，或根据应急行动方案，采取相应的应急处置行动。

（三）演练解说

企业根据重大综合性演练活动的规模，安排专人对演练过程进行解说，一般包括演练背景描述、进程讲解、案例介绍、环境渲染等内容。对于有演练脚本的大型综合性示范演练，解说人员可按照脚本中的解说词进行讲解。

（四）演练记录

演练实施过程中，企业安排专人对演练过程进行记录，记录可以采用文字、照片和音像等手段。文字记录一般可由评估人员完成，主要包括演练实际开始与结束时间、演练过程控制情况、各项演练活动中参演人员的表现、意外情况及其处置等内容。照片和音像记录可安排专业人员在不同位置、从不同角度进行拍摄，尽可能全方位记录演练实施过程。

（五）演练结束与终止

演练结束，由总策划发出结束信号，演练总指挥宣布演练结束。演练结束后所有人员停止演练活动，按预定方案集合进行现场总结讲评或组织疏散。保障部负责组织人员对演练场地进行清理和恢复。演练实施过程中若出现突发事件或特殊意外事件，需要参演人员参与应急处置时，经演练领导小组决定，由演练总指挥按照事先规定的程序和指令终止演练。

五、应急演练评估

（一）演练评估

演练评估是在全面分析演练记录及相关资料的基础上，对比参演人员表现与演练目标要求，对演练活动及其组织过程做出客观评价，并编写演练评估报告的过程。所有应急演练活动都应进行演练评估。演练评估报告的主要内容一般包括演练执行情况、预案的合理性与可操作性、应急指挥人员的指挥协调能力、参演人员的处置能力、演练所用设备装备的适用性、演练目标的实现情况、演练的成本效益分析、对完善预案的建议等。

（二）演练总结

演练总结可分为现场总结和事后总结。现场总结是在演练的一个或所有阶段结束后，由演练总指挥、总策划或专家在演练现场有针对性地进行讲评和总结，主要包括本阶段的演练目标、参演队伍及人员的表现、演练中暴露的问题、解决问题的办法等内容。事后总结是在演练结束后，由文案组根据演练记录、演练评估报告、应急预案、现场总结等材料，对演练进行系统全面的总结，并形成演练总结报告。演练总结报告的内容包括演练目的、时间和地点、参演单位和人员、演练方案概要、发现的问题与原因、经验和教训以及改进有关工作的建议等。演练组织单位在演练结束后应将演练计划、演练方案、演练评估报告、演练总结报告等资料归档保存。

第五节　应 急 培 训

一、应急培训概述

应急培训工作是增强企业危机意识和责任意识、提高事故防范能力的重要途径，是提高应急救援人员和企业职工应急能力的重要措施，是保证安全生产事故应急预案贯彻实施的重要手段。企业结合风险分析结果和应急需求，对企业内部员工进行有针对性、分层次的应急培训与教育。应急培训的基本任务是锻炼和提高企业人员在突发情况下能够快速营救伤员、疏散现场、帮助群众防护、正确处置、及时抢险、消除危害后果、开展现场急救和伤员转送等应急处置技能和应急反应综合素质，有效降低事故危害，减少事故损失。

企业应急培训工作应遵循 4 个基本工作原则。一是依法依规，企业应依据应急管理培训要求，结合自身生产事故风险及国家安全生产工作和应急救援工作要求，合理安排培训工作计划，突出工作重点，明确工作目标。二是分类实施，企业应当分类，分对象分层次分类别制定培训计划、编写培训内容。三是联系实际。应急培训应紧密结合安全生产应急管理和应急救援工作实际，围绕应急处置能力建设，着眼于增强危机意识、提高人员处理突发事件的能力，有针对性地开展培训。四是整合资源。企业应主动引入外部优质培训资源，创新培训方式，明确考评要求，提高培训质量。

二、应急培训内容

企业根据生产过程中存在的风险情况制定培训内容，一般包括报警知识、疏散能力、应急处置知识、应急防护知识等内容。

（一）报警知识

报警知识培训的重点是使应急人员了解并掌握快速有效报警的常识，如用手机电话、寻呼、无线电、网络，或其他方式报警。应急人员熟悉发布紧急情况相关信息的方法，如使用警笛、警钟、电话或广播等方式。现场应急人员必须掌握如何在现场贴发警报标志。

（二）疏散能力

疏散能力培训的重点是提升应急处置人员在紧急情况下，安全、有序、快速疏散被困人员或周围人员的能力，一般通过课堂讲授和应急演练进行培训。

（三）应急处置知识

企业生产出现报警时，现场工作人员应具备第一时间正确处置风险事故的能力。应急处置知识包括抢险设备的操作与维护、现场急救、必要的灭火技术等技能。

（四）应急防护知识

企业所有工作人员均应掌握应急防护知识，熟悉应急防护设备的使用与穿戴。企业应急人员应掌握根据事故类型和阶段选择应急防护设备的方法技巧，避免造成二次伤害。

三、应急培训实施

（一）应急培训计划编制

企业在制订培训与教育计划之前，要先对各岗位人员进行分析，明确培训目标和培训效果，针对不同的培训对象制定培训课程。应急培训较为特殊，具有实践性较强的特点，应该采用“线上+线下”结合的方式进行应急培训。线下培训要根据风险类型和特征，综合运用授课、讲座、模拟、自学、小组研讨和考试等方式增强培训效果。企业培训计划一般包括培训目的、培训对象、培训内容、培训师资、培训设施、培训时间、考核方式等内容。

（二）有序开展应急培训

企业人力资源管理部门应按照应急培训计划，编制企业应急培训实施方案，认真组织，精心安排，分层次、分岗位开展培训。根据培训内容，聘请第三方专业机构进行专业理论培训和业务培训，邀请应急管理和技术经验丰富的老同志现场教学，按计划开展年度应急知识竞赛等活动，全方位提高企业人员应急能力。结合应急培训计划，制定奖惩措施，确保应急培训按照计划有序开展。

（三）应急培训效果评价

应急培训完成后，企业人力资源管理部门和监察部门联合，通过笔试、现场提问、实际操作等方式对参与人员进行考核。通过座谈、调研、问卷等方式开展应急培训评价，总结成功的经验做法，针对存在的问题（课程安排不合理、培训内容与生产实际脱节等）制定整改措施，持续提升应急培训质量。

参 考 文 献

[1] 刘平. 保险学原理与应用[M]. 北京：清华大学出版社，2009.

[2] John, Haynes. Risk as an Economic Factor[J]. Quarterly Journal of Economics, 1895.

[3] 罗云. 风险分析与安全评价. [M]. 3 版. 北京：化学工业出版社，2016.

[4] 姜伟，佟瑞鹏，傅贵. 安全科学与工程导论[M]. 北京：中国劳动社会保障出版社，2016.

[5] 钟期进，吴超，刘辉. 中美安全科学发展“黄金十年”比较研究[D]. 长沙：中南大学，2010，20(4): 11.

[6] 黄清武，陈佰辉，沈斐敏. 人的不安全行为干预技术[J]. 安全与健康，2002(12S): 31-32.

[7] 刘铁松. 安全管理中人的不安全行为的探讨[J]. 西部探矿工程，2005，17(6): 226-228.

[8] 程正言，索书然. 煤矿“三违”现象透视[J]. 中国煤炭工业，2004(5): 66-67.

[9] 李修磊，程育顺，张华清. 微山崔庄煤矿本质安全型管理的探索[J]. 山东煤炭科技，2006(4): 45-47.

[10] 杨力强. 浅析当前煤矿事故多发的原因及控制对策[J]. 国外医学情报，2000(7): 58-62.

[11] 张斌. 美国煤矿安全生产分析及对我国的启示[J]. 西部探矿工程，2013，25(10): 195-198.

[12] Di Nardo M, Madonna M, Murino T, et al. Modelling a safety management system using system dynamics at the Bhopal incident[J]. Applied Sciences, 2020, 10(3): 903.

[13] Theophilus S C, Nwankwo C D, Acquah-Andoh E, et al. Integrating human factors (HF) into a process safety management system (PSMS)[J]. Process Safety Progress, 2018, 37(1): 67-85.

[14] Apurna K G, Ashis B, et al. Relationships of working conditions and individual characteristics to occupational injuries: A case-control study in coal miners [J]. Journal Occupy Health, 2004, 46: 470-480.

[15] Paul P S, Maiti J. The role of behavioral factors on safety management in underground mines [J]. Safety Science, 2006(7): 6-15.

[16] David D M. Creating safer workplaces: Assessing the determinants and role of safety

climate [J]. Journal of Safety Research, 2004, 35: 81 -90.

[17] Knegtering B, Pasman H J. Safety of process industries in the 21st century: A changing need of process safety management for a change industry [J]. Journal of Loss Prevention in the Process Industries, 2009, 22: 162-168.

[18] Khan F I, Amyotte P R. How to make inherent safety practice a reality [J]. The Canadian Journal of Chemical Engineering, 2003, 81(1): 2-16.

[19] 赵小平. 促进人机环境系统本质安全化建设安全生产良性循环[J]. 中国安全科学学报. 1998（S1）: 120-124.

[20] 傅贵，李宣东，李军. 事故的共性原因及其行为科学预防策略[J]. 安全与环境学报，2005，5(1): 80-83.

[21] 高卓辉，赵长春. 创建本质安全型企业的理论与实践[J]. 煤炭工程. 2006，06: 03-05.

[22] Liu S, Nkrumah E, Akoto L S, et al. The state of occupational health and safety management frameworks (OHSMF) and occupational injuries and accidents in the Ghanaian oil and gas industry: Assessing the mediating role of safety knowledge[J]. BioMed Research International, 2020.

[23] Huang L, Wu C, Wang B. Challenges, opportunities and paradigm of applying big data to production safety management: From a theoretical perspective[J]. Journal of Cleaner Production, 2019, 231: 592-599.

[24] Mei Q, Wang Q, Liu S, et al. Effects of organizational safety on employees' proactivity safety behaviors and occupational health and safety management systems in Chinese high-risk small-scale enterprises[J]. International Journal of Occupational Safety and Ergonomics: JOSE, 2020, 26(1): 101-111.

[25] 周琳. 我国危险化学品事故的安全管理体系原因研究[D]. 北京：中国矿业大学，2018.

[26] International Labour Organisasion. Major hazard control: A practical manual [M]. Geneve: International Labour Office, 1988.

[27] Thomson A, Storey J, Mabe C, et al. Portrait of management development [M]. London: Institute of Management, 1997.

[28] Chanlder D A, McGraw K T, Teldow S R. Management past and present: A casebook on the history of American business [M]. Toledo: South-Western College Pub, 1996.

[29] Ta G C, Soud N B, Nasir K B, et al. Prevention of technological disasters: Adoption of indicative criteria associated with GHS in regulating major accident hazards[J]. Process Safety and Environmental Protection, 2022, 162: 583-594.

[30] Chartres N, Bero L A, Norris S L. A review of methods used for hazard identification and

risk assessment of environmental hazards[J]. Environment International, 2019, 123: 231-239.

[31] 陈宝智. 安全原理[M]. 2 版. 北京：冶金工业出版社，2002.

[32] Wang Xuetong, Liu Chunyang, Song Xiangnan, et al. Development of an internet-of-things-based technology system for construction safety hazard prevention[J]. Journal of Management in Engineering, 2022, 38(3).

[33] Ding L, Khan F, Jie J. Risk-based safety measure allocation to prevent and mitigate storage fire hazards[J]. Process Safety and Environmental Protection, 2020, 135: 282-293.

[34] 赵挺生，周伟，蒋灵. 建筑施工安全隐患的分类与分级研究[J]. 工业安全与环保，2019，45(6): 1-5.

[35] 张东成，强茂山，江汉臣，等. 大型工程安全隐患管理协作特征挖掘[J]. 清华大学学报（自然科学版），2022，62(002): 208-214.

[36] 辛盼盼. 通信企业安全生产双重预防体系构建及关键支持方法研究[D]. 北京：中国地质大学，2020.

[37] 湖南安全与防灾编辑部. 国外安全评价技术的起源与发展[J]. 湖南安全与防灾，2010(7):2.

[38] Anton Bogarin. Fault-tree analysis: A knowledge engineering approach[J]. IEEE Transaction on Reliability, 2002: 333-335.

[39] AIChE. Dow’s fire&explosion index hazard classification guide[M]. 7th Ed.Chicago: Wiley-AIChE, 1994.

[40] 吴启明，李自力，王宇. 载人航天安全性概率风险评估方法综述[J]. 国防科技，2005(11): 73-76.

[41] Ramani R V. Times analysis of coal mine accident experience. Journal of Safety Research, 1994(4): 229-234.

[42] Karasan A, Ilbahar E, Cebi S, et al. A new risk assessment approach: Safety and Critical Effect Analysis (SCEA) and its extension with Pythagorean fuzzy sets[J]. Safety Science, 2018, 108: 173-187.

[43] 许满贵. 煤矿动态综合安全评价模式及应用研究[D]. 西安：西安科技大学，2005.

[44] 刘海波. 自然权重原理及其在煤矿安全评价中的应用[D]. 长沙：中南大学，2006.

[45] 范英，李辰，晋民杰，等. 三角模糊数和层次分析法在风险评价中的应用研究[J]. 中国安全科学学报，2014, 24(7): 70-74.

[46] 谢宏，董媛媛. 安全生产水平预测与评价的系统动力学模型[J]. 中国安全科学学报，2016, 26(9): 35-39.

[47] 王纪洋. 基于 AHP-TOPSIS 模型的危险化工工艺风险等级评价研究[J]. 安全与环境工程，2016, 23(6): 100-105.

[48] 黄玥诚. 高危生产系统动态风险的拓扑模型与定量方法研究[D]. 北京：中国地质大学，2017.

[49] 闫放，张舒，许开立. 化工危险源定量保护层分析[J]. 中国安全科学学报，2019，29(1): 100-105.

[50] 阎红巧，陈怡玥，田琨，等. 企业安全生产关键指标体系与风险评价模型[J]. 中国安全科学学报，2021，31(9): 21-28.

[51] 顾海兵. 宏观经济预警研究：理论方法历史[J]. 经济理论与经济管理，1997(4): 54-58.

[52] Khadem M M R K , Piya S , Shamsuzzoha A.Quantitative risk management in gas injection project: A case study from Oman oil and gas industry[J]. Journal of Industrial Engineering International, 2018, 14(3) : 637-654.

[53] Benson C, Argyropoulos C D, Dimopoulos C, et al. Safety and risk analysis in digitalized process operations warning of possible deviating conditions in the process environment[J]. Process Safety and Environmental Protection, 2021, 149: 750-757.

[54] 佘廉. 企业预警管理理论[M]. 石家庄：河北科学技术出版社，1999.

[55] 黄继鸿，雷战波，凌超. 经济预警方法研究综述[J]. 系统工程，2003(2): 64-70.

[56] 顾海兵. 经济预警新论[J]. 数量经济技术经济研究. 1994(l): 33-37.

[57] 胡华夏，罗险峰. 现代企业生存风险预警指标体系的理论探讨[J]. 科学学与科学技术管理，2000，21(6): 33-34.

[58] 刘康炜. 基于数据驱动的危化品事故分析预警关键技术研究[D]. 青岛：中国石油大学，2019.

[59] Jiang D, Gong J, Garg A. Design of early warning model based on time series data for production safety[J]. Measurement, 2017, 101: 62-71.

[60] Li Cuiping, Qin Jiexuan, Li Jiajie, et al. The accident early warning system for iron and steel enterprises based on combination weighting and Grey Prediction Model GM (1, 1)[J]. Safety Science, 2016, 89: 19-27.

[61] 肖遥，张东胜，董博恺. 基于 IAHP 和模糊综合评判的企业安全风险预警系统研究[J]. 北京化工大学学报（自然科学版），2020，47(05): 109-117.

[62] 王新浩，秦绪华，罗云. 基于垂直数据格式的企业隐患预警方法研究[J]. 中国安全科学学报，2017，27(2): 157-162.

[63] Prawira M, Sukmana H T, Amrizal V, et al. A prototype of android-based emergency management application[C]//2019 7th International Conference on Cyber and IT Service

Management (CITSM). IEEE, 2019, 7: 1-6.
[64] Pohl D, Bouchachia A, Hellwagner H. Online indexing and clustering of social media data for emergency management[J]. Neurocomputing, 2016, 172: 168-179.
[65] Wolf-Fordham S. Integrating government silos: Local emergency management and public health department collaboration for emergency planning and response[J]. The American Review of Public Administration, 2020, 50(6-7): 560-567.
[66] Sara Harrison, Peter Johnson. Challenges in the adoption of crisis crowdsourcing and social media in Canadian emergency management[J]. Government Information Quarterly, 2019, 36(3) : 501-509.
[67] Doyle E E H, Paton D, Johnston D M. Enhancing scientific response in a crisis: Evidence-based approaches from emergency management in New Zealand[J]. Journal of Applied Volcanology, 2015, 4(1): 1-26.
[68] 钟开斌. 国家应急管理体系：框架构建、演进历程与完善策略[J]. 改革，2020(6): 5-18.
[69] 姚晓晖，李季梅. 基于事件全过程的应急决策模式研究及系统构建[J]. 安全，2019，40(11): 11-17.
[70] 王飞跃，徐志胜，潘游，等. 企业生产安全事故应急救援预案编制技术的研究[J]. 中国安全科学学报，2005，15(4):6.
[71] 赵永华，袁纪武，朱先俊，等. 石化企业应急能力评估方法与应用[J]. 安全、健康和环境，2019，19(4): 51-55.
[72] 郭欢. OSH、应急管理要素整合及系统动力学建模解析[D]. 廊坊：华北科技学院，2022.
[73] 杜泽文. 企业安全生产应急能力量化及其管理对策研究[D]. 哈尔滨：哈尔滨工程大学，2013.
[74] 高景毅，陈全，孙旭红. 论事故频发倾向理论的适用性[J]. 中国安全生产科学技术，2012，8(7): 51-55.
[75] 邵辉，毕海普. 安全管理学[M]. 北京：中国石化出版社，2014.
[76] 钟茂华，魏玉东，范维澄，等. 事故致因理论综述[J]. 火灾科学，1999，8(3): 38-44.
[77] 傅贵，殷文韬，董继业，等. 行为安全“2-4”模型及其在煤矿安全管理中的应用[J]. 煤炭学报，2013，38(7): 1123-1129.
[78] 傅贵，杨春，殷文韬，等. 行为安全“2-4”模型的扩充版[J]. 煤炭学报，2014，39(6): 994-999.
[79] 傅贵，王秀明，李亚. 事故致因“2-4”模型及其事故原因因素编码研究[J]. 安全与环境学报，2017，17(3): 1003-1008.
[80] 郭孝臣，傅贵，郝传波，等. 事故致因“2-4”模型中“事件”与“动作”的关系探讨

[J]. 安全，2020，41(3): 44-48, 53.

[81] 傅贵. 安全管理学：事故预防的行为控制方法[M]. 北京：科学出版社，2013

[82] 张雨，刘辉，高大瑞，等. 基于 2-4 模型的建筑工地火灾事故原因及对策研究[J]. 重庆建筑，2021，20(9): 25-27.

[83] 蔡剑峰. 试论精细化管理[J]. 现代金融，2009(7): 48.

[84] 王永亮. 基于“精细化”在煤矿经营管理中的应用分析[J].科技经济市场,2015(7): 2.

[85] 黎小平. 基于生产型班组的管理协同模型及其应用[J]. 工业工程与管理，2010，15(2): 32-36.

[86] 何学秋. 安全工程学[M]. 北京：中国矿业大学出版社，2000.

[87] 中华人民共和国国家质量监督检验检疫总局. 职业健康安全管理体系规范：GB/T 28001—2001[S]. 北京:中国标准出版社，2001.

[88] 罗聪，徐克，刘潜，等. 安全风险分级管控相关概念辨析[J]. 中国安全科学学报，2019，29(10): 43-50.

[89] 田水承. 第三类危险源辨识与控制研究[D]. 北京：北京理工大学，2001.

[90] 马国忠，李宗平. 运输系统中的危险辨识及其安全控制[J]. 中国安全科学学报，2004，14(4):3.

[91] 张景林. 安全系统工程[M]. 北京：煤炭工业出版社，2010: 16-19.

[92] Vesset D, Morris H D, Eastwood M, et al. Worldwide big data technology and services 2012—2015 Forecast[D]. Framingham: IDC Report, 2015.

[93] 孟小峰，慈祥. 大数据管理：概念、技术与挑战[J]. 计算机研究与发展，2013，50(1): 24.

[94] 王忠. 美国推动大数据技术发展的战略价值及启示[J]. 中国发展观察，2012(6): 46-47.

[95] 吴宗之，高进东，魏利军. 危险评价方法及其应用[M]. 北京：冶金工业出版社，2001.

[96] Rai S N, Krewski D. Uncertainty and variability analysis in multiplicative risk modles [J]. Risk Analysis, 18(1), 2001.

[97] Liu Y L, Liu X J. Mine seeurity estimate and method [J]. Coal Technology, 2002, 8.